Pea Horsley
WAS DEIN TIER DIR SAGEN WILL

arkana

Pea Horsley

WAS DEIN TIER DIR SAGEN WILL

Wahre Geschichten
von Liebe, Trost und Treue

Aus dem Englischen
von Elisabeth Liebl

arkana

Die englische Originalausgabe erschien 2014 unter dem Titel
»Animal Communicator's Guide through Life, Loss and Love«
im Verlag Hay House UK Ltd., London.

Verlagsgruppe Random House FSC® N001967
Das für dieses Buch verwendete FSC®-zertifizierte Papier
Munken Premium Cream
liefert Arctic Paper Munkedals AB, Schweden.

1. Auflage
Deutsche Erstausgabe
© 2015 der deutschsprachigen Ausgabe
Arkana, München
in der Verlagsgruppe Random House GmbH
© 2014 der Originalausgabe Pea Horsley
Lektorat: Ralf Lay
Umschlaggestaltung: Uno Werbeagentur, München,
basierend auf dem Layout der Originalausgabe von Leanne Siu Anastasi
Umschlagmotiv: © Dan Goldsmith; thinkstockphotos.com
Satz: Buch-Werkstatt GmbH, Bad Aibling
Druck und Bindung: GGP Media GmbH, Pößneck
Printed in Germany
ISBN 978-3-442-34178-8

www.arkana-verlag.de

Inhalt

*Dieses Buch ist all jenen gewidmet,
die einen Verlust beklagen müssen, um einen geliebten
Menschen trauern oder sich um Trauernde kümmern.
Allen Tieren, ob im Himmel oder auf Erden, die eine
konstante Quelle der Inspiration sind.
Und Morgan – der mir Flügel verleiht.*

Vorwort

Irgendwann einmal habe ich aufgehört zu zählen, denn immer wieder sagen mir Leute: »Ich wäre ja auch gern Tierarzt geworden, aber ich habe die Vorstellung nicht verkraftet, Tiere einschläfern zu müssen.« Und jeder Tierarzt wird Ihnen ohne Umschweife bestätigen, dass das Einschläfern von Tieren die schwierigste und traurigste Aufgabe ist, die dieser Beruf mit sich bringt, zumal auch noch eine, die mit großer Regelmäßigkeit auf ihn zukommt. Es gibt wohl wenige andere Berufe, bei denen das häufige und vorsätzliche Beenden eines Lebens sozusagen zum Handwerk gehört.

Dabei besteht für die meisten Tierärzte das größte Problem nicht darin, dem Tier die tödliche Injektion zu geben. Wird ihm dadurch Leid und Schmerz erspart und geschieht dies in einer stillen, friedvollen Atmosphäre, kann sogar ein gewisser Trost darin liegen, dem Leben dieses Tiers ein Ende gesetzt zu haben. Für die meisten Tierärzte ist es weit schwieriger, mit der Trauer der Menschen umzugehen, die sich – oft viele Jahre lang – um dieses Tier gekümmert haben.

Kaum ein Tierarzt erhält während seiner Ausbildung Anleitung, wie er seine Klienten durch den Schock und den Schmerz begleiten kann, den der Verlust des Haustiers mit sich bringt. Zumal es allem Anschein keine simplen Antworten auf die Flut von Fragen gibt, die sich vor und nach dem Einschläfern eines Tiers erheben:

9

- Kann ich sicher sein, dass es nicht zu früh ist?
- Wie kann ich meinem Tier begreiflich machen, dass dies zu seinem Besten geschieht?
- Begreift es, was mit ihm passiert?
- Haben Tiere eine Seele? Kommen sie in den Himmel?
- Wie kann ich meinem Tier zeigen, dass ich es sehr gern gehabt habe?
- Ich spüre, dass es noch da ist. Ich kann seine Präsenz fühlen. Wie ist so etwas möglich?

Jeder Tierarzt, der sich mit solchen Fragen konfrontiert sieht und sich das Hirn nach einer sinnvollen Antwort zermartert, jeder Mensch, der sich von einem geliebten Tier verabschieden musste oder sich dieser Erfahrung in der Zukunft wird stellen müssen, sollte dieses Buch von der ersten bis zur letzten Seite aufmerksam lesen.

Pea Horsley kann auf Fragen wie die obigen und zahlreiche andere klare und tröstliche Antworten geben aufgrund der Einsichten, die sie durch den Verlust ihres Beagles Morgan erlangt hat, den sie in bewegenden Worten beschreibt. Und sie hat mit vielen anderen Tieren vor und nach deren Tod kommuniziert.

Der Tod scheint eines der letzten Tabus unserer Gesellschaft zu sein. Das gilt noch viel mehr für die Trauer um ein totes Tier. Zahlreiche meiner Klienten erzählten mir, es sei ihnen peinlich gewesen, Freunden oder Kollegen gegenüber ihre Trauer zu zeigen. Pea beschreibt nicht nur den Trauerprozess, sondern erklärt auch, dass es völlig natürlich ist, den Verlust seines Tiers zu betrauern. Sie zeigt Möglichkeiten auf, wie man die damit verbundenen Gefühle der Leere heilen kann.

Dies ist ein Buch, das von einem traurigen und potenziell deprimierenden Thema handelt, doch jeder, der es liest, wird feststellen, dass es voller Trost, praxisnah und bemerkenswert positiv ist.

Richard Allport
Praktischer Tierarzt, homöopathischer Tierarzt
Mitglied des Royal College of Veterinary Surgeons (MRCVS)
Autor von *Natural Health Care for Pets, Heal Your Dog the Natural Way*
und *Heal Your Cat the Natural Way*

Einleitung

Wir sind alle miteinander verbunden, immer und über alle Entfernung hinweg.« Diese Worte sind der Schlüssel zur Kommunikation mit Tieren, wie sie uns in Pea Horsleys wunderbarer Autobiografie begegnet, auch wenn diese Aussage nicht von ihr selbst stammt, sondern von Morgan, ihrem ersten Hund und Lehrer für die Kommunikation zwischen den Arten.

Die Einsichten, die Ihnen dieses Buch vermitteln wird, gehen tiefer, als Sie sich vermutlich jetzt vorstellen können. Und dennoch sind sie eigentlich ganz einfach und offenkundig. Die Kommunikation mit Tieren wird Ihr Leben verändern. Und wenn Sie angesichts der Verwüstungen, die unsere Spezies auf dieser wunderbaren Erde angerichtet hat, jeden Glauben an die Menschheit verloren haben, wird Ihnen die Kommunikation mit Tieren helfen, Ihren ursprünglichen Bund mit der Natur neu zu besiegeln – und Ihren Beitrag zur Rettung unseres Planeten zu leisten.

Wenn man wie ich im »Geweihten Land« lebt, zusammen mit dem König der Raubtiere und anderen Kräften, die an der Spitze der Nahrungspyramide und des großen Zyklus des Lebens stehen, dann erkennt man schnell, dass Gott noch höchst lebendig ist und mit ihm auch die Macht der Liebe, welche die gesamte göttliche Schöpfung eint.

Wir sind in der Tat alle miteinander verbunden. Ich habe

das große Glück, mit den letzten weißen Löwen in ihrer angestammten Heimat und all den anderen wechselseitig verbundenen Wesen ihres Ökosystems zusammenleben zu können. Jeden Tag erwache ich mit dem Gesang der Vögel und lege mich mit dem Brüllen des Königs der Tiere schlafen, das vom fernen Horizont zu mir dringt. Täglich werde ich Zeugin des Seelenbandes von bedingungsloser Liebe und Achtung, das in natürlicher Vielfalt zwischen den Arten besteht, zwischen großen, kleinen, weisen und wunderbaren Wesen – ja sogar zwischen dem Jäger und seiner Beute, so unwahrscheinlich dies auch klingen mag.

Wir alle haben einmal so gelebt, wie es uns die wunderbaren Höhlenmalereien aus Lascaux und anderen prähistorischen Fundorten zeigen: nicht in Angst, sondern in Liebe und Achtung vor der Schöpfung, in einem paradiesischen Seinszustand, um den wir in der Tiefe unseres Herzens wissen und den wir wiederherstellen möchten, mehr als alles andere. Selbst wenn Sie in der Stadt leben wie ich einst, als ich noch für die großen Modehäuser Europas arbeitete, und der Natur völlig fremd geworden sind, wissen Sie dennoch in Ihrem innersten Wesenskern um diesen Zustand der Gnade. Doch können wir in diesen Zustand nur eintreten, wenn wir unseren Beitrag dazu leisten, das Paradies auf Erden wieder zu errichten – jenes Geschenk, das die schöpferische Kraft, wie immer Sie sie nennen mögen, voller Liebe uns Menschen in die Hände gelegt hat.

Heute, da wir nicht nur in Bezug auf das Klima erleben, wie der Mensch mit seinen Aktivitäten eine globale Spur der Verwüstung hinterlässt, ist die Tierkommunikation das mächtigste Werkzeug, das wir Menschen besitzen, um wieder eine von Liebe und Sinn erfüllte Verbindung mit der wirklichen Welt herzustellen. In einfachen, direkten Worten und mit erstaunlichen, aus dem wirklichen Leben gegriffenen Geschichten zeigt Pea Horsley in ihrem Buch Wege auf, wie Sie zu einem sinnerfüllten Leben für sich selbst und all die anderen prächtigen Tiere, die sich diesen Planeten teilen, zurückfinden.

Die Tatsachen sprechen für sich. Die Fähigkeit, mit Tieren kommunizieren zu können, ist eine Gabe, die wir einst alle besessen haben. Mag dies auch eine urtümliche Fähigkeit sein, wir brauchen sie in diesen Zeiten notwendiger denn je, denn sie ist der Schlüssel, um nicht nur unseren Planeten, sondern auch uns selbst zu retten.

Linda Tucker
Vorsitzende des Global White Lion Protection Trust
Schamanischer Name: Hüterin der Weißen Löwen
Autorin von *Die Löwenfrau: Das Geheimnis der Weißen Löwen*
und *Saving the White Lions*

Anmerkung der Autorin

Dieses Buch ist sehr viel mehr als nur eine Sammlung von Kommunikationsprotokollen mit Tieren, die ich über die Jahre zusammengetragen habe. In dieses Buch sind Herz und Seele meiner selbst und meiner Klienten eingeflossen, denn wir erzählen darin von unserem ganz persönlichen Pfad der Entwicklung.

Die Anordnung der Kapitel erfolgte chronologisch, sodass Sie unter Anleitung – der Anleitung der Tiere, von denen in den einzelnen Kapiteln die Rede ist – diesen inneren Entwicklungsweg nachvollziehen können.

Dieses Buch hat, seit mein lieber Lehrer Morgan den Samen dazu legte, keinen anderen Sinn und Zweck gehabt, als allen, die um ein geliebtes Tier trauern, Trost und Hilfe zu spenden und ihnen ein tieferes Verständnis zu ermöglichen.

Wenn Sie in diesem Moment um Ihren tierischen Gefährten trauern, so seien Sie meines tiefsten Mitgefühls versichert. Ich kann das Ausmaß Ihres Schmerzes nachfühlen, der im Tod eines geliebten Tiers liegt. Wenn Sie die folgenden Geschichten lesen, werden Sie feststellen, dass Sie mit Ihrem Kummer nicht allein sind. Viele Menschen hatten einen heiligen Bund mit diesen unglaublichen Geschöpfen, die wirklich und wahrhaftig verstehen, was Sie erleben. Es ist mein aufrichtiger Wunsch, dass Sie in dieser schweren Zeit hier Trost und Hilfe finden.

Bitte beachten Sie: Die Kommunikation mit einem Tier ist etwas sehr Wertvolles, dennoch kann sie keinesfalls die Abklärung eventueller Beschwerden durch einen qualifizierten Tierarzt ersetzen. Wenn Sie also den Eindruck haben, dass es Ihrem Tier nicht gutgeht, dann wenden Sie sich bitte an einen Tierarzt, der sowohl Ihr Tier als auch Sie selbst fürsorglich, mitfühlend und respektvoll behandelt.

»Wir sind alle miteinander verbunden«

»Wir sind alle miteinander verbunden,
immer und über alle Entfernung hinweg.«
Morgan

Dies ist die Geschichte, die ich nie schreiben wollte. Sie handelt von meinem Hund Morgan, und sie ist wahr.

Hinter mir liegt diese große Seele in einem gebrechlichen Körper. Er ist halb Beagle, halb Jack Russel, und womöglich hat die Natur so zum Spaß auch noch einen Schuss Labrador hineingemixt. Er hat seelenvolle dunkelbraune Augen, und mit seinen tiefschwarzen Lippen sieht er manchmal aus wie ein lachender Clown. Doch heute nicht. Heute geht es ihm schlecht. Das Gehen fällt ihm schwer. Auch seine Wasserschüssel sieht er kaum an. Tatsächlich trinkt er überhaupt kein Wasser mehr, es sei denn, ich gebe es ihm zu gedämpftem Seelachs, wenn ich ihm sein Fischsüppchen zubereite, seine morgendliche Leckerei, die er so gern mag.

Heute will mir schier das Herz zerspringen. Er ist traurig,

und ich spüre seine Trauer tief in meinem Innern. Immer wieder kämpfe ich gegen meine Tränen an, doch ohne Erfolg. Ich weiß, dass seine Lebenskraft Stück für Stück schwindet. Er geht langsam hinüber an einen Ort, wo seine Seele es besser hat. Ich weiß das, und trotzdem tut es so weh. Sein Körper ist jetzt verbraucht, und die meiste Zeit empfindet er ihn als Last. Ich kann es sehen und kann es fühlen. Jeden Tag verbinde ich mich mit ihm und spüre seine Müdigkeit. Es fällt mir schwer, für meine Klienten da zu sein und ihnen zuzuhören, wenn sie mir erzählen, welche Sorgen und seelischen Nöte sie haben, weil Tiere alt sind oder sterben, gerade wenn es sich um Hunde handelt. Solange ich mit meinen Klienten telefoniere, verhalte ich mich absolut professionell und halte meine eigenen Gefühle zurück, doch sobald ich den Hörer auflege, fange ich an zu weinen, denn ihr Schmerz rührt an meinen Schmerz.

Ich werfe einen Blick über meine rechte Schulter zu Morgan, der in seinem karierten Hundebett neben der Tür zum Garten liegt. Er bedeutet mir, ich solle jetzt nicht aufhören und alles aufschreiben, sodass alle, die diese Zeilen lesen, darin Trost finden. Morgan, diese Seele von einem Vierbeiner, hat mir aufgetragen, ein Buch darüber zu schreiben, was es heißt zu leben, loszulassen, zu sterben ... darüber, wie das Leben weitergeht, auch wenn der physische Körper nicht mehr da ist.

Morgan ist bis zu diesem Tag die größte Liebe meines Lebens. Ja, er ist ein Hund. Und doch weit mehr als »bloß ein Hund«.

Nicht »bloß ein Hund«

Es war Morgan, durch den ich zur Tierkommunikatorin wurde, was mein Leben für immer verändert hat.

Als mein roter Kater Winston starb, glaubte ich, dass mir nie wieder etwas so gnadenlos das Herz brechen würde. Winston war die Liebe meiner Mädchenjahre und mein Ein und Alles. Müsste ich allerdings mein Verhältnis zu den beiden vergleichen, so würde ich sagen, dass ich Morgan auf einer anderen Ebene liebe. Ich bin jetzt älter, und im Mittelpunkt dieser Liebe steht mehr der Wunsch, anderen zu helfen, weniger das innige Gefühl des Angenommenseins, das ein junges Mädchen in der bedingungslosen Liebe seiner Katze findet. Wir haben uns seitdem ein Stück weiterentwickelt.

Als ich Morgan das erste Mal sah, lag er auf einer dicken Daunendecke im Büro des Londoner Tierheims Mayhew Animal Home. Auf seiner linken Seite liegend, hatte er sich genüsslich zu voller Länge ausgestreckt. Ich beugte mich zu ihm hinunter, um seinen beagleähnlichen Kopf zu streicheln, er sah mich aus seinen sanften braunen Augen an, und ich wusste, dass ich von ihm nichts zu befürchten hatte. Bis zu diesem Augenblick war ich Hunden gegenüber immer auf der Hut gewesen, was an ein paar Jack-Russel-Terriern lag, die mich gebissen und von einem Hof gejagt hatten, sowie an einem Labrador, der zähnefletschend auf mich losgegangen war.

Damals war Morgan vermutlich so um die sieben oder acht Jahre alt. Weil die Leute vom Tierheim den Eindruck gehabt hatten, Morgan würde sich in einem Hundegehege nicht wohlfühlen, hatte ihn eine der Angestellten unter ihre

Fittiche genommen, und so saß er tagsüber bei ihr im Büro, und abends durfte er bei ihr zu Hause auf dem Sofa schlafen. Doch Morgan war überhaupt nicht schwach oder gebrechlich – ganz im Gegenteil, er hatte eine sehr lebendige Ausstrahlung. Da lag er also, der Inbegriff totaler Entspannung, mit seinen funkelnden Augen und seinem schelmischen Grinsen. Er sah prächtig aus, doch wie ich noch feststellen sollte, hatte er so seine Macken.

Nachdem die Leute vom Tierheim mein Haus inspiziert und für hundetauglich befunden hatten, durfte ich Morgan zu mir nehmen. Tiere aus dem Tierheim brauchen immer eine gewisse Zeit, um sich einzugewöhnen, aber als ich nach ein paar Wochen merkte, dass Morgan unglücklich war, glaubte ich, dass ich irgendetwas falsch machte. Ich war eine große Katzenliebhaberin und mit Katzen aufgewachsen. Von Hunden dagegen hatte ich keine Ahnung.

In dieser Situation schickte mir, wie der Zufall so spielt, das Mayhew per E-Mail eine Einladung zu einem Workshop über Tierkommunikation, der in den dortigen Räumlichkeiten stattfinden sollte. Ich dachte, das sei deren Art, mir quasi durch die Blume zu sagen: »Lern gefälligst, die Körpersprache deines Hundes zu lesen.« Also ging ich hin in der Hoffnung, Morgan danach ein bisschen besser verstehen zu können. Zu meiner großen Verblüffung hörte ich dort von der Workshopleiterin, dass es möglich sei, mit Tieren zu reden.

Ich kam vom Theater, konnte auf eine sehr erfolgreiche fünfzehnjährige Karriere als Inspizientin zurückblicken und verstand mich als Frau, die mit beiden Beinen fest auf dem Boden der Tatsachen stand. Daher war ich angesichts einer solchen Behauptung zunächst mal skeptisch. Doch dann machte ich bei diesem Workshop die Entdeckung, dass ich mit einem Kaninchen kommunizieren konnte, einfach indem ich sein Foto betrachtete, und dass meine Partnerin, die mir zu diesem Zeitpunkt völlig unbekannt war, dasselbe mit einem Foto von meinem Kater Texas tun konnte. Das Ganze war eine ziemlich seltsame Erfahrung. Als würde sie einen direkten Blick in meine vier Wände tun, konnte sie mir die Farbe meines Sofas beschreiben, sagen, an welcher Stelle im Garten Texas sich am liebsten aufhielt und worauf er gern saß. Dieser erste Workshop brachte mein Weltbild, dessen fester Bestandteil es war, dass Tiere nicht zur Kommunikation fähig sind, doch ziemlich ins Wanken. Das wollte ich jetzt schon genauer wissen, und so belegte ich einen weiteren Workshop.

Bei diesem zweiten Workshop hatte ich mein »Kronleuchter-Erlebnis«: die plötzliche Offenbarung, dass es mir bestimmt war, Tierkommunikatorin zu werden, und alle meine bisherigen Erfahrungen nur Vorbereitung auf das nun Kommende gewesen waren.

Viele Jahre später stand ich per E-Mail im Austausch mit einem Tierarzt, der eine Kolumne bei einer sehr bekannten Zeitung hatte. Er schrieb mir: »Für mich steht fest, dass es Ihre Berufung ist, genau das zu tun, was Sie tun. Sie stoßen Türen auf, die uns die Frage nach dem Bewusstsein von allen fühlenden Wesen in neuem Licht erscheinen lassen.«

Es folgten weitere Workshops, in deren Verlauf ich feststellen musste, dass ich Verbindung zu verstorbenen Tieren aufnehmen konnte und sich dies obendrein noch wie die natürlichste Sache der Welt anfühlte. Für eine überzeugte Atheistin wie mich war dies eine echte Überraschung. Sie zwang mich unweigerlich, alles, was ich bisher für wahr gehalten hatte, von

Neuem zu überprüfen, passten doch meine Überzeugungen so überhaupt nicht zu dieser Art von Erfahrung.

Als ich mich dann in der Kommunikation mit Tieren sicher genug fühlte, setzte ich mich mit Morgan hin, um herauszufinden, warum er so unglücklich war. In meinem Geist erschien das Bild seiner Vorbesitzer, eines älteren Ehepaares. Der Mann hatte einen Gehstock. Ich spürte, dass die Frau gestorben war und der Mann jetzt in einem Pflegeheim lebte. Morgan war in eine Tötungsstation gekommen, wo er eingeschläfert worden wäre, hätten die Leute vom Tierheim nicht eingegriffen, wofür ich für immer dankbar sein werde.

Vielleicht sind Sie an dieser Stelle nicht so recht überzeugt davon, dass ich Morgan half, indem ich mit ihm und seinem verstorbenen Frauchen telepathisch kommunizierte. Doch das beste Gegenmittel gegen den Zweifel daran, dass eine solche geistige Kontaktaufnahme zu einem Tier möglich ist, wird es sein, solch eine Tierkommunikation einmal selbst mitzuerleben. Dennoch werde ich in diesem Buch für alles, was mir die tierischen Gefährten meiner Klienten telepathisch mitgeteilt haben, stets auch Belege beibringen, die entweder von den Tierhaltern selbst stammen oder von den jeweiligen behandelnden Tierärzten, die sie als korrekt bestätigt haben.

Nachdem ich also mit Morgan telepathisch kommuniziert hatte, ging mit ihm eine schlagartige Veränderung vor. Er konnte nun die Vergangenheit hinter sich lassen und sich ganz auf seine neue Familie einstellen. Und weil er das konnte, hieß ihn auch Texas, der ihn zuvor immer geschnitten hatte, im Kreise der Familie willkommen – freilich nur bis zu einem gewissen Punkt. Schließlich war er zuerst hier gewesen, und es gab nur einen Boss, nämlich ihn.

Doch Morgan war nicht der Einzige, mit dem sich eine Wandlung vollzog. Ich hängte meinen Job als Stage Manager an den Nagel und gründete »Animal Thoughts«, einen Dienst für Tierkommunikation. Meine Praxis wuchs durch Mundpropaganda, und ich gab rund um den Globus Workshops für Menschen, die gern zu ihren Tieren geistige Verbindung aufnehmen wollten. Ich selbst kommunizierte regelmäßig mit Tieren, deren körperliches Dasein zu Ende ging oder die den Übergang in das Leben nach dem physischen Tod schon vollzogen hatten. Die Kommunikation mit einem Tier, dessen Seele in die Ewigkeit heimgekehrt ist, betrachte ich als eines der größten Privilegien meiner Arbeit.

Was ist Tierkommunikation?

Vielleicht haben Sie noch nie von Tierkommunikation gehört und fragen sich, wie das überhaupt funktionieren soll.

Unter »Tierkommunikation« versteht man den intuitiven Austausch von nichtverbalen Botschaften zwischen Mensch und Tier. »Interspezieskommunikation« und »Tiertelepathie« sind andere Bezeichnungen für dasselbe Phänomen. Die Tätigkeit eines Tierkommunikators unterscheidet sich jedoch grundlegend von der eines sogenannten Hunde- oder Pferdeflüsterers, der Spezialist für das Verhalten und die Körpersprache einer bestimmten Tierart ist.

Bei der Tierkommunikation werden zwischen Mensch und Tier bewusst nonverbale Informationen über die Sinnesorgane gesendet und empfangen. Der Inhalt dieser Informationen – Gedanken, Gefühle und Empfindungen – ist seiner Natur nach elektromagnetische Energie, sodass es bei der Tierkommunikation im Wesentlichen um den Austausch energetischer Botschaften geht.

Damit ist gemeint, dass – um ein Beispiel zu gebrauchen – ein Mensch nicht die Sprache von Schildkröten und eine Schildkröte nicht die Sprache der Menschen beherrschen muss, damit die beiden sich gegenseitig verstehen. Ich verwende das Wort »Sprache« hier in einem sehr weit gefassten Sinn, der auch den nonverbalen, energetischen Austausch von Informationen einschließt. Wir haben es hierbei mit einer sehr subtilen, einfühlsamen Form der Kommunikation zu tun, die viel Hingabe und Übung verlangt, um sich aufeinander einzustimmen. Um die dazu erforderliche Geschicklichkeit zu erlangen, müssen Sie genauso üben, als würden Sie ein Instrument, eine Sportart oder eine Fremdsprache erlernen. Aber machbar ist es.

Diese kurze Darstellung soll als Erklärung genügen, denn dieses Buch ist keine Anleitung, wie Sie Tierkommunikator werden können. Dennoch werden Sie auf den folgenden Seiten einiges über die Schnurren und Geheimnisse der Tierkommunikation erfahren. Und das dürfen Sie natürlich gern verwenden, um Kontakt zu Ihrem Tier aufzunehmen.

Aber zunächst möchte ich Sie mit einigen interessanten Tatsachen über Empfindungsvermögen, Intelligenz und Bewusstsein von Tieren bekannt machen. Sie bilden die Basis für alle weiteren Ausführungen.

Unsere Stellung in der Welt

Der Mensch betrachtet sich häufig als über dem Tierreich stehend. In Wahrheit ist er aber *Teil* des Tierreichs – Menschen sind ebenfalls Tiere.

Mittlerweile findet der Gedanke breitere Akzeptanz, dass auch »nichtmenschliche Tiere« Gefühle haben und über kommunikative Fähigkeiten verfügen, die nicht an einen verbalen Ausdruck gebunden sind. Vielleicht haben Sie ja schon mal von der Hundedame Bella und ihrem besten Freund Beavis gehört, einem Biber. Als Beavis starb, reagierte Bella emotional in einer Weise, die keinen Zweifel daran ließ, dass sie den Verlust ihres Freundes betrauerte. Zu Beavis' Lebzeiten waren Bella und er unzertrennlich. Sie wichen einander buchstäblich nicht von der Seite, und als Beavis starb, lag Bella stundenlang winselnd neben ihm. Während die anderen Hunde unbeeindruckt Ball spielten und mit dem Schwanz wedelten, harrte Bella untröstlich neben ihrem besten Freund aus, wobei sie manchmal ihren Kopf auf seinen Rücken legte, ihn leckte oder seinen mächtigen Körper mit der Nase anstupste.

Möglicherweise kennen Sie auch die Berichte über eine andere Hundedame namens Bella, eine Streunerin, und Tarra, die Elefantenkuh aus dem Tennessee Elephant Sanctuary, einem Gnadenhof für Elefanten. Die beiden spielten und fraßen zusammen und schliefen oft gemeinsam in einem Stall. Einmal erlitt Bella eine schlimme Verletzung der Wirbelsäule und musste für die Zeit ihrer Behandlung von Tarra getrennt werden. Während dieser drei Wochen verharrte Tarra wachend am Eingang zum Verwaltungsgebäude des Sanctuary, obwohl sie ein fast 900 Hektar großes Gelände zur Verfügung hatte, auf dem sie frei herumstreifen konnte. Es war ein bewegender Anblick, als man die beiden wieder zusammenbrachte: Ganz offensichtlich freuten sie sich, einander wiederzusehen. Als Bella ein Jahr später vermutlich von Kojoten angegriffen und getötet worden war, hat Tarra sie an den Ort geschafft, an dem die beiden sehr viel Zeit miteinander zugebracht hatten. So jedenfalls die Vermutung der Leute vom Sanctuary. »Der Gedanke, dass sie den toten Körper nicht liegen lassen konnte und heimbrachte, ist einerseits herzzerreißend, andererseits aber auch sehr inspirierend«, kommentierte Robert Atkinson, der Leiter des Elephant Sanctuary.

Von wissenschaftlicher Seite wird mittlerweile akzeptiert, dass Tiere Intelligenz besitzen. Die National Academy of Sciences in den USA hat einen Forschungsbericht von zwei Wissenschaftlern der schottischen University of St. Andrews veröffentlicht, wonach Delfine, genauer gesagt Große Tümmler, einander mit Namen rufen. So wie wir Menschen einen bestimmten Vornamen haben und antworten, wenn wir mit diesem Vornamen angesprochen werden, tragen auch Delfine Namen in Form eines individuell entwickelten Signaturpfiffs. Und sie lernen und benutzen die Signaturpfiffe ihrer Artgenossen, um diese zu rufen. Dies ist eine Form der Kommunikation, die über Warnrufe und Futtersignale hinausgeht, ja, die das, was Wissenschaftler bislang an Kommunikation bei Tieren für möglich gehalten hatten, weit übersteigt.

Wir wissen, dass Tiere die Fähigkeit besitzen zu entscheiden, womit sie spielen, was sie fressen, wo sie schlafen und mit wem sie sich anfreunden wollen. Ist es angesichts dieser Tatsache nicht sinnvoll anzunehmen, dass sie auch in vielen anderen Bereichen imstande sind, eine gezielte Wahl zu treffen? Zum Beispiel, wenn es um die Erhaltung oder Wiederherstellung ihrer Gesundheit geht?

Einige Tiere behandeln sich bei Krankheit selbst, indem sie bestimmte wild wachsende Pflanzen, Algen oder Erde fressen, die ihnen die benötigten Heilstoffe liefern. Dieses Verhalten wird als »Zoopharmakognosie« bezeichnet. Der Begriff setzt sich zusammen aus den griechischen Wörtern *zōon* für »Lebewesen, Tier«, *phármakon* für »Droge, Arznei« und *gnōsis* für »Erkenntnis, Kenntnis« und wurde geprägt von Dr. Eloy Rodriguez, Biochemiker an der Cornell University in Ithaca, New York. Sein Institut leistete einen entscheidenden Beitrag zur Erforschung der Selbstmedikation bei Wildtieren.

Wenn Tiere also in der Lage sind, ihre Gesundheit durch die gezielte Auswahl bestimmter Pflanzen positiv zu beeinflussen, so darf man dies wohl mit einiger Sicherheit als Indiz dafür werten, dass sie wissen, wenn mit ihrem Körper etwas nicht stimmt. Wäre es also auch möglich, dass sie wissen, wann ihr Körper stirbt? Sind sie vielleicht sogar in der Lage zu erkennen, wie viel Zeit ihnen in ihrer momentanen physischen Form noch bleibt? Dies sind interessante Fragen, über die nachzudenken sich lohnt.

Der Duden definiert Bewusstsein unter anderem als die »Gesamtheit aller jener psychischen Vorgänge, durch die sich der Mensch der Außenwelt und seiner selbst bewusst wird«. Die Frage ist also, ob Tiere diese Art der Bewusstheit haben.

Am 7. Dezember 2012 traf an der Universität von Cambridge eine Gruppe prominenter Wissenschaftler zur ersten Francis Crick Memorial Conference zusammen, die unter dem Thema »Bewusstsein bei menschlichen und nichtmenschlichen Tieren« stand. Die Konferenzteilnehmer kamen aus den Bereichen der Kognitionswissenschaft, der Neuropharmakologie, der Neurophysiologie, der Neuroanatomie und der Computational Neuroscience. In Gegenwart von Professor Stephen Hawking unterzeichneten die Wissenschaftler die »Cambridge Declaration of Consciousness«, in der sie öffentlich erklärten: »Es gibt gewichtige Beweise, die darauf hindeuten, dass nicht nur der Mensch die neurologische Basis besitzt, die Bewusstheit ermöglicht.«

Die hochrangigen Wissenschaftler erstellten darüber hinaus eine Liste »nichtmenschlicher Tiere«, die ihrer Auffassung nach die Kriterien für Bewusstsein erfüllen. Diese Liste umfasste sämtliche Säugetiere, Vögel und noch einige andere Tiere wie zum Beispiel den Kraken.

Joseph Dial, ehemaliger leitender Direktor der Mind Science Foundation, sagte an diesem Abend vor der Kamera:

Dies war ein überaus denkwürdiger Abend. Ich konnte hier beobachten, wie die Menschen endlich erkannt haben, dass unsere bisherige Auffassung über Bewusstsein bei Tieren primitiv und rückständig war. Heute Abend haben alle hier Anwesenden gesagt, was sie schon immer gedacht haben, nämlich dass tierisches Bewusstsein und menschliches Bewusstsein so viele Gemeinsamkeiten aufweisen, dass wir uns der Frage stellen müssen, wie wir Tiere behandeln und warum wir sie so behandeln.

Drei angesehene Neurowissenschaftler erklärten bei ihrem öffentlichen Resümee, dass »nichtmenschliche Tiere« die neuroanatomische, neurochemische und neurophysiologische Basis für Bewusstsein besäßen sowie willentlich gesteuerte Verhaltensweisen zeigten.

Von wissenschaftlicher Seite wird also bejaht, dass der Hund zu Ihren Füßen ebenso wie die Katze auf Ihrem Schoß, das Pferd draußen auf Ihrer Koppel und jedes andere Tier in Ihrem Umfeld keine fühllosen Automaten sind, sondern vielmehr wunderbare, mit Intelligenz und Selbstgewahrsein begabte fühlende Wesen, die Zustände von Bewusstheit erfahren.

Doch warum braucht es erst eine wissenschaftliche Erklärung, bevor wir akzeptieren können, dass Tiere Gefühle, Intelligenz und Bewusstheit besitzen? Weil man uns beigebracht hat, unserem Bauchgefühl so lange zu misstrauen, bis uns von wissenschaftlicher Seite gesagt wird, dass es doch stimmt. Ohne hier nach der Sinnhaftigkeit einer solchen Haltung zu fragen, kann diese Erklärung vielleicht bewirken, dass wir Tiere künftig besser behandeln.

Auf dem Weg zu einer neuen Bewusstheit

Sie sind dabei, ein Buch zu lesen, in dem es darum geht, wie Tiere auf telepathischem Weg ihre Bedürfnisse und gesundheitlichen Probleme kommunizieren, wie sie den Sterbeprozess wahrnehmen und was sie in Hinblick auf den Tod empfinden. Einige dieser Botschaften stammen von Tieren, deren Seele ihre leibliche Hülle bereits verlassen hat.

Auf den folgenden Seiten werde ich Ihnen auch immer wieder von meiner Reise mit Morgan erzählen, von seinen Krankheiten, seinem Mut und seiner Liebe, wenn wir uns seinem Tod nähern, und davon, wie er nach seinem Übergang in eine nichtphysische Daseinsform immer noch Kontakt zu mir aufnimmt.

Die Entdeckung, dass die Seelenessenz den Tod des Körpers überdauert, hat eine große Veränderung in mir bewirkt. Ich kann jetzt ohne Angst oder Bestürzung über den Tod sprechen. Ich bin dadurch auch fähig geworden, anderen zu helfen. Und ich hoffe, dass Sie, wenn Sie am Ende dieses Buches angelangt sind, akzeptieren können, was Morgan mir ganz zu Anfang unserer Beziehung gesagt hat: »Wir sind alle miteinander verbunden, immer und über alle Entfernung hinweg.«

Es hat bei mir eine Weile gedauert, bis ich das wirklich geglaubt habe, doch meine Kommunikation mit Tieren, die den Übergang vollzogen haben, lieferte mir die Beweise, die ich brauchte, um die Einwände meines skeptischen Geistes verstummen zu lassen.

Vielleicht müssen Sie sich selbst gerade von einem Tier verabschieden, oder Sie lesen dieses Buch, weil Sie um Ihr totes Tier trauern. Oder weil Ihr Tier nun alt geworden ist oder seine Gesundheit sich allmählich verschlechtert. Vielleicht sind Sie auch einfach nur neugierig, wie Tiere das Leben nach dem Tod sehen.

Aus welchem Grund auch immer Sie dieses Buch lesen, meine aufrichtige Hoffnung ist, dass es Ihrem Geist Erbauung, Ihrem Herzen Trost und Ihrer Seele Erleuchtung schenken möge. Sie halten ein Buch in Händen, in dem Morgan seine Einsichten mit Ihnen teilt. Es wurde für Sie mit all unserer Liebe geschrieben.

Lassen Sie mich Ihnen nun als ersten Einstieg in die Tierkommunikation eine Geschichte über eine Katze namens Willow und ihr Frauchen Jane erzählen.

Den freien Willen respektieren

»Auch wenn andere Tiere
sich von uns unterscheiden,
so stehen sie doch nicht unter uns.«

Marc Bekoff

Willow, die »Sophia Loren« der Katzenwelt

»Hör auf, es immer allen recht machen zu wollen.
Kümmere dich zuerst um dich selbst, dann werden dich
auch die anderen schätzen und respektieren.«
Willow

Jane kontaktierte mich im Mai 2007. Sie war damals vierzig und hatte eine eigene Marketingagentur aufgebaut. Sie hatte schon immer Katzen gehabt und war daher sehr erfahren im Umgang mit diesen Tieren. Sie wollte, dass ich mit Willow, ihrer fünfzehn Jahre alten Katze, kommunizierte. Doch damit Sie verstehen, warum sie das wollte, muss ich Ihnen zuerst von meiner Kommunikation mit ihrem Hasen erzählen.

Jane war ein Jahr zuvor bei ihren Recherchen nach alternativen Methoden der Tierheilung auf mich gestoßen. Ihr Hase Peter litt unter einem abnormen Längenwachstum der Schneidezähne, und es bestand die Gefahr, dass er eingeschläfert werden musste.

Um mit Peter geistig Kontakt aufzunehmen, schaute ich

mir ein Foto von ihm an und durchlief meinen üblichen Prozess der Verbindungsaufnahme. Ich atmete langsam ein und aus, um mich körperlich und geistig zu entspannen. Dann sammelte ich meine Aufmerksamkeit im Herzen und stellte mir vor, wie ich mich mit Peter von Herz zu Herz verband, indem ich ihm liebevolle Gedanken schickte. Ich sprach still im Geist mit ihm, erklärte, wer ich war und warum ich zu ihm Verbindung aufnahm. Wir begannen, miteinander zu kommunizieren. Ich empfing seine Gedanken, die ich als meine innere Stimme wahrnahm. Ich erfuhr, dass an dem neuen Geschwür, das er bekommen hatte, eine nicht entfernte Zahnspitze schuld war. Er sagte mir auch, dass die Zeit für seinen Übergang noch nicht gekommen sei.

Obwohl Janes Tierarzt Peters Gebiss bereits untersucht und behandelt hatte, vereinbarte sie aufgrund dieser Information einen Termin für eine zweite Zahnbehandlung. Bei dieser zweiten Behandlung stellte der Tierarzt fest, dass Peter recht hatte, und entfernte die übersehene Zahnspitze. Die Botschaft, die Peter kommuniziert hatte, rettete sein Leben, und er lebte danach noch zwei Jahre. Nach dieser Botschaft, die im wahrsten Sinne des Wortes Peters ganzes Leben verändert hatte, beschloss Jane, dass sie auch über ihre anderen Tiere mehr erfahren wollte. Und den Anfang sollte ihre Lieblingskatze Willow machen.

Da sie in Gloucestershire wohnte, entschied sie sich für eine weitere Fernkommunikation. Ich mache zwar auch Hausbesuche, doch die meisten Tierhalter entscheiden sich aufgrund der Entfernungen für diese Art des Austauschs.

Jane mailte mir also ein Foto von Willow und eine Liste der Fragen, die ich ihr stellen sollte. Diesmal aber ging es nicht um Antworten auf ein bestimmtes gesundheitliches

Problem. Jane wollte wissen, was in Willow vorging und ob sie glücklich war.

Ich habe Willow bekommen, als sie gerade mal acht Wochen alt war, und sie wird nächsten Monat sechzehn. Zwischen uns beiden scheint eine tiefe Verbindung zu bestehen. Sie redet mit mir, sagt mit einem kätzischen Miau:»Hallo.«*Ich bin einfach völlig hingerissen von ihr. Wenn einmal der Tag kommt, an dem ich ihr Lebewohl sagen muss, wird mir mit Sicherheit das Herz brechen. Könnten Sie einfach ganz allgemein ein wenig mit ihr plaudern, weil ich mich so hingezogen fühle zu ihr? Ich liebe alle meine Tiere, aber die Verbindung zu Willow ist etwas ganz Besonderes.*

Von dem Foto blickte mir eine Katze von umwerfender Anmut entgegen. Ihr Fell hatte eine feine Zeichnung aus Karamell-, Kaffee- und Kakaotönen. Sie thronte auf dem Sofa auf einem beigefarbenen Kissen, das Gesicht der Kamera zugewandt. Ihre rechte Vorderpfote graziös über die linke drapiert, warf sie sich selbstbewusst in die Brust und zeigte ihren herzförmigen Brustfleck. Ihre imposanten Schnurrhaare waren weiß wie Milch. Die hellpistaziengrünen Augen flößten einem unmittelbar Respekt ein. Wie sie da vor der Kamera posierte, schien sie auf etwas zu warten.

Viele Tiere scheinen mich bereits zu erwarten, wenn ich mit ihnen kommuniziere, wobei es keine Rolle spielt, ob sie gerade mit etwas beschäftigt sind oder vielleicht sogar schlafen, da unsere Verbindung energetischer Natur ist. Herauszufinden, was ein Tier auf einer tieferen Ebene empfindet, geht über sein äußeres Verhalten oder seine Körpersprache hinaus. Es überschreitet sogar die Grenzen des Raumes.

Deswegen muss das Tier auch nicht leibhaftig vor mir sitzen. Ein gutes Foto reicht vollkommen aus, damit ich eine Verbindung zu ihm herstellen kann, und es ist auch gleichgültig, ob dieses Tier seinen physischen Körper verlassen hat oder nicht.

Als ich mit Willow Kontakt aufnahm, vernahm ich als Erstes ein lautes »Roarrr« in meinem Kopf. Brüllte mich Willow etwa an? Das war das erste Mal, dass eine Katze so etwas während einer Kommunikation getan hatte. Sie besaß offensichtlich sehr viel Energie und darüber hinaus in einer sehr starken, feurigen Form. Als ich spürte, dass sie meinen Blick erwiderte, war es, als ginge ihr Blick durch mich hindurch. Sie war das verkörperte Selbstvertrauen, und es war völlig klar, wer hier das Kommando führte und dass man sich mit ihr besser nicht anlegte. Darüber konnte auch die verführerische Aura der Grande Dame nicht hinwegtäuschen.

Als Nächstes hörte ich die Worte »The Queen« in meinem Kopf. Das waren höchst ungewöhnliche Eindrücke, die mir da von diesem Tier übermittelt wurden, dennoch schrieb ich sie nieder. Auch wenn ich nichts damit anfangen konnte, so mochten sie für Willows Frauchen nämlich durchaus von Bedeutung sein.

Während ich Willow weiter meine Bewunderung zollte, versuchte ich, so viel wie möglich über sie zu erspüren. Nachdem ich eine Reihe von einzelnen Informationen empfangen hatte, schilderte ich Jane meine Eindrücke per E-Mail und bat sie, diese auf ihre Richtigkeit hin zu überprüfen, sodass wir beide kontrollieren konnten, ob wirklich eine Verbindung hergestellt worden war.

Impressionen von Willow

»Jane, ich habe das Gefühl, Willow ist eine Löwin im Leib einer Katze. Das Erste, was ich von ihr empfing, war ein mächtiges Brüllen.«

»Darüber musste ich herzlich lachen«, schrieb Jane zurück. »Sie sitzt immer wie eine Sphinx da, nur dass sie die Vorderpfoten höchst vornehm übereinanderlegt. Glaubt sie wirklich, dass sie eine Löwin ist? Ich sage ihr nämlich immer, sie sei eine Sphinx. Ich habe sie doch keiner Gehirnwäsche unterzogen?«

O nein, dachte ich bei mir, *Willow ist es bestimmt nicht, deren Gehirn hier gewaschen wird.*

Jane bestätigte meinen Eindruck, dass Willow eine starke Präsenz und einen ebenso starken Willen hatte: »Entweder es geht so, wie Willow es möchte, oder es geht gar nicht.«

»Willow sagt, dass sie gern bei Ihnen auf der Brust und in der Herzgegend schläft«, schrieb ich weiter. »Sie möchten aber, dass Willow weiter unten bei den Füßen schläft.«

»O ja, Willow ist eine ziemlich verwöhnte Katze. Mein Mann muss quasi auf der Bettkante schlafen, ich liege in der Mitte, und Willow macht sich auf der anderen Betthälfte breit. Und wenn ich sie hundertmal weiter nach unten im Bett lege, so steigt sie ebenso oft über mich drüber, um sich wieder auf mein Kissen oder manchmal auch gleich auf meinen Kopf zu legen!«

Mein nächster Eindruck war etwas intimerer Natur: »Willow sagt, dass Sie mit ihr besondere Momente im Bad verbringen.«

»Hm, als ›besondere Momente‹ würde ich das nicht bezeichnen«, antwortete Jane. »Mein Badezimmer ist mein Heiligtum. Hier bin ich nicht mehr Chefin, Ehefrau, Mutter,

Schwester … Ich kann ganz ich selbst sein, während ich ein Weilchen in meinem Schaumbad liege und niemand mich mit Fragen löchert. Doch Willow weiß es oft so einzurichten, dass sie genau dann lautstark vor der Tür maunzt und reingelassen werden will, wenn ich gerade in mein Bad gestiegen bin. Also klettere ich tropfnass wieder aus der Wanne und mache ihr auf. Sie spaziert herein, trinkt etwas Wasser aus ihrer Schüssel, was sie ausschließlich im Bad tun kann, legt sich dann auf die Bademate und wartet darauf, dass ich aus der Wanne komme. Bade ich einmal länger als normal, fängt sie an, sich zu langweilen, und will wieder hinausgelassen werden. Und ich klettere einmal mehr aus der Wanne.«

Aha, das war es also, was Willow unter »besonderen Momenten« verstand.

Ich schilderte Jane den nächsten Eindruck, den Willow mit ihr teilen wollte: »Ich liebe sie über alles.«

Später einmal sagte Jane zu mir: »Das war der Satz, den ich gern hören wollte … Ihr Schnurren, Schmeicheln und Köpfchenreiben hat mir zwar immer genügt, um zu wissen, dass sie mich mochte, doch dass sie das dann wirklich kommuniziert hat, war ein ganz besonderer Moment für mich.«

Dies waren nur die ersten Einblicke in ein größeres Ganzes, das erst noch zum Vorschein kommen sollte.

Der nächste Eindruck, den ich Jane berichtete, war: »Sie haben zwei Töchter, die Ihnen viel Freude machen, viel lachen und glücklich sind.«

»Nein«, sank Jane in sich zusammen, »ich habe keine Töchter, nur einen Sohn.«

Ich war mir so sicher, dass Willow von zwei Töchtern gesprochen hatte, dass ich beschloss, das Thema später noch einmal anzusprechen.

Also machten wir mit den anderen Eindrücken weiter, die ich empfangen hatte. Jane freute sich, dass ich mit Willow telepathisch Verbindung aufgenommen hatte, und wir vereinbarten einen Termin für ein Telefongespräch.

The Queen's Speech

Zuerst erklärte ich Jane den allgemeinen Ablauf und sagte ihr, dass sie mich jederzeit unterbrechen könne, falls sie eine Frage habe, ihr etwas unklar sei oder sie sich etwas notieren möchte. Sobald sie bereit war, begann ich, mit Willow zu kommunizieren.

Doch Willow war keineswegs willens, einfach nur Janes Fragen zu beantworten. Sie wollte selbst ein oder zwei Dinge sagen, und ihr erstes Statement war: »Ich bin die Königin.«

»So habe ich sie immer genannt!«, rief Jane aus. »Unglaublich, dass sie Ihnen gegenüber jetzt sagt, dass sie die Königin *ist,* und das derart kategorisch. Ich singe ihr sogar immer ein kleines Lied vor.«

»Und wie geht das?«, wollte ich wissen.

Jane begann zu singen:

Willow is the queen of the May and June.
Willow is the queen of the sun and the moon.
Willow is the queen of the land and sea.
Willow is the queen who belongs to me.

(Willow ist die Königin von Juni und Mai.
Willow ist die Königin von Sonne und Mond.
Willow ist die Königin von Land und See.
Willow ist die Königin, die mein ist.)

Ich fand es sehr charmant, dass Jane ihrer Katze Lieder vorsang. Dann sagte ich zu ihr: »Abgesehen davon, dass Willow von sich als Königin spricht oder, genauer gesagt, als *der* Königin, habe ich auch den Eindruck, dass sie ausgeprägte Sophia-Loren-Qualitäten besitzt. Sie hat eine starke feminine Energie und ist eine ausgesprochene Schönheit. Willow ist wirklich die Sophia Loren der Katzenwelt.«

Willow hatte sich einmal mehr sphinxartig und mit übereinandergeschlagenen Pfoten auf ihr Kissen drapiert, und Jane sagte dann: »Willow hat mir eben ganz langsam zugeblinzelt, als wollte sie sagen: ›Ja, das bin ich.‹«

Ich musste lachen, denn das war so typisch Willow. Ihr Selbstwertgefühl war gut entwickelt, und sie hielt sich einfach für umwerfend. Wenn nur alle Frauen ein derart robustes Selbstbild hätten!

Die Kommunikation mit Willow war bisher zu Janes Zufriedenheit verlaufen, daher hielt ich den Moment für gekommen, die Sprache noch einmal auf die beiden Töchter zu bringen. Mir war klar, dass ich meine Worte sehr genau und vorsichtig wählen musste.

»Darf ich Sie fragen, ob Sie je ein Kind verloren haben?«

»Ja. Bevor ich meinen Sohn bekam, hatte ich zwei Fehlgeburten.«

»Wissen Sie zufällig, ob es Mädchen waren?«

»Nein, die Ärzte haben mir das nie gesagt. Das erste Kind habe ich in der zehnten Woche verloren, das zweite in der fünfzehnten.«

»Wenn ich sagte, dass das eine der Mädchen jetzt elf und das andere zwölf wäre, könnte das zeitlich hinkommen?«

Am anderen Ende der Leitung entstand ein langes Schweigen. Dann sagte Jane mit ruhiger Stimme: »Ja.«

»Willow gibt mir den Namen ›Bethany‹«, sprach ich weiter. »Macht das Sinn für Sie?«

»O mein Gott!«, rief sie aus. »Niemand, absolut *niemand* weiß, dass das der Name war, den ich für mein zweites Baby ausgesucht hatte: *Bethany*. Bethany Jane. Niemand kann das wissen – und Sie mit Sicherheit nicht. Doch Willow weiß es!«

Jane lief es kalt den Rücken hinunter. »Hat sie sonst noch etwas gesagt?«

»Ja. Sie sagte: ›Sie hat zwei Töchter, zwei lustige, fröhliche Mädchen, die immer lachen. Bethany, die jüngere, mag ich am liebsten.‹«

Jane wurde ganz still, und ich spürte, dass sie am liebsten losgeweint hätte, doch dann meldete sich Willow: »Sag ihr, dass Bethany die Frechere von den beiden ist.«

Ich wiederholte Jane, was Willow gesagt hatte, und sie brach in schallendes Gelächter aus: »Das ist typisch Willow. Wenn ich deprimiert bin, bringt sie mich regelmäßig zum Lachen. Nur sie bringt es fertig, von jemandem, dem ich nie begegnet bin, zu sagen, er sei frech.«

»Jetzt redet sie über Ihren Sohn.«

»Und was sagt sie?«

»Dass er noch viel lernen muss.«

Wieder musste Jane lachen. Nach unserem Telefonat gab Jane Willows Botschaft an ihren elfjährigen Sohn Jake weiter. Der fragte ziemlich verdutzt: »Was soll das heißen?«

Jane klärte mich auf: »Ich weiß ganz genau, wovon Willow redet. Willow versteht es, die Menschen, na ja, genauer gesagt mich, um den Finger zu wickeln. Wenn sie schreit, stehe ich sofort parat, ganz im Gegensatz zu Jake. Sie verstrubbelt nämlich oft ihre Decke und rennt dann maunzend um einen herum, weil sie will, dass man sie wieder glatt streicht – schließlich kann eine Königin *unmöglich* auf einer zerknitterten Decke ruhen. Jake sagt dann immer, sie solle die Klappe halten, ich dagegen komme sofort angelaufen, um ihre Decke in Ordnung zu bringen.«

Über Janes Mann hatte Willow ebenfalls ein Wort aus ihrer Sicht zu sagen: »Derek ist nett, aber er lässt es an Wertschätzung für Jane fehlen. Sie arbeitet sehr viel und ist sehr großzügig. Er muss sie mehr unterstützen.«

Und auch aus ihrer Meinung über Hase Peter machte sie kein Geheimnis.

»Ich habe das Gefühl, dass sie ein bisschen eifersüchtig auf Ihr Kaninchen ist«, sagte ich zu Jane.

»Ja, sie leckt sich die Lippen und fängt an zu fauchen, sobald Peter sich blicken lässt«, bestätigte sie.

»Willow betrachtet Sie alle als gleich. Sie ist Teil der Familie wie alle anderen. Ich spüre, dass sie etwas steif in den Schultern ist und ein bisschen mürrischer und anspruchsvoller, doch sie sagt, dass es keinen Grund zur Sorge gibt. Sie habe Appetit, schlafe gut und fühle sich sehr kräftig.«

Jane musste wieder lachen.

Ich beendete die Kommunikation, indem ich ihr Willows letzte Botschaft übermittelte: »Liebe, Liebe, Liebe.«

»Besser hätte man ihren Charakter gar nicht zusammenfassen können«, meinte Jane. »Mir war immer klar, dass sie eine ungewöhnliche Persönlichkeit ist, doch jetzt habe ich den Beweis. Und bei all den Einzelheiten, die Sie unmöglich wissen konnten, wie zum Beispiel den Namen ›Bethany‹, gibt es für mich auch keinerlei Zweifel an der Richtigkeit – und das alles nur von Willows Foto!«

Später schrieb sie mir noch:

Sowohl mein Mann als auch mein Sohn waren ziemlich überrascht, wie viel Willow kommuniziert hatte, und noch mehrere Tage nach unserem Telefonat schienen die beiden bemüht, sich von ihrer besten Seite zu zeigen, sobald Willow die Bildfläche betrat, so ganz nach dem Motto: »Benehmt euch, oder Willow sagt es Pea.« Ich muss sogar zugeben, dass Jake nach der Kommunikation ein paar Tage lang wie ein Pfeil angeschossen kam, sobald Willow ihren Unmut äußerte, allerdings hielt der Effekt nicht lange an.

Diese Kommunikation war einfach toll. Es hat mich so mit Freude erfüllt, einen Beweis zu bekommen, dass Willow Bescheid weiß, was sich in unserem Leben abspielt. Ich war weder ängstlich noch nervös, und alles war so liebevoll. Es hat einfach alles gepasst.

Ich muss gestehen, dass Willow auch auf mich ziemlich Eindruck gemacht hatte. Sie hatte sich auf Janes Energie eingestimmt und erkannt, dass sie nicht nur eine, sondern gleich zwei Fehlgeburten gehabt hatte. Und nicht nur das, sie hatte auch den Charakter dieser beiden Kinder, die auf der seelischen Ebene weiterleben, wahrgenommen. Willow hat auf höchst bemerkenswerte Weise Janes tiefe seelische Wunde geheilt.

Willows Gesundheit verschlechtert sich

Am 9. Dezember 2009 bat mich Jane, noch einmal mit Willow zu kommunizieren. »Bei ihren Bluttests ist herausgekommen, dass ihre Nieren sich rasant verschlechtern«, erzählte sie. »Ich bin am Boden zerstört. Sie ist jetzt achtzehn, aber ich bin einfach noch nicht bereit, sie loszulassen.

Bitte, ich hätte so gern noch ein Jahr mit ihr. Können Sie herausfinden, ob ich irgendetwas für sie tun kann?«

Ich betrachtete Willows Foto, um mich mit ihr zu verbinden. Und einmal mehr schrieb ich die Eindrücke nieder, die sie mir vermittelte:

> *Keine besonderen Probleme. Manchmal muss man Willow rauf aufs Sofa helfen, doch das ist in Ordnung für sie.*
>
> *Ihr Gefühl für Würde ist sehr stark entwickelt.*
>
> *Sie mag gern Kekse (die für Menschen) – »Eine Dame sollte immer speisen können, was sie zu speisen wünscht.«*
>
> *Unterer Teil der Wirbelsäule/Steißbein: arthritische Schmerzen. Hüften und Hinterbeine sind schlimmer – ein kratzendes Gefühl.*
>
> *Sie ist sehr ruhig und heiter.*
>
> *Es geht mir im Moment nicht so schlecht, meine Liebe. Du brauchst dir jetzt keine Sorgen zu machen. Bleib ruhig.*
>
> *Es gefällt ihr, wenn Jane ihre weißen Pfoten und die weiße Brust bewundert.*

Zu Beginn unseres Telefonats bat sie mich, es ihr nicht zu sagen, wenn ich spürte, dass Willow bald ihren Übergang vollziehen würde. Dann stellte sie ihre erste Frage: »Ich möchte sehr gern wissen, ob es noch irgendetwas gibt, was ich für sie tun kann.«

»Nur die Ruhe«, antwortete Willow. »Du machst alles richtig. Hör auf, dich zu sorgen.«

»Diese Katze kennt mich in- und auswendig – ich mache mir auch dann Sorgen, wenn es keinen Grund gibt«, meinte Jane.

»Ich hab es gern warm«, fuhr Willow fort. »Eine Heizdecke, ein warmes Fleckchen, aber das weißt du ja.«

»Ich habe mir schon überlegt, ihr eine Heizdecke zu kaufen«, rief Jane verblüfft aus. »Dieser Gedanke geht mir schon einige Zeit durch den Kopf. Ich wüsste gern noch, ob ich irgendetwas falsch mache?«

»Nein, überhaupt nicht, meine Liebe«, gab Willow zur Antwort.

»Ich möchte einfach nur besser verstehen, was wirklich los ist«, sagte Jane zu mir. »Mir kommt es so vor, dass Willow noch immer sehr viel Kraft hat, aber dann frage ich mich, ob das nicht bloß Wunschdenken meinerseits ist.«

Ich erklärte ihr: »Ihre Energie schwindet langsam, doch sie will noch nicht sterben. Sie fühlt sich geistig immer noch so stark wie eh und je. Sie ist froh, zuversichtlich, ruhig und still. In gewisser Weise abgeklärt.«

»Ich weiß, dass sie eine alte Katzendame ist und alles nicht mehr so schnell geht. Aber sie ist wahrscheinlich die verwöhnteste und verhätscheltste Katze, die je auf diesem Planeten geschnurrt hat. Sie ist meine kleine Seelengefährtin, ich möchte einfach sicher sein, dass es ihr gutgeht und sie keine starken Schmerzen hat.«

Willow erwiderte: »Mein unterer Rücken und die Hinterbeine tun mir fast immer weh, aber ich fühle mich friedvoll.«

»Was kann ich denn für sie tun?«

»Ebendas, was du jetzt tust«, sagte Willow. »Schenk mir einfach deine Liebe.«

Lange Zeit später, als Jane über diese Kommunikation nachdachte, erkannte sie, dass Willow ihr das wahre Ausmaß ihres Zustands verborgen hatte, um sie zu schützen, während sie sich gleichzeitig auf das Unvermeidliche vorbereitete. Jane fasste ihre Überlegungen für mich zusammen:

Willow schützte mich, wie eine Mutter ihr Kind schützt. Ich bin mir sicher, sie wusste genau, dass dies das traurigste Weihnachten meines Lebens geworden wären, wäre mir klar gewesen, dass es das letzte Weihnachten mit meinem kleinen Mädchen sein würden. So hat sie sich entschieden, meine Gefühle zu schonen. Heimlich hatte ich gehofft, Sie würden mir sagen, dass Willow noch sehr viel Kraft habe und nirgendwo hingehen werde. Das hatte ich so gehofft, aber diese Worte fielen leider nicht. Die Kommunikation war für mich sehr tröstlich, doch tief in meinem Innersten wusste ich schon, dass dies die letzte Unterhaltung sein würde, die ich mit meinem Mädchen auf der irdischen Ebene führen würde. Mir war klar, dass wir nicht mehr viel Zeit miteinander haben würden, doch ich konnte das einfach nicht akzeptieren. Ihre letzten Worte klingen immer noch in mir nach. Als ich sie fragte, ob ich alles richtig machte, antwortete sie:»Natürlich tust du das, meine Liebe. Alles ist bestens.« Das war so ladylike, so würdevoll, so typisch Willow.

»Leb wohl, meine Königin, ich liebe dich.«

Über Weihnachten und Neujahr ging es mit Willows Gesundheit kontinuierlich bergab. Sie verbrachte die meiste Zeit warm eingepackt unter einer rosa Decke auf ihrem Lieblingskissen. Jane saß stundenlang da, streichelte sie und redete mit ihr, während Willow zur Erwiderung müde blinzelte. Ihre Hinterbeine versagten ihr den Dienst, und sie konnte kaum noch stehen oder gehen. Dann musste sie sich eines Tages den ganzen Vormittag über erbrechen. Jane schrieb:

*Um ihr eine würdelose Szene zu ersparen, hielt ich sie über
ihre Katzentoilette, weil sie es aus eigener Kraft nicht mehr
dorthin schaffte. Der Tierarzt nahm ihr noch mal Blut ab,
um zu kontrollieren, ob es an den Nieren oder an einem
Kaliummangel lag, wie er bei Katzen mit Nierenproblemen
vorkommen kann. Doch in meinem Herzen wusste ich, dass
sie sich nicht mehr erholen würde.*

*Am Tag bevor sie starb saß ich schluchzend an ihrer Sei-
te, denn ich spürte, dass der Abschied immer näher rückte.
Sie streckte ihre Pfote aus und legte sie in meine Hand.
Sollte das heißen:* »He, mach dir keine Sorgen, es wird
schon wieder!«? *Oder wollte sie mir sagen:* »Lass mich
gehen.«?

*Am Morgen darauf saß ich wieder bei ihr, gab ihr einen
Kuss und sagte ihr, dass sie etwas ganz Besonderes sei. Sie
hob ihren Kopf vom Kissen, und unsere Blicke trafen sich.
Ich wusste, dass sie mich bat, sie gehen zu lassen. Ich sagte
ihr, dass sie nicht mehr dagegen ankämpfen sollte und dass
es von meiner Seite aus in Ordnung sei, wenn sie mich jetzt
verließe. Ich gab ihr meine Erlaubnis, denn ich wusste, dass
es nicht richtig gewesen wäre, von ihr zu erwarten, noch
länger hierzubleiben.*

*Später rief mich unser Tierarzt Jason an und gab mir die
Ergebnisse ihres Bluttests durch:* »Willows Nieren arbeiten nicht mehr.« *In weniger als einem Monat war aus einer
Niereninsuffizienz ein Nierenversagen geworden, dagegen
könne er nichts tun. Ich bat ihn um einen letzten Hausbesuch. Als ich Willows Kopf streichelte, merkte ich, dass er
ganz nass war von meinen Tränen. Meine letzten Worte
an sie waren:* »Leb wohl, meine Königin, ich liebe dich.«

Eingewickelt in ihre rosa Decke wurde Willows toter Körper aus dem Haus getragen.

Die folgenden Tage waren furchtbar. Ich heulte Rotz und Wasser, doch tief, tief in mir wusste ich, dass ich das Richtige getan hatte. Sie derart herumtaumeln zu sehen war vielleicht noch schlimmer als ihr Tod. Das war nicht mehr die Willow, die ich gekannt und geliebt hatte, und das war auch nicht die Willow, die sie sein wollte.

Am 5. Januar 2010 half man Willow, ihren Übergang zu vollziehen. An diesem Tag begann Schnee zu fallen, und es schneite und schneite, bis ganz Gloucestershire unter einer wunderbaren, von reinem Weiß schimmernden Decke lag. Es war, als würde die Erde in magisches Leuchten getaucht, bereit, neues Leben hervorzubringen.

Willows Rat von jenseits des Grabes

Als Jane sich ein paar Wochen später wieder bei mir meldete, war sie verständlicherweise immer noch sehr traurig. Ich verband mich mit Willow, die gleich in ihrer altgewohnten Art und Weise das Wort ergriff, ohne dass ich sie erst darum hätte bitten müssen. Doch ihre Energie fühlte sich jetzt stärker und irgendwie vollständiger an. Zuerst wollte sie über Jane sprechen:

Sie macht sich ständig Sorgen, sie kann einfach nicht anders. Meine Aufgabe war es, sie zu beruhigen und sie daran zu erinnern, dass sie ein ganz besonderer Mensch ist. Und ich habe meine Aufgabe gut erfüllt. Jetzt, da ich mich

*auf der anderen Seite der physischen Welt befinde, darf ich
das sagen.*

*Ihr Mann unterstützt sie nicht genug. Er begreift nicht,
wie schwer es für sie ist, so viele unterschiedliche Dinge unter einen Hut zu kriegen – ihre Energie auf so viele
unterschiedliche Aufgaben zu verteilen. Eines Tages aber
wird er das vollkommen verstehen.*

*Ich fühle mich wohl und entspannt – keine Schmerzen
mehr in der unteren Körperhälfte. Meine Nieren waren in
einem sehr schlechten Zustand, besonders die linke – sehr
schmerzhaft, wirklich hoffnungslos. Jason ist ein freundlicher Mensch. Er kam, um mein irdisches Leben zu beenden. Es war der richtige Moment, ich war bereit zu gehen.
Ich war sehr schwach und konnte kaum noch gehen. Das
war kein Leben mehr.*

Als ich Willow mit meinem geistigen Auge sah, sprühte sie
vor Energie und hatte ein glänzendes Fell. Sie gab mir weitere Ratschläge für Jane:

*Sag Jane, sie soll langsamer machen. Sie arbeitet zu viel. Sie
muss mehr abschalten, sich Zeit für Erholung und Entspannung gönnen und richtig Spaß haben. Ich möchte sehen, wie
sie wieder lacht. Wie sie lächelt und leichten Herzens ist.
Wie sie nackt durch ihren Garten tanzt! Wie sie die ganze
Fülle ihrer göttlichen weiblichen Essenz spürt. Wie sie sich
ihre weibliche Energie zunutze macht. Ich habe immer wieder versucht, sie an ihre Kraft zu erinnern, doch ich wurde
allmählich müde. Jetzt habe ich meine alte Stärke wiedererlangt und werde mit meinen Botschaften direkter sein.*

Ich schrieb Willows Botschaften mit und tippte nachher jedes einzelne Wort ins Reine. Nun wandte Willow sich direkt an Jane:

Mein kleines Mädchen, hör auf, es immer allen recht machen zu wollen. Kümmere dich zuerst um dich selbst, dann werden dich auch die anderen schätzen und respektieren. Mach es wie ich – habe ich mich nicht selbst stets an die erste Stelle gesetzt und habe ich damit nicht immer alle angezogen? Das ist keine Selbstsucht, sondern Selbst-Bezogenheit: Du richtest deine Aufmerksamkeit auf dein Selbst, dein seelisches, körperliches und emotionales Wesen. Du weißt, wie viel mir an dir liegt, und ich sage diese Dinge mit Liebe im Herzen, denn zwischen unseren Herzen besteht ein inniges Band. Du hast immer getan, was gut für mich war. Jetzt versuche ich zu tun, was gut für dich ist. Wirst du mich lassen und wirst du mir zuhören?

Ich war mir sicher, dass Jane zuhören würde.

Jane wollte wissen, ob Willow ihren Übergang ohne Schwierigkeiten vollzogen hatte und wer sich nun um sie kümmerte, und so richtete ich diese Fragen an sie.

»Es war in einem Augenblick vorbei«, gab Willow zur Antwort, »denn ich war bereit loszulassen. Und ich kümmere mich um mich selbst, schließlich bin ich Willow. Und eine Katze.«

Jane fragte, ob Willow bereit gewesen sei zu gehen.

»Ja, mehr als bereit. Ich wollte von dir, dass du mich gehen lässt, und du hast auf meine Botschaft gehört. Du warst tapfer. Dafür bin ich dir dankbar.«

Jane hatte noch eine andere Katze. Sie hieß Blue, war so alt wie Willow und am selben Tag ins Haus gekommen. Sie stammten zwar nicht aus demselben Wurf, vertrugen sich aber sehr gut. Blue hatte jetzt ebenfalls gesundheitliche Probleme, und Jane wollte von Willow wissen, ob mit Blue alles in Ordnung sei.

»Blue wird langsam müde«, gab Willow zur Antwort, »sie muss sich länger ausruhen, doch im Moment geht es ihr gut. Du musst dir ihretwegen keine Sorgen machen. Lass sie einfach machen und ihr Leben genießen. Sie weiß, dass ich in der Nähe bin. Ich habe weder sie noch dich verlassen. Du kannst meine Essenz immer in deiner Nähe spüren. Küsse. Köpfchenreiben.«

Janes letzte Frage lautete: »Ich hatte immer das Gefühl, dass Willow meine Seelengefährtin ist, und ich frage mich, ob sie irgendwann wieder zu mir zurückkommt?«

»Ja, wir sind Seelengefährten«, antwortete Willow, »und auf immer miteinander verbunden. Aber ich glaube nicht, dass ich in einem anderen Körper wieder zurückkommen möchte. Für mich ist diese eine Lebenszeit, die wir miteinander verbracht haben, vollkommen und durch nichts zu ersetzen. Ich war auch ganz glücklich mit dem physischen Körper, den ich hatte. Ich werde warten, bis wir beide hier zurück sind, damit wir dann gemeinsam eine neue Existenz suchen können. Ich hoffe, das ist für dich in Ordnung.«

Später schrieb mir Jane: »Ich weiß, dass diese Botschaften von Willow stammen, denn ich habe sie immer ›mein kleines Mädchen‹ genannt, und jetzt hat sie in ihrer Botschaft mich so genannt. Vielen Dank.«

Blue

Blue blieb noch zwölf Monate an Janes Seite, so wie Willow es getan hatte.

»Diese alte, kränkelnde Katze hat mich mit jedem Tag geheilt«, sagte Jane.

Am Wochenende bevor Blue starb meinte Derek, Manager bei einem Online-Optikhändler, Willow von Janes Schoß springen zu sehen. Er beschrieb sie als »helles Licht, dessen Essenz aber Willow war«.

Am Tag vor Blues Tod war Janes Schwester davon überzeugt, dass sie gesehen habe, wie Willow in Janes und Dereks Schlafzimmer ging.

Jane erzählte mir später: »Für mich war das die letzte Pflicht, die Willow noch zu erfüllen hatte: Sie kam zurück, um Blue hinüberzuhelfen.«

Es war tröstlich zu wissen, dass Willow zurückgekommen war, um Blue hinüber auf die andere Seite zu begleiten. Und mitzuerleben, wie Willow Jane Ratschläge für ihr Leben gab, war eine Erfahrung, die uns Menschen Demut lehren kann. Wenn ein Tier so viel Auskunft geben kann über andere Tiere und Menschen – egal, ob sie nun in einem physischen Körper existieren oder als Seelen, die den Übergang schon vor vielen Jahren vollzogen haben –, so ist es eine spannende Überlegung, was Tiere vielleicht noch zu sagen wissen über das Leben, den Tod und alles, was darüber hinausgeht.

Im folgenden Kapitel möchte ich Ihnen davon erzählen, wie Morgan plötzlich krank wurde und ich ihn anflehte, noch eine Weile länger bei mir zu bleiben. Wir werden uns auch mit der Wichtigkeit der palliativen Versorgung von Tieren und der Frage beschäftigen, ob ein Tier die Fähigkeit hat zu entscheiden, ob es bleiben oder gehen will.

Morgan, mein meisterlicher Lehrer

»Es ist deine Reise, du kennst den Weg.«
Morgan

I ch sagte schon, dass Morgan so seine Eigenheiten hatte, als er ins Haus kam. Er hatte emotionale Blockaden, die aus seiner Zeit vor dem Tierheim stammten, und es dauerte eine Weile, bis ich ihm da durchhelfen konnte. Sah er auf der Straße einen alten Mann mit Gehstock, so bellte er ihn an und versuchte verzweifelt, seine Aufmerksamkeit zu erregen. Ich bin mir sicher, dass er alle diese älteren Herren für sein früheres Herrchen hielt. Außerdem war er ganz versessen darauf, Texas hinterherzujagen, auf den das allerdings so gar keinen Eindruck machte. Da zudem in seinen Adern hauptsächlich Beagleblut floss, verstand er es vorzüglich, seine Ohren auf Durchzug zu stellen, sobald man ihn rief, und zog es vor, unter lautem Gebell durch dichtes Gehölz jagend die Witterung von Füchsen zu verfolgen. Sorgen machte ich mir erst, wenn von ihm plötzlich nichts mehr zu hören war. Einmal – wir machten mit einem befreundeten Paar samt deren wohlerzogenem, wie ein Schatten bei Fuß gehendem Golden Retriever einen Spaziergang – verschwand Morgan für über zehn Minuten von der Bildfläche. Die ebenso besorgten wie missbilligenden Blicke der anderen waren kaum zu übersehen. Zu viert hatten wir schon jeden möglichen Weg kontrolliert, der aus dem Wald führte, als er irgendwann mit breitem Grinsen angetrabt kam, wobei ihn die Tatsache, dass er mit seinen Eskapaden unseren Blutdruck in schwindelnde Höhen hatte schnellen lassen, völlig kaltließ.

Anfangs zerrte er auch immer wie ein Irrer an seiner Leine, weil alles, worauf sein Blick fiel, seine Aufmerksamkeit ganz absorbierte, und wenn er bei einem spätabendlichen Spaziergang einen Fuchs erspähte, riss er mir förmlich den Arm aus dem Gelenk und schlug ein aufgeregtes Gebell an, das das ganze Viertel aus dem Schlaf riss. Auf die körperliche Bezeugung von Zuwendung legte er keinerlei Wert und entzog sich geschickt jedem Versuch, ihn zu streicheln, indem er der ausgestreckten Hand mit vollendeter Präzision auswich. Er strotzte nur so vor Gesundheit und Tatendrang und war stur ohne Ende.

Doch war er eben auch die reine Lebensfreude. Sobald er seine Vergangenheit losgelassen und seine Pfoten fest in unser Sofa gepflanzt hatte, floss er nur so über vor Zufriedenheit mit sich und seinem Leben. Er spielte gern, allerdings nicht mit Hundespielzeug, das er als nutzlose Erfindung betrachtete. Einem Ball nachzurennen kam für ihn nur infrage, wenn dieser Ball mit etwas gefüllt war, und dieses Etwas musste essbar sein. Sein Spieltrieb äußerte sich in anderer Form: Er zog es vor, mich zum gemeinsamen Laufen zu animieren, wobei er ein breites Lächeln aufsetzte.

Bei einigen meiner Workshops in Tierkommunikation fungierte er außerdem als mein Co-Trainer, und es war ihm sehr daran gelegen, dass jeder Kursteilnehmer zumindest bis zu einem gewissen Grad die Erfahrung einer authentischen Tierkommunikation machte. Vor den Kursen hatte er bisweilen ein wenig Lampenfieber, aber sobald er den Kursraum betreten hatte, war er ein vorbildlicher Lehrer, der viele Herzen gewann. Darüber hinaus besaß er einen exzellenten Sinn fürs Timing und wusste auf die Minute genau, wann er mit Unterrichten dran war. Dann stand er bereits vor der Tür und wartete darauf, dass ich ihn hereinließ.

Auch bei der Kommunikation mit den Tieren meiner Klienten stand Morgan mir zur Seite, wobei es keine Rolle spielte, ob ein Tier nun einen physischen Körper hatte, vermisst wurde oder schon hinübergegangen war. Wenn ich gerade eine Blockade hatte, bat ich einfach Morgan um Hilfe, und er lieferte mir eine Antwort.

Morgan konnte mir auch helfen, verwirrende Situationen zu durchschauen, indem er mir enthüllte, was hinter den Kulissen tatsächlich ablief. Der Blick von uns Menschen ist durch viele Schleier getrübt, doch Tiere durchschauen jedes vordergründige Tamtam und erkennen scharfsichtig schnell den wahren Sachverhalt. Morgans feine Antennen waren mir bei mehr als einer Gelegenheit von Nutzen, wenn jemand versuchte, mich zu täuschen oder zu manipulieren.

So verbrachten wir fünf wundervolle Jahre zusammen, und Morgans Gegenwart in meinem Leben war ein großer Segen. Doch dann beschlich mich immer mehr die Angst, dass ihm etwas Schlimmes zustoßen könnte.

»Hast du manchmal Vorahnungen?«

Meistens überkam mich dieses Gefühl, wenn ich mit Morgan draußen war zum Spazierengehen. Ich spürte diese Angst wie einen schweren Kloß in meinem Magen. Immer wieder beschlich mich diese Furcht, und ich versuchte, sie wegzuschieben, indem ich mir vorsagte: »Nein, es geht ihm gut, er ist gesund und wird noch lange Zeit hier sein.« Da ich mittlerweile von der Macht der Gedanken überzeugt war, an der ich lange gezweifelt hatte, wollte ich eine positive Einstellung bewahren.

Doch am 14. Januar 2009 war dieses Gefühl zu stark, als dass ich es länger ignorieren konnte, auch wenn es keinen besonderen Anlass dafür zu geben schien. Als er an jenem Morgen von seinem Bett aufstand, hatte Morgan einen etwas seltsamen Gang, so wie ein Matrose zur See, aber schon nach einer halben Stunde schien er wieder sicherer auf den Beinen zu sein. Bei seinem gewohnten morgendlichen Spaziergang zeigte er keinerlei Auffälligkeiten, und auch sein Frühstück verzehrte er wie immer. Trotzdem beschloss ich, während ich mit ihm draußen war, endlich den Anruf zu tätigen, den ich schon seit Wochen hinausgeschoben hatte.

So gegen 11.00 Uhr rief ich meine Freundin Lynne an. Sie ist das Frauchen von Riki, einem Spinone. Der Hauptgrund für meinen Anruf war, dass ich sie fragen wollte, ob Morgan ihrem Hund irgendetwas über seinen Gesundheitszustand erzählt hatte. Die beiden hatten eine starke Verbindung, auch wenn sie sich nur einmal begegnet waren, und ich wusste, dass Morgan ihr vertraute.

Ich fragte sie: »Spürst du irgendwas, wie es Morgan körperlich geht?«

»Nein, warum?«, fragte sie.

»Da ist einfach dieses Gefühl, das ich seit Wochen habe und das nicht weggeht.«

»Hast du manchmal Vorahnungen?«, wollte Lynne wissen.

»Ja, hin und wieder schon. Ich hoffe, das ist keine.«

Morgan war zwar schon ein älterer Hund, aber beileibe nicht altersschwach. Er tollte immer noch herum und genoss das Leben.

Buchstäblich in dem Moment, als ich mit Lynne über dieses Thema sprach, zog irgendetwas meine Aufmerksamkeit zu Morgan hin, der neben mir auf dem Sofa lag. Ich hatte keine Ahnung, was da gerade ablief.

»Mit Morgan stimmt was nicht«, sagte ich.

»Was meinst du damit?«

»Er kann seinen Körper nicht kontrollieren, ist ganz steif, und seine Augen flackern wild hin und her. Da ist was nicht in Ordnung.«

Ein kurzes Schweigen trat ein. Dann sagte Lynne mit sehr ruhiger Stimme: »Hört sich so an, als hätte er einen Schlaganfall oder Krämpfe. Beruhige ihn und sprich ihm gut zu.«

Ich konnte spüren, dass er starke Schmerzen hatte. »Ist gut, Morgan, alles in Ordnung«, sagte ich mit sanfter Stimme zu ihm. »Ich bin hier bei dir. Das wird schon wieder.«

»Hat er Zuckungen oder schüttelt es ihn? Du musst dafür sorgen, dass er sich nicht verletzen kann«, wies Lynne mich an.

»Nein, ganz im Gegenteil, er liegt ziemlich steif da, ohne sich zu bewegen. Und er hält seinen Kopf ganz seltsam verdreht. Er ist hier neben mir auf dem Sofa, und ich kann gut auf ihn aufpassen, dass er nicht runterfällt.«

Doch Morgan hatte gar nicht die Absicht, das Sofa zu verlassen. Es ging ihm wirklich schlecht.

»Was fühlst du?«, fragte ich ihn und versuchte, mich geistig in seinen Körper zu versetzen.

Er blockte mich ab, gab aber zur Antwort:»Brennen. Feuer.«

Oben am Kopf direkt hinter seinem rechten Auge sah ich eine Stelle, wo sich etwas sehr schnell und wellenförmig bewegte. Das Ganze erinnerte mich an kleine vulkanische Eruptionen, die direkt unter der Oberfläche stattfanden.

»Was kann ich tun?«, war meine nächste Frage.

Doch jetzt blieb Morgan stumm. Er war nun woanders. Im Schlaganfall. Im Schmerz.

»Hast du irgendwelche homöopathischen Heilmittel bei dir zu Hause?«, wollte Lynne wissen.

»Ja, haufenweise«, gab ich zurück.

Sie nannte mir ein paar Mittel, die ihm helfen könnten. Gott sei Dank hatte ich in diesem Moment Lynne am Telefon. Ich hatte so etwas noch nie erlebt und nicht die geringste Ahnung, was zu tun war.

Noch schlimmer war für mich zu spüren, wie Morgan sich immer weiter und weiter von mir entfernte. Lynne und ich beschlossen, dass es besser wäre, jetzt aufzulegen, damit ich mich ganz auf Morgan konzentrieren konnte. Ich wollte ihm Heilenergie schicken, mit ihm reden, ihn beruhigen und ihm sagen, dass alles wieder gut werden würde.

Ich kniete mich vor dem Sofa auf den Boden und nahm seinen Kopf behutsam in meine Hände. Ich schaute ihm in die Augen, doch seine Augäpfel flackerten noch immer hin und her. Die Tränen liefen mir in Strömen übers Gesicht. Ich konnte spüren, wie ich ihn langsam verlor.

»Morgan, ich liebe dich. Ich liebe dich, und ich bin noch nicht bereit, dich gehen zu lassen. Ich möchte, dass du hier bei mir bleibst, einverstanden?«

Ich konnte nicht spüren, ob meine Worte bei Morgan ankamen oder nicht, und so sagte ich sie ihm immer wieder vor.

»Ich bin noch nicht bereit, dich gehen zu lassen, Morgan. Du musst hierbleiben. Es ist noch zu früh. Ich möchte noch mehr Zeit mit dir verbringen.«

Als Nächstes fühlte ich, wie sein Geist aus seinem Körper austrat und über ihm schwebte.

»Bitte bleib bei mir, Morgan, wenigstens noch für eine kurze Weile«, flehte ich ihn an, während Tränen auf meinen Wangen brannten.

Ohne ihn aus den Augen zu lassen, damit er nicht vom Sofa fallen und sich verletzen konnte, griff ich nach dem Telefon und lauschte kurz darauf der sympathischen und sehr beruhigenden Stimme von Richard Allport, einem Tierhomöopathen. Er nannte mir ein paar Mittel, sagte mir, wie ich sie dosieren müsse, und meinte, dass Hunde bei guter Pflege einen Schlaganfall vielfach gut überstehen würden.

»Was meinen Sie mit ›guter Pflege‹?«, fragte ich ihn.

»Nun, das bedeutet, wirklich für das kranke Tier da zu sein, ihm beizustehen und geduldig zu warten, was geschieht.«

Ich wusste, dass ich für Morgan würde da sein können. Doch ich wusste auch, dass ich zuversichtlich bleiben musste, während ich dasaß und abwartete, ob er sich wieder erholen würde.

Und während ich weiter seinen Kopf zwischen meinen Händen hielt, hörte ich ihn sagen: »Makrele.«

Da Morgans Äußerungen meistens »Einwortsätze« waren, wusste ich, dass dies wichtig war. Und wenn er das Gefühl hatte, dass eine Makrele das war, was er im Moment brauchte, dann sollte er seine Makrele bekommen.

Ich schnappte mir die Schublade, wo ich meine homöopathischen Heilmittel aufbewahrte, und verstreute ihren Inhalt über den Teppich, um dann festzustellen, dass ich die benötigten Mittel nicht in der richtigen Potenz hatte. Ich konnte ihm fürs Erste eine schwächere Potenz verabreichen, aber das würde nicht ausreichen.

Ich rief meine Freundin Jenny an, die in der Nähe wohnte und ganz vernarrt war in Morgan. Es ging aber nur ihr Anrufbeantworter ran. Diesmal hatte ich mich nicht so im Griff, da ich ganz unter dem Schock der Ereignisse stand. Mit Mühe stotterte ich heraus: »Morgan hat einen Schlaganfall, und ich brauche ganz dringend ein paar homöopathische Mittel für ihn. Jo ist nicht da, und ich kann Morgan nicht allein lassen. Kannst du mir helfen? Er will auch eine Makrele. Bitte ruf mich zurück.«

Danach rief ich meine Partnerin Jo an, die im Zug nach Leeds saß. Sie war gerade gedanklich völlig in die Lichtgestaltung für ihre nächste Show vertieft, und so bedurfte es mehrerer Telefonate, um ihr zu vermitteln, wie ernst die Situation war.

»Es geht ihm wirklich nicht gut. Ich weiß nicht, was mit ihm wird«, wiederholte ich in einem fort.

Jo nahm den nächsten Zug nach Hause.

Die Zeit verstrich im Schneckentempo, während ich Morgan hielt, sanft seinen Kopf streichelte und versuchte, meine Emotionen in den Griff zu kriegen. Seine Augen flackerten immer noch, und in seinem Kopf brodelte es weiter.

Ich machte mir solche Sorgen um ihn. Er sah so verletzlich aus.

Es fühlte sich an wie eine halbe Ewigkeit, bis Jenny sich meldete, obwohl es in Wirklichkeit nicht mal zwanzig Minuten waren. »Tut mir leid, Pea, ich hatte kein Netz. Wie geht es ihm? Was brauchst du?«

Im Verlauf der nächsten Stunde gelang es mir, emotional wieder runterzukommen und Morgan wie verordnet alle zehn Minuten seine homöopathischen Mittel zu verabreichen. Zusätzlich gab ich ihm Reiki und war dankbar, dass ich den Meistergrad erworben hatte. Ich konnte spüren, wie Morgan kämpfte. Auch wenn wir nicht in gedanklicher Verbindung standen, wusste ich instinktiv, dass ich an seiner Seite bleiben und die Hand auf ihn legen musste, sodass er meine Anwesenheit spüren konnte.

Dann kam Jenny zurück, und ich konnte Morgan die stärkeren Mittel geben. Sie sprach liebevoll mit ihm und streichelte dabei sanft seine Seite. Jemand um mich zu haben, von dem so etwas Ruhiges und Tröstliches ausging, war eine enorme Hilfe. Kurz darauf kam auch ihr Freund Tony, beladen mit allen Arten von Makrelen.

Ich hielt Morgan eine Makrele hin, doch er nahm sie nicht. Er konnte seinen Hals nicht mehr bewegen, und sein Kopf war im spitzen Winkel nach links verdreht. Ich versuchte es mit Seelachs, doch auch den wollte er nicht. Das war schwer mit anzusehen, denn wenn es etwas gegeben hatte, womit man garantiert sein Interesse wecken konnte, so war das Futter gewesen.

Aus der Rückschau betrachtet, scheinen mir diese ersten Behandlungsstunden entscheidend gewesen zu sein. Ich hat-

te einen Notizblock neben mir liegen, um mir aufzuschreiben, wann ich Morgan seine Mittel gegeben hatte, und nicht
versehentlich eine Gabe auszulassen. Es war kaum zu glauben, wie schnell die Zeit verstrich. Ehe man sich's versah,
war seine nächste Dosis fällig. Ich hielt ihm auch immer wieder mal eine Makrele hin, und schließlich fraß er ein wenig
davon aus meiner Hand. Es war zwar nur ein kleiner Bissen,
aber das gab mir Hoffnung.

Im Verlauf der folgenden Stunden konnte ich spüren, dass
er stetig Fortschritte machte. Ab und an fraß er ein bisschen
Makrele und sah weniger angespannt aus. Und ich fühlte,
wie ich mich selbst allmählich auch wieder entspannte. Morgan hatte zwar immer noch einen ziemlich glasigen Blick,
aber er wirkte weniger verwirrt. Mit jedem kleinen Anzeichen einer Besserung wuchs auch meine Hoffnung, dass er
sich den Weg zurück zu mir erkämpfen würde.

Wir behandelten und versorgten ihn den ganzen Nachmittag lang. Jo hatte es endlich nach Hause geschafft, während Texas sich nicht blicken ließ. Vielleicht hat er einfach
gewusst, dass dies kein guter Zeitpunkt war, um heimzu-
kommen.

Ein wenig später hörten Morgans Augen endlich auf, hin
und her zu flackern.

Am frühen Abend versuchte er, vom Sofa runterzustei-
gen. Sein Kopf war immer noch seltsam verdreht, und er
konnte nicht aus eigener Kraft stehen. Manche Hunde lassen es zu, dass man sie mit einem Handtuch unter der Brust
unterstützt, nicht so jedoch Morgan. Also versuchten wir es
mit seiner weichen Fleece-Hundeweste, die er sich tatsächlich anlegen ließ.

Gott sei Dank hatte er keine Probleme damit, sein

Geschäft zu erledigen. Nun denken Sie vielleicht, dass dies ja wohl nebensächlich ist, doch wir waren vor Freude außer uns, als wir sahen, dass diese spezielle Körperfunktion nicht beeinträchtigt war.

Als es draußen dunkel zu werden begann, wollte Morgan unbedingt vor die Tür. Er war immer ein sehr eigensinniger Hund gewesen, und wenn er sich einmal etwas in den Kopf gesetzt hatte, war es schwer, ihn wieder davon abzubringen. Also machten wir ihm die Tür auf und halfen ihm über die Schwelle hinaus durch die knarrende Holztür. Er marschierte los – sofern man von marschieren reden kann, wenn man in einer signalfarben-knallgelben Hundeweste hängend hochgehalten wird und keinerlei Kontrolle über seine Beine hat. Er schaffte es drei Häuser weit die Straße hinauf, bevor er bereit war, wieder nach Hause zu gehen. Das war ein weiterer Grund zum Feiern. Seine alten Gewohnheiten waren noch erhalten und würden ihm durch diese Situation hindurchhelfen. Die meisten Hunde mögen Routine, und Morgan machte da keine Ausnahme.

Später an diesem Abend, als unsere Freunde nach Hause aufgebrochen waren, verwandelten Jo und ich das Sofa in ein provisorisches Bett, sodass wir uns abwechseln und Morgan rund um die Uhr versorgen konnten. Ich bin überzeugt, die Tiere wissen, dass wir da sind und ihnen helfen, selbst wenn sie dies äußerlich nicht zu erkennen geben. Falls es uns gelingt, in dieser Situation ruhig und zuversichtlich zu bleiben, kann diese Energie den Heilungsprozess unserer Gefährten positiv beeinflussen.

Jetzt kam auch Texas nach Hause, und es war ihm deutlich anzusehen, dass er von Morgans Krankheit wusste. Er hielt sich im Hintergrund und benahm sich überhaupt ungewöhnlich zurückhaltend – kein lautstarkes Maunzen nach Futter, keine ständigen Forderungen, raus- und wieder reingelassen zu werden, kein nächtliches Wecken seiner Menschen, Verzicht auf sämtliche wie auch immer gearteten Ansprüche. Er verschwand nahezu im Schatten.

Ich übernahm die erste Schicht. Ich lag auf dem Sofa und beobachtete Morgan, wie er in seinem Bett döste. Ich war völlig ausgebrannt von all der Aufregung, die dieser Tag gebracht hatte, und kämpfte gegen das Einschlafen an. Morgan atmete schwer und ungleichmäßig. Er war noch nicht über den Berg und ging jetzt auf seine eigene Reise. Die Zukunft sollte zeigen, ob er all das überstehen würde, ob er eine dauerhafte Schädigung zurückbehalten oder wie durch ein Wunder wieder ganz der Alte werden würde.

Als Jo mich um fünf Uhr früh ablöste, war ich zum Umfallen müde. Als ich um neun Uhr wiederkam, sah ich Jo und Morgan aneinandergekuschelt auf dem Sofa liegen. Es waren keine weiteren Probleme aufgetreten, und er hatte einige im Großen und Ganzen ruhige Stunden verbracht.

15. Januar 2009, Tag 2: Eiercremetörtchen

Unser allopathischer Tierarzt sieht sich Morgans Augen an, untersucht ihn gründlich und diagnostiziert schließlich einen Schlaganfall. Er verschreibt ihm ein bestimmtes Medikament, das, wie wir später feststellen, hauptsächlich Omega-3-Fettsäuren enthält. Diese wirken sich positiv auf die Gehirnfunktion allgemein aus, da sie die Zellmembranen flexibler machen und die Signalübertragung zwischen den Nervenzellen im Gehirn verbessern. Nun enthalten Makrelen ebenfalls Omega-3-Fettsäuren in hoher Konzentration, und die Tatsache, dass Morgan eine Makrele haben wollte, beweist für mich ganz klar, dass er genau wusste, was er brauchte, um wieder gesund zu werden.

In der Tierarztpraxis breche ich in Tränen aus, während ich an der Anmeldung stehe und in meinem Portemonnaie herumnestle, um die Rechnung zu bezahlen. Obwohl Morgan mit Unterstützung schon wieder gehen kann, auch wenn er dabei noch ziemlich schwankt, hat es mich, ich weiß auch nicht, warum, ziemlich aus der Fassung gebracht, die konkrete Diagnose zu erfahren.

Mittags spreche ich noch einmal mit unserem naturheilkundlichen Tierarzt, der Morgans Medikation etwas abändert. Jo und ich beschließen, Morgan das allopathische Medikament vorerst einmal nicht zu geben, es aber für den Notfall aufzubewahren und stattdessen mit der homöopathischen Behandlung weiterzumachen. Morgan hatte nämlich in der Vergangenheit auf alternative Heilmittel gewöhnlich besser angesprochen als auf konventionelle, die er meist schlecht vertrug. Wir sind nicht grundsätzlich gegen die Schulmedizin, denn alles hat seine Zeit und seine Berechtigung, und gerade in Notfällen kann die Allopathie Großartiges leisten. Doch hier haben wir es mit einem Hund zu tun, der bereits wieder auf dem Weg der Besserung ist und langfristig Unterstützung braucht.

Morgans Hals ist immer noch sehr steif, und er hat Schwierigkeiten damit, seinen Kopf hochzuhalten. Körperlich ist er sehr erschöpft, und ich frage mich, ob ich ihm irgendwie helfen kann, wieder auf die Beine zu kommen.

Der Spinone-Hund, der mit uns beiden befreundet ist, schickt mir eine mentale Eilbotschaft: »Gib ihm ein Eiercremetörtchen.«

Jo begibt sich in Windeseile zum Supermarkt und macht

einen Großeinkauf. Die Törtchen sind die einzige Form von Nahrung, die Morgans Interesse wachzukitzeln vermag. Im Lauf des Tages lässt er sich von uns drei Törtchen mit der Hand füttern. Die Mischung aus Eiern und Zucker liefert ihm eine geballte Ladung Energie, während sein Körper damit beschäftigt ist, sich selbst zu reparieren.

Wir beschließen, es ihm ein wenig bequemer zu machen, und legen ihm die Doppelmatratze aus unserem Gästezimmer auf den Boden ins Wohnzimmer. Darauf machen wir ein schönes Lager mit ein paar Decken und einem Federbett. Bereitwillig lässt sich Morgan auf die Matratze betten und entspannt sich sichtlich. Mit gedämpftem Licht, Wärme und der Vermeidung von Lärm versuchen wir zusätzlich, günstige Bedingungen für seine Genesung zu schaffen. Mit diesen Veränderungen können wir zudem auch einmal den Raum verlassen, ohne Angst haben zu müssen, dass Morgan vom Sofa fällt und sich verletzt, wenn er aufstehen und uns folgen will.

Manchmal scheint er nicht zu wissen, wo er ist und was er tut. Wenn wir ihn rufen, sieht er in die falsche Richtung. Er kann das rechte Auge nicht schließen, darum behandeln wir es mit einer Augenspülung, damit es nicht austrocknet oder sich entzündet.

Auf meine Frage, ob er wisse, was passiert ist, antwortet er: »Explosion im Kopf.«

16. Januar, Tag 3: Morgan macht Fortschritte

Morgan schafft es, neben mich aufs Sofa zu springen. Wie hat er das nur gemacht? Es ist bemerkenswert, was dieser Hund zustande bringt, selbst jetzt, wo sein Körper so stark in Mitleidenschaft gezogen ist. Er beschließt sogar, in die Küche zu gehen und nach seiner Futterschüssel zu suchen, wobei er sich allerdings bewegt wie eine Marionette an Fäden. Manchmal stützt er sich an der Wand ab, manchmal ziehen wir ihn an seiner Weste in die Höhe.

Am Abend beobachten wir, dass er wie ein Volltrunkener hinaus auf den Rasen schwankt – ohne sich helfen lassen zu wollen. Mein Herz schlägt vor Freude Purzelbäume, weil ich jetzt weiß, dass er fest entschlossen ist durchzuhalten.

17. Januar, Tag 4: Ein keuchender Zombie

Morgan hält den Kopf immer noch extrem verdreht, aber mit der Wand als Stütze schafft er es bis zur Haustür, wo er Jenny und Tony begrüßt, die nachsehen wollen, wie es ihm geht.

Er hat immer noch keinen rechten Appetit, wacht häufig auf und keucht sehr stark. Sobald er aber erst einmal seine Pfote auf frisches grünes Gras gesetzt hat, pinkelt er wie ein Weltmeister. Dann hört das Keuchen schlagartig auf.

Sein Darm ist auch noch nicht in Ordnung. Wenn wir draußen sind, gibt es Augenblicke, in denen er nicht weiß, was er tut. Wenn ich ihn dann zurück ins Haus führe, spreche ich ganz sanft mit ihm.

Da er bestimmte tägliche Aktivitäten wie das Gassigehen und Fressen so schnell wieder gemeistert hat, vergisst man leicht, dass die eigentliche Genesung, auf die es wirklich ankommt, in seinem Kopf stattfindet.

18. Januar, Tag 5: Die Entgiftungskrise

Als Morgan aufwacht, ist er kräftiger und entspannter. Doch kurz darauf verliert er jeden Appetit, seine Eingeweide revoltieren, und er bekommt lang anhaltenden hellgelben Durchfall. Sollte er etwa die Giftstoffe ausscheiden, die sein Körper infolge des Schlaganfalls produziert hat?

Eng zusammengerollt quetscht er sich in Texas' viereckiges burgunderrotes Katzenbett, an dem ein Schild prangt: »Bitte nicht stören.« Deutlicher hätte er nicht sein können.

Glücklicherweise hat sich sein Bauchgrimmen bis zum Abend wieder beruhigt, und er lächelt uns von seinem eigenen Bett entgegen.

Dann geschieht etwas Wunderbares – Texas meldet sich lautstark zu Wort. Fast fünf volle Tage hatte er wider seine Natur gehandelt und sich still im Hintergrund gehalten. Wir betrachten dies als ein sehr gutes Zeichen dafür, dass nun allmählich wieder Normalität einkehrt.

19. Januar, Tag 6: Großmutters Beerdigung und ein Kräcker

Heute muss ich Morgan allein lassen. Meine Großmutter wird beerdigt, und ich will der Trauerfeier beiwohnen. Jo bleibt in der Zwischenzeit zu Hause und passt auf Morgan auf.

Als ich zurückkomme, bin ich deprimiert, bis ein kleines, unbedeutendes Ereignis meine Stimmung in ihr Gegenteil verkehrt: Bei unserem abendlichen Spaziergang zieht Morgan mich an der Leine zu einem Ritz-Kräcker, der auf der Straße liegt. Dieser winzige Akt der Normalität lässt mich laut loslachen.

20. Januar, Tag 7: Morgan ist wieder da

Sieben Tage nach dem Schlaganfall lichtet sich endlich sein verschleierter Blick, und Morgan ist wieder da mit strahlenden Augen, aus denen die Sonne scheint. Ich blicke in diese dunkelbraune Tiefe, und das Innerste seiner Seele erwidert liebevoll meinen Blick.

»Du bist zurück, mein Schatz«, sage ich zu ihm.

Seine Augen lächeln.

Morgans Entschluss, am Leben zu bleiben

Morgan machte nun mit jedem Tag enorme Fortschritte. Er brauchte immer weniger Unterstützung beim Gehen und fing allmählich an, wieder ohne Hilfe zu fressen. Trotzdem hatte er es gern, wenn wir in seiner Nähe blieben, sodass er uns sehen konnte, auch wenn er den Großteil des Tages mit Schlafen verbrachte. Nur nachmittags ging er regelmäßig hinaus, um Giftstoffe auszuscheiden. Sein Durchfall wurde aber immer spärlicher, und er erholte sich schnell davon.

Morgan hatte während seines Heilungsprozesses viel Unterstützung erhalten durch telepathische Kommunikation und Übertragung von Heilenergie. Die Leute hatten Kerzen für ihn angezündet und ihm positive Gedanken geschickt. Ich bin sicher, dass ihm das sehr geholfen hat, aber trotzdem glaube ich, dass es sein unglaublicher Wille war, wieder gesund zu werden, der ihn letztlich zu uns zurückgebracht hat. Morgan hatte die bewusste Entscheidung getroffen, noch eine Zeit am Leben zu bleiben.

Bis zu seinem Schlaganfall war Morgan immer auf seine Unabhängigkeit bedacht gewesen und schlief am liebsten allein unten im Wohnzimmer. Doch nach dieser Sache beschlossen Jo und ich, sein Bett in unser Schlafzimmer zu stellen, damit wir stets in der Nähe waren und sofort reagieren konnten, falls er nachts Probleme bekommen sollte.

Die Zeit verging, und Morgan wurde immer mehr der Alte. Eines Tages brachten Jo und ich ihn hinunter ans Ende der Straße, damit er frei und ohne Leine durch seinen Wald streifen konnte. Er war ganz aus dem Häuschen und wedelte unaufhörlich mit dem Schwanz. Genau genommen war er es, der uns spazieren führte. Dabei strahlte er nur so vor Zufriedenheit. Ich bin mir sicher, dass bestimmte Wälder eine Art von Magie besitzen, die Tiere auf einer tieferen Ebene heilen kann.

Tags drauf wollte Morgan unbedingt eine Stunde früher als gewöhnlich spazieren gehen und hinaus in den Wald. Schließlich gab ich seinem Quengeln nach, und gemessenen Schrittes machten wir uns auf, eine ordentliche Portion von Mutter Naturs heilender Energie zu tanken. Später bemerkte ich, dass dies der einzige Moment dieses Tages gewesen war, in dem die Sonne schien.

Auf dem Heimweg begegnete uns ein etwas unordentlich aussehender älterer Mann, der langsam den Bürgersteig entlangschlurfte. Während er auf Morgans signalfarbene Weste deutete, wollte er wissen, ob er noch in Ausbildung sei.

Morgan blieb stehen, um einen Baum zu beschnüffeln, und ich sagte: »Nein, die braucht er, weil er im Moment noch ein bisschen wacklig auf den Beinen ist.«

Darauf meinte der Fremde: »Es geht ihm gut. Gott segne ihn. Es geht ihm gut. Ich wünsche ihm alles Gute. Er kann mich nicht hören, aber ich wünsche ihm alles Gute.«

»Doch, er kann Sie hören«, sagte ich lächelnd. *Wenn du wüsstest,* dachte ich bei mir.

Der Mann kicherte. »Alles Gute. Er ist wirklich Gold wert. Es geht ihm gut. Sehen Sie nur, wie er mit dem Schwanz wedelt.«

Ich warf einen Blick auf Morgan, der tatsächlich mit dem Schwanz wedelte.

»Alles Gute für ihn«, sagte der Mann noch einmal.

»Vielen Dank«, entgegnete ich, ganz gerührt von seiner freundlichen Art.

»Auch Ihnen alles Gute. Gott segne Sie, Gott segne Sie alle beide«, sagte er.

Morgan und ich setzten unseren Heimweg fort, während der alte Mann eine Weile hinter uns herging. Bevor wir abbiegen mussten, drehte ich mich um, weil ich dem Mann zum Abschied winken wollte, doch nun war er völlig von der Bildfläche verschwunden. Ich sah mich nach allen Seiten um, konnte ihn aber nirgends mehr erblicken. Er war keine zehn Meter hinter uns gegangen, und nun schien er sich völlig in Luft aufgelöst zu haben.

Der Fremde konnte ja nicht wissen, dass ich zu Morgan oft sagte, er sei »Gold wert«. Irgendwie hatte ich das Gefühl, er war ein Bote, gesandt, um mir zu sagen, dass nun alles in Ordnung war.

Hat er gewusst, dass Morgan seine Worte sehr wohl hören konnte?

Morgans Vorhersage

Der Himmel war blau. Stille lag über allem, als Morgan seine Vorhersage machte. Er lag im Wohnzimmer in seinem ovalen Bett mit dem karierten Bezug, während ich ihm auf dem Sofa gegenübersaß.

»Ich bin dir so dankbar, dass du bei mir geblieben bist«, sagte ich zu ihm, und meine Gedanken wanderten zurück zu jenem Moment, in dem ich dachte, er würde mir entgleiten.

Er hob seinen Kopf und sah mir direkt in die Augen. Dann vernahm ich ihn in nüchternem Ton: »Zwei Jahre.«

Ich wusste sofort, was diese Worte zu bedeuten hatten. Er teilte mir mit, dass er noch zwei Jahre hierbleiben wollte.

Dann würde sein jetziges Leben zu Ende gehen, und er würde loslassen.

Später irgendwann erzählte ich Jo, dass Morgan mir gesagt hatte, wie lange er noch leben würde, und wie erwartet wollte sie es nicht wissen. Ich respektierte ihre Entscheidung, und so behielten Morgan und ich unser kleines Geheimnis für uns.

Noch zwei Jahre, dachte ich bei mir. *Dann sollten wir zusehen, dass das die zwei besten Jahre werden, die man sich nur denken kann.*

Wissen Tiere, was auf sie zukommt? Im nächsten Kapitel lernen Sie BeBe Begonia kennen, einen fünfzehn Jahre alten schwarzen Kater, der an Lymphdrüsenkrebs und Priapismus litt, das sind schmerzhafte Dauererektionen. Und sein Frauchen, das von mir wissen wollte: »Weiß er, wie krank er ist?« Und: »Möchte er, dass wir ihm Sterbehilfe leisten, oder will er allein durch den Sterbeprozess gehen?«

BeBe Begonia,
der Herzenskater

*»Sei nicht traurig, wenn ich auf die andere Seite
hinübergehe. Das Leben ist ewig.«*
BeBe Begonia

Ellen kontaktierte mich aus New York, weil sie mehr
über ihren kohlrabenschwarzen Kurzhaar-Miezekater
BeBe Begonia erfahren wollte, und zwar möglichst aus erster Hand.

Ellen hatte BeBe, der mittlerweile fünfzehn Jahre auf dem
Buckel hatte, als kleines Kätzchen aufgenommen, ehe er
noch richtig entwöhnt war beziehungsweise laufen konnte.
Ihr Mann David hatte an einem Telefonmast ein Schild mit
der Aufschrift »Kätzchen suchen ein Zuhause« gesehen.
BeBe stammte aus einem Wurf von sieben Kätzchen, den
seine Mutter, eine samtige verwilderte Schönheit, zwischen
zwei New Yorker Häuserblocks zur Welt gebracht hatte.
Jemand hatte ihr sozusagen als Wochenbett eine Schachtel
hingestellt, doch als einige der Jungen zu laufen anfingen,
waren sie in Gefahr und brauchten dringend ein Zuhause.

Als BeBe noch ganz klein war, ging Ellen immer wieder das französische Wort *bébé* (»Baby«) durch den Kopf, und das sogar mit original französischem Akzent. Und sie wollte, dass ihr neues Kätzchen das Erbe einer früheren Katze von ihr fortführte, die auf den Namen »Egypt Begonia« gehört hatte. Also hängte sie das »Begonia« an das *bébé* – auf diese Weise kam der Kater zu dem Namen, den er trug.

Als Ellen sich bei mir meldete, war sie völlig verzweifelt. Sie hatte nahe Freunde, ihren Vater und ihre Schwester sterben sehen, ein Baby, das sie adoptieren wollte, war vor der Adoption dahingeschieden, und auch einige ihrer vierbeinigen tierischen Lieben hatte sie verloren. Dennoch empfände sie den drohenden Verlust von BeBe so, wie sie mir schilderte, als flösse nun der Schmerz all dieser Abschiede in einem einzigen gewaltigen Drama zusammen.

Als ich mir BeBes Foto ansah, blickte mir ein schlanker, samtfelliger Kater entgegen, der einen neugierigen Blick in die Kamera warf, die Vorderpfoten sauber nebeneinandergestellt wie ein Balletttänzer, ehe er zum nächsten Schritt ansetzt. Um seinen Hals hing eine herzförmige Katzenmarke wie ein Medaillon, doch wie ich bald herausfand, hatte BeBe so gar nichts gemein mit dem Goldkettchentyp der Siebziger – er hatte bei Weitem mehr Stil.

In den vergangenen Jahren hatte BeBe in puncto Krankheit einiges erdulden müssen: Fettleber, extreme Verstopfung und Lymphdrüsenkrebs. Seine Lebererkrankung war mittlerweile aber auskuriert, und er sprach auch sehr gut auf die Behandlung gegen den Lymphdrüsenkrebs an.

Ellen berichtete: »In den letzten paar Jahren war er immer wieder mal krank, was oft nicht richtig erkannt und behandelt wurde. Gott sei Dank hat er alles immer gut überstanden und seine alten Gewohnheiten, Spiele und Rituale wiederaufgenommen.«

Jetzt hatte man bei BeBe Priapismus diagnostiziert. Hierbei handelt es sich um eine ausgesprochen schmerzhafte Dauererektion, eine Erkrankung, die zu irreparablen Schäden führen kann.

»Er hat das jetzt seit ein paar Wochen, und der Tierarzt sagt, die einzig mögliche Behandlung sei eine Penisamputation«, erzählte Ellen. »Die Ursache könnte sein Lymphdrüsenkrebs sein oder ein Schlaganfall. Wenn er geht, spreizt er immer sein rechtes Hinterbein ab, damit es nicht an seinem Penis reibt.«

Ich konnte mir nur vorstellen, wie schmerzhaft das für BeBe sein musste.

»Eine Penisamputation kommt aus verschiedenen Gründen nicht infrage«, erklärte Jane. »Einmal sein Alter, dann der Lymphdrüsenkrebs und die Kosten der Operation. Doch selbst wenn nichts gegen diesen Eingriff spräche, möchte ich ihm das nicht antun. Aber wenn sein Priapismus nicht behandelt wird, kann das zu tödlichen Infektionen und zu Schlaganfällen führen. Dann ist wieder alles nur eine Frage der Zeit. Aber ich will nicht einfach daneben sitzen und warten, welche der beiden Möglichkeiten eintritt. Er fühlt sich so unglücklich und so unwohl. Ich kann ihm ansehen, dass er durch den Priapismus sehr viel mehr an Lebensqualität eingebüßt hat als durch seine früheren Krankheiten. Ich muss einfach wissen, was er sich wünscht. Weiß er, wie krank er ist? Möchte er, dass wir ihm helfen zu sterben? Oder möchte er durch den ganzen Prozess ohne fremde Hilfe gehen? Und wenn er Hilfe möchte, woher wissen wir, wann er bereit ist?«

Es wurde Zeit, mit BeBe selbst zu sprechen. Ich musste so neutral und offen bleiben wie möglich, um ihm den Raum zu geben, damit er sagen konnte, was immer er wollte, ohne seine Worte mit meinen Ideen zu vermengen.

Ich versenkte mich sanft in seine goldenen Augen, und nachdem ich zu ihm Verbindung aufgenommen hatte, notierte ich die Eindrücke, die ich empfing:

Stoische Katze. Keine, die jammert.
Hat Probleme mit den Hüften. Steifer Gang, aber er geht gern raus.
Lebt mit drei anderen.
Fressen bereitet ihm Schwierigkeiten.

Das war keine sehr lange Liste. BeBe hatte kein Interesse an Smalltalk. Er wollte gleich zur Sache kommen und Ellens Fragen beantworten. Obwohl er sich sehr unwohl fühlte, war er völlig souverän und direkt.

Ich stellte ihm die erste Frage: »Ellen möchte wissen, ob dir bewusst ist, dass du krank bist?«

»Ja, mehr als ihr«, gab er zur Antwort. Seine Stimme in meinem Geist klang tief und war von Weisheit erfüllt.

»Möchtest du, dass sie dir beim Sterben hilft, oder willst du den Prozess ohne Hilfe durchlaufen?«

»Dafür ist die Zeit noch nicht gekommen. Erst später«, gab er zu verstehen.

Das klang hoffnungsvoll. Wenn BeBe spürte, dass seine Zeit noch nicht gekommen war, dann wusste er auch, dass er es noch einmal packen würde.

»Wenn du später einmal Ellens Hilfe brauchst, woher weiß sie dann, dass es so weit ist?«, fragte ich.

»Sie wird es wissen. Ich werde sie ansehen, und sie wird es wissen. Ich werde ruhig daliegen und nicht mehr aufstehen. Doch im Augenblick habe ich noch Freude am Leben.« Diese Auskunft klang sehr viel optimistischer als das Bild, das Ellen mir aufgrund von BeBes Diagnose und seines äußeren Verhaltens gezeichnet hatte.

»Ellen möchte von dir auch gern wissen, was du von ihr brauchst, damit es dir leichter fällt zu gehen«, sagte ich weiter.

»Liebe und Geduld. Die allerbesten Eigenschaften im Menschen, die ihr so reichlich habt.«

Ellen hatte auch gefragt, ob BeBe wisse, dass er ihr Ein und Alles sei. Auf diese Frage antwortete BeBe Ellen direkt: »Ja, Liebes, und für mich ist es nicht anders. Ich habe dich immer geliebt.« Sein Tonfall hatte etwas sehr Reifes.

»Er soll wissen, dass er nicht meinetwegen hier ausharren und leiden muss.«

»Ich leide nicht so stark, wie es dir vorkommt. Das Äußere ist nur eine Hülle. Was zählt, ist das Innere.«

»Möchte er, dass ich ihm weiter die Medikamente gebe, die er im Moment gegen seine Probleme bekommt?«

»Ja, aber niedriger dosiert«, war seine Antwort. Er hatte das Gefühl, sie seien zu stark.

»Möchte er etwas gegen seine Schmerzen?«

»Ja, und zwar ständig«, sagte er nachdrücklich. »Am schlimmsten sind meine Rückenschmerzen.« Dann bat er auch noch, Ellen solle ihm doch öfter sanft den Rücken massieren.

»Möchte er David, Angie oder mir noch etwas ganz Bestimmtes sagen?«

Da ich nicht wusste, ob Ellen von Mitgliedern ihrer Familie, Katzen oder anderen Tieren sprach, wartete ich einfach ab, was BeBe auf diese Frage antworten würde.

Seine Botschaft an David war sehr gefühlvoll gehalten. Ich konnte spüren, dass BeBe David – Ellens Mann – sehr gern mochte. Es machte ganz den Eindruck, als seien die beiden verwandte Seelen.

»Meine süße Angie«, fuhr er fort, »du musst noch viel lernen, aber ich bin sehr stolz auf dich. Weine nicht um mich.«

Ellen erzählte mir später: »Unsere Tochter hat trotzdem geweint, als sie BeBes Botschaft an sie hörte, doch ich glaube, sie hat ihr geholfen. Wir haben sie adoptiert, als sie neun war. Sie hat noch mit vielen emotionalen Problemen zu kämpfen, die erst heilen müssen. Zu hören, wie BeBe sie sieht, hat sie sehr berührt – glaube ich.«

Zum Schluss sagte BeBe noch zu Ellen: »Sei nicht traurig, wenn ich auf die andere Seite hinübergehe. Das Leben ist ewig. Ich werde zurückkommen, und wir werden uns wiedersehen. Unsere Gemeinschaft ist noch nicht zu Ende. Ich werde wieder auf diese Welt kommen, und du wirst mich erkennen. Ich werde noch einmal ein kleines Kätzchen sein.«

Später schrieb Ellen mir per E-Mail:

Vielen, vielen Dank, Pea. Diese Kommunikation hat mich darin bestärkt, BeBes Leben kein Ende zu setzen, obwohl Verwandte, Freunde und Tierärzte mir ständig sagen, dass »es Zeit sei« oder »schon längst Zeit sei«. Ich vertraue jetzt meinem Gefühl und bin mir sicher, dass ich wissen werde, wann es so weit ist, und dass BeBe mir helfen wird, den richtigen Zeitpunkt zu erkennen.

Kein Priapismus mehr

Nur elf Tage später erhielt ich von Ellen die nächste E-Mail, über deren Inhalt ich mehr als glücklich war: »BeBes Priapismus hat sich letzte Woche von allein zurückgebildet.« Das war nicht einmal zwei Wochen nachdem er kommuniziert hatte, dass er noch nicht bereit sei für seinen Übergang und noch warten wolle. Hatte er gewusst, dass er sich von dieser Erkrankung erholen würde? Wusste er, dass er – entgegen der Diagnose des Tierarztes, der ihm nur noch eine oder höchstens zwei Wochen gegeben hatte, und allen eindringlichen Ratschlägen von Tierärzten und Freunden zum Trotz – sich wieder aufrappeln würde?

Ellen schrieb weiter:

Er kann jetzt sein kleines und sein großes Geschäft ohne Medikamente erledigen, und die offene Wunde am Bein von seinem Lymphdrüsenkrebs beginnt zu verheilen. Zwei von den vier Medikamenten, die er bekam, konnten abgesetzt werden. Er fühlt sich jetzt viel wohler und steht nicht mehr an der Schwelle des Todes. Ich glaube wirklich, dass ihm diese Kommunikation geholfen hat.

Ich freute mich wahnsinnig. Bessere Nachrichten konnte man sich gar nicht wünschen. Ellen fuhr in ihrem Bericht fort:

Angesichts dieser außergewöhnlichen Verbesserungen von BeBes Gesundheitszustand wollte ich wissen, ob ich eine weitere Auskunft bekommen könnte. Ich habe das Thema nicht angesprochen, weil ich aus verschiedenen Gründen

glaubte, BeBe würde in den nächsten ein, zwei Wochen ster-
ben. Ich muss beruflich verreisen und werde deswegen zwei-
einhalb Wochen von zu Hause fort sein. Ich möchte wissen,
ob während meiner Abwesenheit alles klargeht mit ihm.
Ich kann nicht mehr absagen, und bevor ich fahre, möchte
ich sicher sein, dass er weiß, was los ist und dass ich wie-
derkomme. Mein Mann und meine Tochter bleiben in die-
ser Zeit bei ihm zu Hause, aber ich möchte nicht, dass er
glaubt, ich hätte ihn im Stich gelassen.

Dreieinhalb Wochen nach unserer ersten Kommunikation war BeBe also noch nicht tot, und ich verband mich wieder mit ihm.

»Ich habe noch Kraft«, waren seine ersten Worte.

»Ich freue mich, dass es dir wieder so viel besser geht«, sagte ich zu ihm. »Ellen möchte dir noch ein paar Fragen stellen und dir auch einige Dinge sagen.«

»Ich bin bereit«, erwiderte er.

Ellens erste Frage war: »Wie fühlt er sich jetzt? Besser? Hat er irgendwelche Schmerzen?«

»Ich spüre einen Schmerz im Bauch«, gab er zur Antwort.

»Was möchte oder braucht er?«

»Er hätte gern mehr reines Hühnerfleisch statt Trockenfutter«, gab ich seine Botschaft weiter. »Etwas, was leichter verdaulich ist. Und er hätte es gern wärmer.«

»Ich mag gern Sonne«, fügte BeBe hinzu.

»Ich möchte gern wissen, was ihm hilft, während ich weg bin«, war Ellens nächste Frage.

»Täglich von dir zu hören«, erklärte er mit Bestimmtheit.

»Wird er sich seine Medikamente von David ohne großes Kratzen und Beißen geben lassen? Bitte sagen Sie ihm, dass ich es sehr zu schätzen weiß, dass er bei mir immer so kooperativ war.«

»BeBe mag es nicht besonders, wenn er Medikamente bekommt. Doch er wird versuchen, sich zu entspannen. Kann David ›Entspann dich‹ sagen, wenn er BeBe seine Medikamente gibt? Das könnte sich auf beide Seiten günstig auswirken.«

»Er soll wissen, dass ich vom 27. Juni an zweieinhalb Wochen weg sein werde und dass ich wiederkomme.«

»Ja, ich weiß«, gab er zur Antwort. »Ich bin darüber nicht glücklich, doch es geht in Ordnung. Ich werde dich jeden einzelnen Tag vermissen. Sprich recht oft mit mir.«

»Möchte er mir noch etwas sagen?«

»Mach dir meinetwegen keine Sorgen, nicht einmal eine Sekunde lang. Du weißt, dass es mir gut gehen wird. Ich bin stark, und David ist da, und er mag mich, und Angie ist auch da. In dieser Familie gibt es so viel Liebe. Ich bin sehr stolz auf euch alle. Ich werde zu Hause auf dich warten.«

»Er weiß zwar schon, wie sehr ich ihn liebe und schätze«, meinte Ellen, »doch es kann sicher nicht schaden, ihm das noch einmal zu sagen.«

Ich gab ihre Worte weiter, und BeBe beendete die Kommunikation mit folgender Botschaft an Ellen: »Ich liebe dich bis zum Mond und den Sternen und wieder zurück. Vergiss das nie.«

Ellen trat ihre Dienstreise an, und es sollte ein Jahr dauern, bis ich wieder von ihr hörte.

Der richtige Zeitpunkt

Lesen Sie, was Ellen mir schrieb:

Ich möchte Ihnen mitteilen, dass BeBe mittlerweile gestorben ist. Nach seiner Priapismuserkrankung und der damit verbundenen Aussicht, dass er bald sterben würde, lebte er noch ein ganzes Jahr. Wie er Ihnen gesagt hat, war noch mehr Kraft in ihm, als ich glaubte, und so lebte er weiter und hatte Freude am Leben.

Vier Jahre habe ich alles getan, um seinen Tod hinauszuzögern, und er ließ mich. Immer hat er kooperiert – er erholte sich von seinen diversen Erkrankungen, fing wieder zu fressen an, nachdem er zuvor jedes Futter verweigert hatte, schluckte seine Medizin und sprach positiv auf die Chemotherapie an. Alle sechs Wochen musste er zur Chemo in eine onkologische Tierarztpraxis, und seine Wunde öffnete sich nicht mehr. Als er Atemprobleme bekam, gingen wir zu seinem normalen Tierarzt, der meinte, dass vermutlich der Krebs dafür verantwortlich sei. Der Onkologe hingegen sagte, der Krebs sei unter Kontrolle und es läge an einer Herzerkrankung. Kurz, wie man es auch drehte und wendete, die Antwort war stets dieselbe: Sie konnten ihm nicht helfen.

Mit dem einen Jahr mehr, das wir zusammen verbringen konnten, gab er mir Gelegenheit, mit meinen Emotionen ins Reine zu kommen und herauszufinden, woher dieses Gefühl des Schmerzes kam, das ich mit mir herumtrug. Ich grub tief hinab bis zu seiner Wurzel und erkannte, dass sich dahinter die lebenslange Trauer verbarg, nicht so geliebt worden zu sein, wie ich mir das gewünscht hatte. Mochte das auch eine kindische und unrealistische Erwartung sein, der Kummer war dennoch da. Ich wusste, dass BeBe und ich Seelengefährten sind und zwischen uns ein inniges Band besteht. Seine Liebe war genau das, was ich gebraucht hatte: Sie heilte meine offene Wunde. In seiner einfachen, zutiefst präsenten Art war er für mich ein göttliches Wesen.

Ich entband ihn von der Sorge um mich. Ich ließ ihn wissen, dass ich allein klarkommen würde und dass er seine ganze Kraft für sich selbst verwenden solle. Ab da hörte er auf, auf meinem Kissen zu schlafen. Ein paar Monate später kam er auch nicht mehr ins Bad, wenn ich in der Wanne lag. Schließlich kam er auch nicht mehr zur Tür, wenn ich heimkehrte.

Er bekam Wasser in der Lunge, sodass er ständig um Luft rang, und konnte weder essen noch trinken. Ich wusste, dass es Zeit war, ihn gehen zu lassen, andererseits wollte ich es nicht wahrhaben. Er hatte sich doch schon so oft wieder erholt, warum nicht auch diesmal? Doch die Röntgenaufnahmen zeigten unmissverständlich, dass nichts mehr zu machen war. Kein neues Medikament, keine Hoffnung, nur der Rat, ihn noch einmal mit nach Hause zu nehmen, mich von ihm zu verabschieden und ihn tags darauf wieder in die Praxis zu bringen.

Ich ließ mir den spätesten Nachmittagstermin für den nächsten Tag geben und brachte ihn heim. Wir verbrachten den Nachmittag ruhig auf dem Sofa, und in der Nacht blieb ich die ganze Zeit an seiner Seite sitzen.

Am Morgen ging ich mit einer Decke und einem Kissen hinaus nach hinten zu unserer Hängematte im Vertrauen darauf, dass er mir nachkommen würde. Als er dann da war, hob ich ihn auf, und wir machten zusammen ein Nicker-

chen. Später fraß er dann ein wenig und sprang aufs Bett.
Darum sagte ich den Termin für diesen Nachmittag ab und
nahm den spätesten am nächsten Tag. Nachdem ich wieder
einen Tag und eine Nacht und den folgenden Tag bei ihm
gesessen hatte, sagte ich auch diesen Termin ab und verein-
barte einen neuen für den folgenden Tag.

Ich hoffte immer noch ... Ich hoffte den ganzen Freitag,
den ganzen Samstag, den ganzen Sonntag und den Montag
bis halb vier Uhr nachmittags, bis BeBe anfing zu hecheln
und ihm ein dünner Speichelfaden aus seinem sonst stets
sauberen Mäulchen lief.

Schließlich gab er mir das Zeichen, dass er bereit war.
Ich wusste, dass dies nun der absolut richtige Moment war.
Wie er Ihnen gesagt hatte, blickte er mich an, ohne sich zu
bewegen. Wir sahen uns quer durch das Zimmer an, und
ich konnte mit aller Klarheit sehen, dass er mir unmissver-
ständlich bedeutete, er müsse nun gehen. Sein Blick gab mir
den Mut, das Notwendige zu tun. War er auch krank und
schwach, so hatte seine Präsenz immer noch etwas Gebie-
terisches. Ich werde nie diesen Ausdruck in seinen Augen
vergessen – wie vielsagend er war. Dies war das erste Mal,
dass er völlig getrennt war von mir.

Ich rief in der Tierarztpraxis an und nahm den nächsten
freien Termin: 17.30 Uhr.

Um 17.30 Uhr hatte der Tierarzt einen Notfall zu versor-
gen ... Zum ersten Mal freute ich mich, eineinhalb Stunden
warten zu müssen, ehe wir drankamen, denn so konnten
BeBe und ich noch eine Weile zusammen sein. Ich wusste,
dass es meine Verantwortung war, ihn von seinem Leiden
zu erlösen. Andere hatten mich schon vor Tagen, Wochen,
einige sogar vor Jahren zu diesem Schritt ermutigen wollen.

Ich wusste aber, dass der gestrige Tag und auch dieser Vormittag noch zu früh gewesen wären. Ich wusste, jetzt war der richtige Zeitpunkt.

Der Tierarzt kam herein und injizierte BeBe erst ein Beruhigungsmittel, während dieser in meinen Armen lag. Als ich ihn so hielt, wiederholte ich ihm still, was ich ihm so oft gesagt hatte, wenn er bei mir auf dem Kissen, auf dem Sofa oder in der Hängematte lag oder wir mit dem Bus oder dem Zug unterwegs waren: »*Ich liebe dich, BeBe. Hab keine Angst, es kann dir nichts passieren. Solange wir zusammen sind, wird dir nichts geschehen.*«

Dann verschied er. Er starb noch vor der tödlichen Injektion. Es war Zeit. Es war seine Zeit. Es war die einzige Zeit. Es war die richtige Zeit.

Durch meine Kommunikation mit Tieren weiß ich mittlerweile, dass manche Tiere aufhören zu fressen, wenn sie Schmerzen haben. Ihre Besitzer missdeuten eine solche Nahrungsverweigerung oft als Anzeichen, dass es mit ihrem Tier zu Ende geht, und statt ihm Schmerzmittel zu geben, lassen sie es einschläfern. In dieser Situation dient Sterbehilfe nicht dem Wohl des Tiers. Bekommt ein solches Tier nämlich Schmerzmittel, dann kann mit dem Appetit auch die Lebensfreude wiederkehren.

Andererseits muss man natürlich auch bedenken, dass Schmerzen ein Indiz dafür sein können, wie sehr ein Tier leidet und Lebensqualität eingebüßt hat. Wenn Schmerzmittel nicht mehr wirken, stellt sich die Frage, ob das Tier nicht seinen Übergang vorziehen würde.

Und um die Frage zu entscheiden, ob ein Tier nicht genug gelitten hat, wäre es da nicht das Sinnvollste, es selbst zu fragen? Wenn wir mit einem Tier kommunizieren, geben wir ihm die Möglichkeit, selbst zu entscheiden, wann der richtige Zeitpunkt gekommen ist – so wie im Falle von BeBe, der selbst am besten wusste, dass seine Zeit noch nicht gekommen war, dass sich sein »unheilbarer« und »tödlich verlaufender« Priapismus zurückbilden und er noch ein ganzes Jahr leben würde. Nimmt man zur Kommunikation mit dem Tier noch den Rat eines vertrauenswürdigen Veterinärs an, der das Tier gut kennt, und hört man auf sein eigenes Bauchgefühl, so wird man zur rechten Zeit auch die rechte Entscheidung treffen.

Wenn wir uns mit dem Tod unseres geliebten tierischen Freundes konfrontiert sehen, heißt die erste Frage, die uns in den Sinn kommt, meist: »Bleibst du nur noch meinetwegen hier?« Im nächsten Kapitel hören Sie von Anna, die erfuhr, dass ihr Kater Benny nur noch einen Monat zu leben hatte.

Dem Tod mit Anmut gegenübertreten

»Um die Kunst des Sterbens lernen zu können,
muss man zuerst die Kunst des Lebens
gemeistert haben.«

S. N. Goenka

Mi Amore Benny

>*»Der Tod ist eine Abenteuerreise in unser
>nächstes Leben, verbunden mit dem Loslassen all derer,
>die wir in diesem Leben lieben.«*
>
>Benny

Benny trat in Annas Leben, nachdem sie eine Bitte ans Universum gerichtet hatte, ihr eine Katze wie ihre frühere zu schicken. Kurz darauf marschierte ein etwas melancholisch wirkender schwarzweißer Kater zur offenen Tür ihres Büros herein und strich um ihren Schreibtisch herum. Dann schenkte er ihr einen tiefen Blick in die Augen, sprang geradewegs auf ihren Schoß und machte sich's dort gemütlich. Er starrte nur so vor Schmutz, und seine Augen waren in einem üblen Zustand, was ihn aber nicht davon abhielt, ein heftiges Schnurrkonzert anzustimmen. Dies war der Auftakt zu einer großen Liebe.

Meine erste Begegnung mit Anna und Benny hatte ich im Juni 2010. Anna, eine 58-jährige Engländerin mit Computerphobie, lebte mit ihrem italienischen Ehemann in Norditalien. Die beiden haben einen Sohn und eine Tochter, beide schon erwachsen, die zu jener Zeit nicht bei ihren Eltern lebten.

Doch eigentlich beginnt die Geschichte nicht hier, sondern fünfzehn Jahre früher. Damals hatte Anna eine Katze namens Sammy bekommen, eine pechschwarze Schönheit, gerade mal ein Jahr alt und sehr auf ihre Unabhängigkeit bedacht. Nicht direkt eine Schmusekatze. Und so dachte Anna bei sich: *Wäre es nicht schön, einmal eine Katze zu haben, die so anschmiegsam ist wie die meiner Eltern?* Tags drauf spazierte Benny in ihr Leben.

Benny war vom ersten Moment an sehr zutraulich. Während sie mit ihm zum Tierarzt fuhr, lag er auf ihrem Schoß, ohne sein Schnurrkonzert auch nur einen Moment zu unterbrechen.

»Er wirkte dermaßen ruhig und zufrieden und blickte mit so viel Liebe und Vertrauen zu mir herauf, dass es mir richtig ans Herz ging«, erzählte Anna.

Selbst als der Tierarzt die Nickhaut anhob, um seine entzündeten Augen zu untersuchen, hörte er nicht auf zu schnurren.

»Ich kann nicht mal seine Herztöne abhören, so laut, wie er schnurrt!«, beschwerte sich der Veterinär.

Er diagnostizierte eine Herpesinfektion, übertragen vermutlich von der Mutter. Er meinte auch, man müsse ihm wohl oder übel das linke Auge entfernen. Zum Glück waren alle anderen Tests auf Krankheiten negativ, und Anna konnte Benny hocherfreut mit nach Hause nehmen, wo sie ihn erst einmal versteckt hielt.

»Ich habe meinem Mann nichts von Benny erzählt, weil ich wusste, dass er gegen eine zweite Katze war. Dabei hatte ich Benny fest versprochen: ›Ich werde dich niemals vor die Tür setzen. Du bleibst für immer bei mir.‹«

Erst einen Monat später, als Benny nach der Operation

längst wieder zu Kräften gekommen war, schenkte Anna ihrem Mann reinen Wein ein und präsentierte ihm den neuen Hausgenossen.

»Bevor ich ihm Benny an jenem Abend zeigte, fragte ich ihn, ob er sich noch an die Katze erinnern könne, die damals in mein Büro spaziert war. Er bejahte und fragte, was denn eigentlich aus ihr geworden sei. Als ich ihm sagte, sie sei beim Tierarzt, meinte er: ›Schade. Wenn Sammy ihn akzeptiert hätte, hätten wir ihn behalten können.‹ Worauf ich entgegnete: ›Aber das hat sie doch!‹«

Benny und Anna verstanden sich auf einer tieferen Ebene. »Jeden Abend kam er so gegen 11.00 Uhr, sah mich mit seinem einen Auge an, und ich wusste, was er wollte. Ich sagte dann zu ihm: ›Andiamo!‹ Das heißt: ›Gehen wir!‹ Und er lief daraufhin in mein Schlafzimmer und sprang aufs Bett.«

Es war aber völlig gleichgültig, ob Anna mit Benny italienisch oder englisch sprach, Benny verstand beides ohne Probleme. Natürlich verstand Benny nicht die Worte selbst, sondern die energetische Botschaft, die sie transportierten.

»Eigentlich kam er mir immer mehr wie ein Hund vor als wie eine Katze«, erzählte Anna. »Wenn ich seinen Softball warf, apportierte er ihn und schaute dabei so fröhlich drein, dass ich das Gefühl hatte, er würde grinsen. Er hatte ein total sanftes Wesen. Er hat nie gekratzt oder gebissen – und er war immer ruhig. Manchmal dachte ich schon, dass er überhaupt keine Stimme hat.«

Benny erschien just in dem Moment auf der Bildfläche, als er und Anna einander am dringendsten brauchten. Sie unterstützte ihn bei seiner Genesung und half ihm, mit dem Verlust seines Auges fertigzuwerden, und er gab ihr in einer

der schlimmsten Phasen ihres Lebens die Kraft durchzuhalten, als ihre Tochter unter schweren Depressionen litt
und ihr Sohn bei einem Unfall nur knapp dem Tod entron-
nen war.

Benny zeigte sich besonders fürsorglich, wenn jemand
krank war. Einmal musste Anna ins Krankenhaus, weil
sie auf ein Medikament allergisch reagierte und Hepatitis
bekam. Wieder zu Hause, musste Anna eine Woche lang das
Bett hüten; und in dieser Zeit wich Benny nicht von ihrer
Seite und folgte ihr sogar ins Bad. Wo immer Anna auch war,
da war auch Benny. Und als Nosely, Annas weißes Kaninchen mit der schwarzen Nase, einmal krank war, saß Benny
ebenfalls die meiste Zeit des Tages bei ihm.

»Irgendwann begriff ich«, bekannte Anna, »dass Benny
ein Heiler war.«

Im Dezember 2008 – Anna besuchte gerade ihre Eltern in
England – wachte sie um 5.00 Uhr morgens schlagartig auf,
von einem Gefühl schrecklicher Angst ergriffen.

Meine Gedanken wanderten sofort zu Benny. Ich wusste
instinktiv, dass etwas mit ihm nicht stimmen konnte. Also
rief ich zu Hause an, um mich zu erkundigen, ob es ihm gut
ging. Mein Mann versicherte mir, dass alles in Ordnung sei.
Im Februar des folgenden Jahres aber begann Benny abzu-
magern und erbrach sich häufig. Der Tierarzt diagnostizierte
ein Schilddrüsenproblem und verschrieb ihm etwas dage-
gen. Doch Benny verlor weiter an Gewicht, und darum ließ
ich ihn noch von einem anderen Tierarzt untersuchen. Nach
einigen Untersuchungen und dem Warten auf die Ergeb-
nisse bestätigten sich meine düsteren Vorahnungen: Benny
hatte Krebs, und seine Aussichten standen nicht gut. Er hät-

te nur noch einen Monat zu leben. Ich war am Boden zerstört. Ich wusste, dass sein Krebs sich damals im Dezember entwickelt hatte.

Benny bekam eine Kortisoninjektion, und im Laufe der folgenden vier Wochen kehrte sein Appetit zurück. Er musste sich nicht mehr erbrechen. Anna fand heraus, dass er gern hauchdünn geschnittenes rohes Fleisch fraß, wodurch er allmählich wieder etwas zunahm. Als Benny seine zweite Kortisoninjektion bekommen sollte, war der Tierarzt erstaunt, wie gut er auf die Behandlung ansprach. Er sollte nun eine Injektion alle vier Wochen bekommen. Zwar musste sich Benny dennoch von Zeit zu Zeit übergeben, aber er legte weiter an Gewicht zu. Und so war er zwölf Monate später immer noch bei Anna, obwohl man ihm ursprünglich nur noch einen Monat gegeben hatte.

Da Anna und ihr Mann dringend eine Pause brauchten, besuchten sie Annas Familie in England.

Mein Vater hatte eine Überraschung für mich. Es war Pea Horsleys Buch Heart to Heart. Er hatte darüber in der Zeitung gelesen und dachte, das wäre etwas für mich. Aber zu diesem Zeitpunkt war weder ihm noch mir bewusst, wie wichtig dieses Buch für mich werden sollte. Während unseres Urlaubs verschlang ich das Buch förmlich. Ich denke, ich muss ziemlich blöd ausgesehen haben, wie ich da unter dem Sonnenschirm am Strand saß und mir die Augen ausheulte. Ich glaube, dass nichts ohne Grund geschieht und manche Dinge einfach sein sollen, und ich weiß, dass es mir bestimmt war, dieses Buch zu lesen.

Dreizehn Monate nachdem man Benny nur noch vier Wochen zu leben gegeben hatte, hatte er wieder zugenommen und sah gut aus. Der Tierarzt untersuchte ihn und stellte fest, dass der Tumor verschwunden war.

Die Injektionen wurden sofort abgesetzt, und ich war überglücklich. Doch als die Wochen verstrichen, sagte mir mein Instinkt immer wieder, dass etwas nicht stimmte. Jedes Mal, wenn ich Benny anschaute, überfiel mich wieder diese furchtbare Angst.

Zu Hause musste ich stets an Pea denken und ihre Kommunikation mit Tieren. Ich wusste, dass das kein Humbug war. Ich musste nur meinen Mut zusammennehmen und sie endlich anrufen. Ich machte mir solche Sorgen um Benny. Er sah müde aus und ging sehr langsam, als hätte er starke Schmerzen. Wenn ich ihn aufnahm und sanft streichelte, schnurrte er nicht, so wie er es früher getan hatte.

Meine Schwester gab mir Peas Telefonnummer in England. Ich war sehr unruhig, aber ich wusste, dass ich mit ihr sprechen musste. Als niemand ans Telefon ging, sank mir der Mut. Enttäuscht hinterließ ich meinen Namen und die Telefonnummer auf ihrem Anrufbeantworter. Als ich auflegte und mich umdrehte, sah mich Benny mit seinem bezaubernden Teddybärgesicht durchdringend an. Da war eine Verbindung, und ich hatte den starken Impuls, es noch mal bei Pea zu versuchen, fast so, als würde er mich dazu drängen. Ich hatte das erdrückende Gefühl, dass es mit ihm zu Ende ging.

Ich wählte noch einmal Peas Nummer und hinterließ eine weitere Nachricht auf dem Anrufbeantworter: »Pea, ich glaube, er stirbt.« In diesem Augenblick hob sie ab und

sprach mit mir. Schon ihre Stimme war ungeheuer beruhi-
gend. Sie bat mich, ihr nichts über Benny zu erzählen, son-
dern zehn Fragen aufzuschreiben und sie ihr zusammen mit
Bennys Foto zu mailen.

Die Begegnung mit Benny

Mai 2010. Ich renne von einem Ende des Hauses zum anderen, um Annas Anruf entgegenzunehmen. Ihre aus tiefster
Seele kommende Verzweiflung war nicht zu überhören. Ich
konnte ihre große Liebe für Benny spüren, während sie ins
Telefon mehr schrie als sprach, und wollte ihr spontan helfen.

Als ich mich hinsetzte und Bennys Foto betrachtete,
blickte mir eine traurig dreinsehende Katze entgegen.
Bennys Fell war ein schwarzweiß gemusterter Flickentep-
pich, dessen Flecken sich auf höchst merkwürdige Weise
über seinen Körper verteilten. Ein tiefes Schwarz färbte
Ohren und Schädeldach und lief dort, wo eigentlich die
Innenseite seines linken Auges gewesen wäre, zu einer
scharfen Spitze aus, die sich weiter diagonal über seine linke Gesichtshälfte zog. Dazu parallel saß ein schwarzer Fleck
auf seiner Nase. Wenn man ihn so sah mit seinen wild über
die Beine verteilten schwarzen Klecksen und Streifen, seinem halb schwarzen, halb weißen Schwanz, der irgendwie
an Bananensplit erinnerte, und diesem markanten schwarzen Kinn, hatte man den Eindruck, Picasso habe an diesem
Tier einen neuen Stil erproben wollen. Doch der kümmerli-
che Eindruck, den Benny zunächst auf mich machte, sollte
schnell einem anderen weichen.

Sobald ich innerlich zur Ruhe gekommen war und mich
energetisch mit ihm verbunden hatte, merkte ich recht bald,

dass mehr Kraft in ihm war, als ich gedacht hatte – weniger eine physische Kraft als eine starke innere Präsenz. Auf der körperlichen Ebene fühlte er sich eher gebrechlich, nur noch Haut und Knochen, und er fand, dass sein Futter schlecht rieche. Zuerst zeigte er mir eine Katzenangel, mit der er immer gern gespielt hatte, dann ein Bild, wie er mit Anna auf ihrem Bett schmuste, auf dem er, wie ich spüren konnte, gern lag. Weiter zeigte er mir, wie er immer geschnurrt hatte, wenn Anna ihn streichelte, doch jetzt wolle er am liebsten einfach nur schlafen.

Anna bestätigte diese und andere erste Eindrücke, die ich empfangen hatte, und wir vereinbarten eine telefonische Beratung.

»Wie fühlst du dich?«, war Annas erste Frage an Benny.

»Er hat starke Schmerzen, vor allem in der Magengegend. Es fühlt sich so an, als wäre da etwas in seinem Magen, und es gibt so eine Art Nachhall von seinem Krebs. Er hat überall Schmerzen, und auch sein Mäulchen ist wund. Darum wird ihm schlecht, und er muss sich übergeben, das macht das Fressen für ihn schwierig.«

All das hätte ich Anna gern verschwiegen, doch ich wusste, dass sie von mir die Wahrheit hören wollte, und zwar die ganze Wahrheit.

»Vor zwei Jahren hat man bei ihm Krebs festgestellt«, berichtete sie mir. »Betroffen war hauptsächlich sein Darm ... Er hat immer mit Appetit gefressen. Wenn ich kochte, kam er zu mir in die Küche und war auch stets für eine Extraleckerei zu haben. Doch jetzt schaut er sein Futter kaum an und frisst nur ein paar Stückchen hauchdünn geschnittenes rohes Fleisch. Kann ich irgendetwas tun, um ihm zu helfen?«

Ich sagte ihr, dass Benny noch einmal zum Tierarzt gebracht werden wollte und auch einen Bluttest vorgeschlagen hatte. Er war noch nicht bereit zu sterben.

»Kannst du mir ein Zeichen geben, dass du mit mir kommunizierst?«, fragte Anna ihn.

»Horch in dein Herz«, gab Benny zurück. »Ich spreche mit lauter Stimme zu dir.«

»Gibt es irgendetwas, was ich für dich tun soll?«, fragte Anna weiter.

»Ich brauche dringend medizinische Hilfe. Kortison regt meinen Appetit an. Bereite dich auf meinen Tod vor«, wies er sie an. »Ich möchte in Ruhe sterben.«

Anna brach in Tränen aus: »Ich wusste es. Ich wusste, dass er stirbt. Ich möchte nicht, dass er leidet. Das ganze Jahr schon hat er mich darauf vorbereitet. Ich liebe ihn, ich liebe ihn mit jeder Faser meines Herzens. Er ist mein Seelengefährte.«

Anna hatte alles erfahren, was sie erfahren wollte. Sie beendete unser Telefonat, um den Tierarzt anzurufen und einen Termin für Benny zu vereinbaren.

Der Tierarzt bestätigte, dass Bennys Magen schmerzte, da er voll Flüssigkeit war, und auch der Krebs war noch aktiv. Er bekam sofort wieder eine Kortisoninjektion. Nach ein paar Tagen wirkte Benny klarer und fraß auch wieder.

Doch dieser Zustand sollte nicht lange dauern. Annas Eltern waren für ein paar Wochen zu Besuch gewesen, und in der kurzen Zeit, als Anna sie zum Flughafen zurückbrachte, hatte Benny große Mengen Flüssigkeit auf den Boden des Schlafzimmers erbrochen. Von da an verweigerte er jedes Futter. Später in der Nacht bekam er zudem noch Durchfall und sah sehr schlecht aus.

Am folgenden Morgen rief Anna mich an: »Wie geht es ihm?«

Ich saß ein paar Minuten still da, blickte sanft in Bennys verbliebenes Auge, und indem ich mich ganz in sein Gesicht versenkte, verband ich mich mit Benny.

Benny kam gleich zur Sache und sagte: »Pea, ich bin sehr müde.«

Worauf ich ihm die entscheidende Frage stellte: »Ist jetzt die Zeit für deinen Aufstieg gekommen?«

»Nein, noch nicht«, sagte er ganz freimütig.

»Warum noch nicht?«, fragte ich behutsam. Ich wollte sicher sein, dass alles so geschehen würde, wie es zu seinem Besten war.

»Es dauert noch ein wenig. Das Äußere kann täuschen«, gab er zurück.

»Nichts schmeckt ihm mehr richtig«, berichtete ich Anna später. »Er liegt gern auf Ihrem Bett. Sein Mäulchen ist wund, und seine Glieder sind schwer. Jede Bewegung ist anstrengend für ihn. Um sein Herz herum ist alles schwarz. Es macht den Eindruck, als müsse er viel trinken, um seine Körpertemperatur zu regulieren. Doch er will noch einmal eine Spritze, weil es für ihn noch nicht Zeit ist zu gehen, sagt er. Er ist noch nicht bereit dazu.«

Anna war erleichtert, dennoch brach ihr im Geheimen das Herz bei dem Gedanken, ihn zu verlieren: *Noch nicht, Benny. Noch nicht, mein Liebling.*

Ich übermittelte ihr Bennys nächste Botschaft: »Bereite dich darauf vor, mich – mein physisches Selbst – zu verlieren. Doch du sollst wissen, dass ich immer in deiner Nähe sein werde. Wir können uns auch über die Entfernung hinweg lieben, es ist nur eine räumliche Entfernung, keine emotionale. Du bist mein Ein und Alles. Vergiss das nie, mein Engel. Ich habe etwas Gleichgewicht in dein Leben gebracht. Darauf konzentriere dich, auf dieses Gleichgewicht, und erinnere dich immer daran – das ist wichtig.«

»Er hat … mir zu seelischem Gleichgewicht verholfen«, besann sich Anna. »Es gab ein paar ernste Belastungen in meinem Leben, wo ich stark für andere sein musste, und er hat mir durch diese Zeiten hindurchgeholfen. Bitte fragen Sie ihn, ob es irgendetwas gibt, worüber er unglücklich ist.«

»Dieser Schmerz«, gab Benny zurück, »dieses Kranksein, das Unbehagen. Doch ich lerne gerade, mich davon nicht beeinträchtigen zu lassen. Ich fühle mich sehr gebrechlich und mag dieses Gefühl überhaupt nicht, denn ich bin kein zerbrechlicher Typ, wie du weißt.«

»Wie geht es dir emotional?«, wollte ich wissen.

»Ich bereite mich vor – darauf, dass dieses Leben nun zu Ende geht.«

»Wünscht er sich irgendetwas Besonders zum Fressen?«, wollte Anna wissen.

Er zeigte mir etwas, was entfernt aussah wie sehr roter Schinken, worauf Anna mir erzählte, dass sie ihm das Jahr zuvor immer Scheiben aus sehr dünn geschnittenem Kalbfleisch gegeben habe und es ihm auch weiter geben würde, wenn er das mochte. Dann fragte sie, ob er noch einmal eine Kortisonspritze haben wolle.

»Ja«, sagte er, »denn es ist noch nicht Zeit«, womit er seinen Übergang meinte.

»Gibt es sonst noch etwas, was er mir sagen möchte?«

»Unterschätze niemals die Macht der Liebe«, kam Bennys Antwort zurück. »Nur sie hält mich noch hier. Sie ist die stärkste Kraft im Universum. Ich möchte noch so viel Zeit wie möglich mit dir verbringen, und ich würde dich gern noch ein paar wichtige Lektionen über den Tod und deine Stärken lehren. Vergiss nie, dass der Tod ein Prozess ist und nicht ein kurzer Moment, der im Nu vorbeigeht. Der Tod ist wie die Geburt – er braucht Zeit, um zu geschehen. Auch das Geborenwerden ist eine schmerzvolle Erfahrung, doch jeder von uns ist durch sie hindurchgegangen. Der Tod ist eine Abenteuerreise in unser nächstes Leben wie auch ein Loslassen derer, die wir in diesem Leben lieben. Der Tod kann eine wundervolle Erfahrung sein, wenn wir ihn mit anderen Augen sehen.«

Als ich Bennys Botschaft an Anna weitergab, hörte ich auch die Worte *Dreimal kurz hintereinander.* Ich sagte ihr, dass ich keine Ahnung hätte, was das zu bedeuten habe, dass es aber wichtig sein müsse, weil ich es zweimal gehört hatte. Manchmal erhalte ich Botschaften, die für mich persönlich keinerlei Sinn ergeben, für den Besitzer des Tiers aber wichtig sind. Ihre Bedeutung enthüllt sich erst im Laufe der Zeit.

Benny fuhr fort: »Im Augenblick solltest du dich nur daran freuen, dass ich dich liebe und noch Kraft habe zu bleiben. Meine liebe Anna, die Zeit für unseren Abschied ist noch nicht gekommen. *Vertrau mir.* Dein Herz wird dir sagen, wenn es so weit ist.«

»Ich bin so bewegt«, gestand Anna. »Was er sagt, geht mir so zu Herzen. Ich hatte immer das Gefühl, dass Benny meinetwegen bleibt und leidet. Wird er mir ein Zeichen geben, wenn es für ihn Zeit ist zu gehen?«

»Du wirst es im Herzen spüren«, sagte er, wobei ich ein Bild von ihm empfing, wie er sich nicht bewegte und kaum atmete, weil ihm die Kräfte schwanden. »Dränge mich nicht zum Übergang, solange es in meinem Leben noch Freude gibt. Es ist noch nicht Zeit dafür, Liebes.«

Wenn Tiere darüber sprechen, wann sie ihren Aufstieg vollziehen möchten, sind manche sehr präzise, was den Tag, die Stunde, ja sogar die Minute ihres Abschieds angeht. Während unserer Kommunikation hatte Benny ganz unmissverständlich zu verstehen gegeben, er wolle nicht, dass der Tierarzt gleich kam. Erst später sollten wir erkennen, dass er für diese klare Anweisung seine Gründe hatte.

Tags darauf versuchte er mit Mühe, ein wenig zu gehen, und fraß ein bisschen Fleisch, ließ den Rest aber dann liegen. Im Verlauf des Tages verschlechterte sich sein Zustand, und Anna machte sich große Sorgen.

Später erzählte sie mir: »In der letzten Nacht begann er, sich plötzlich sehr eigenartig zu verhalten, er drehte sich dauernd im Kreis und hörte gar nicht mehr auf. Ich geriet in Panik und rief beim Tiernotdienst an, um mir einen Rat zu erfragen.«

Der Tierarzt vom Notdienst riet ihr, Benny ein bestimmtes Mittel zu geben, und es schien zu helfen. Benny beruhigte sich sichtlich. Mittlerweile war es 3.00 Uhr geworden, und Anna ging erschöpft zu Bett.

»Plötzlich fuhr ich aus dem Schlaf«, erinnerte sich Anna weiter. »Es war 5.00 Uhr. Benny lag vor dem Zimmer meiner Tochter zusammengekauert in einer Ecke neben einem Moskitonetz. Er war ganz kalt und sein Fell feucht. Einen Moment lang glaubte ich, ich hätte ihn verloren.«

Anna hob ihn auf, wickelte ihn in eine Decke und legte ihn auf ihren Schoß. Während sie ihn streichelte, sagte sie zu ihm: »O nein, Benny, ich kann dich nicht einfach so gehen lassen, mein Schatz. Ich liebe dich so sehr.«

Sie meinte, das Herz müsse ihr zerspringen, doch mit der Zeit konnte sie spüren, wie Bennys Körper allmählich wieder wärmer wurde.

»Ich wusste, dass ich eine Entscheidung treffen musste«, berichtete sie weiter. Während ihr die Tränen über die Wangen hinunterströmten, sagte sie zu ihm: »Ich bin jetzt bereit, dich gehen zu lassen.«

Sobald sie diese Worte laut ausgesprochen hatte, fing Benny an, zu schnurren und seine kleinen Pfoten genüsslich auf- und zuzumachen.

»Plötzlich war ich innerlich von diesem unerwarteten Gefühl des Friedens erfüllt«, fuhr Anna fort. »Um 9.00 Uhr morgens – ich hielt ihn immer noch in meinen Armen – hob er seinen Kopf und wollte, dass ich ihn auf den Boden setzte. Er war jetzt ein klein wenig sicherer auf den Beinen, während er in die Küche ging, um etwas zu trinken. Ruhig und gefasst griff ich zum Telefon und rief den Tierarzt an, sie sollten nachmittags jemanden vorbeischicken, um Benny einzuschläfern.«

Aus der Rückschau ist völlig klar, dass Benny so lange gewartet hatte, bis Anna ihm sagte, sie sei nun bereit, ihn loszulassen. Sie sollte seiner Meinung nach einsehen, dass er nicht für immer bei ihr bleiben konnte. Worauf es ihm aber vor allem ankam, war, dass sie sich bewusst entschied, ihn gehen zu lassen. Mit seiner ganzen Willenskraft hielt er seinen Körper am Leben, bis Anna dies verstanden hatte. Als sie so weit war, zeigte er ihr durch sein Treteln und Schnurren, wie glücklich er über ihre Einsicht war.

Die Tierarztpraxis schickte Valentina, mit der Anna bestens bekannt war. Valentina, eine sehr fürsorgliche und einfühlsame Frau, hatte schon viele Hausbesuche bei Benny gemacht, und einmal meinte sie:»Benny ist keine Katze, sondern ein Engel.«

»Für mich war klar, dass der einzig richtige Platz, wo Benny sich verabschieden konnte, hier zu Hause war und dass niemand anders als Valentina dafür infrage kam, nach ihm zu schauen«, sagte Anna. »Ich wollte nicht, dass er noch länger leidet. Es war so, wie Benny gesagt hatte: *Ich würde es in meinem Herz wissen, wann die Zeit gekommen wäre, ihn gehen lassen.*«

Annas Mann fragte sie, ob sie irgendetwas brauche, und sie bat ihn, ihr doch bitte Blumen zu bringen.

Mimmo kam mit fünf kleinen roten Rosen zurück, die ich im Gästezimmer zusammen mit einer Duftkerze aufstellte. Im Hintergrund ließ ich ruhige klassische Musik laufen. Benny lag unter dem Schreibtisch, und mit seinen unter der Brust gefalteten Vorderpfoten machte er einen sehr zufriedenen Eindruck. Sein Blick war ruhig, und ich hatte den Eindruck, dass er keine Schmerzen mehr erleiden musste.

Den ganzen Tag lang streichelte ich ihn und wiederholte dabei:»Alles wird gut, mein Liebling«; und er antwortete darauf mit einem Schnurren. Ich spürte, dass er mir sagte:»Ich weiß.« Dies war einer der schmerzlichsten Momente in meinem Leben, doch mir war klar, dass ich jetzt stark sein musste für Benny.

Ein wenig später wurde Anna bewusst, dass sie sich noch gar keine Gedanken gemacht hatte, wo sie Bennys Körper begraben würde. Anna lebte in einer Mietwohnung und hatte keinen eigenen Garten. Ziemlich aufgeregt rief sie ihre Freundin Victoria an und erzählte ihr von ihrem Problem.

»Anna, es wird mir eine Ehre sein, Benny in meinem Garten zu haben«, beruhigte Victoria sie.

Die Tierärztin kam pünktlich zur vereinbarten Zeit.

Benny war entspannt, als wir in das Zimmer gingen. Valentina erklärte mir mit einfühlsamen Worten den Ablauf und versicherte mir, dass Benny nichts spüren würde. Seltsamerweise fühlte ich mich stark, als ich ihn streichelte. Obwohl es mir das Herz brach, war ich bereit.

Die Tierärztin gab Benny zuerst etwas zur Beruhigung, bevor sie ihm ein Narkosemittel injizierte. Sie beruhigte auch Anna, während sie zusammen darauf warteten, dass sich seine Atmung verlangsamte. Dann gab sie ihm die letzte Spritze. Im Bruchteil einer Sekunde war alles vorüber.

Meine erste emotionale Reaktion war Erleichterung – als hätte man mir eine schwere Last vom Herzen genommen. Ich wusste, dass Benny jetzt nicht mehr leiden musste. Er sah so friedvoll aus, wie er da so mitten im Zimmer auf seiner grauen Decke mit der Maus in der Ecke lag. Ich grub mein Gesicht in sein weiches weißes Bäuchlein und küsste ihn …

Dann nahm ich zwei Rosen und legte die eine neben Benny, die andere zwischen die Seiten von Heart to Heart. Als ich ihm Lebewohl sagte, überwältigte mich das Gefühl des Verlusts.

Als ich tags drauf in einem Zustand zwischen Wachen und Schlafen im Bett lag, hatte ich plötzlich das Gefühl, als sei Benny mir auf die Beine gesprungen. Es dauerte ein paar Sekunden, bis ich begriff, dass Benny nicht mehr bei mir war, doch ich wusste auch, dass diese kurze Empfindung auf meinen Beinen er gewesen war.

Tagsüber beschäftigte ich mich mit allem Möglichen, um meinen Schmerz zu lindern. Als ich am Wohnzimmer vorüberging, sah ich ihn. Ich blieb stehen und schaute noch einmal hin, doch da war er schon verschwunden. All das ereignete sich im Bruchteil einer Sekunde. Er sah so wunderschön aus, und ich wusste, dass er immer noch hier bei mir war. Diese Augenblicke waren ein großer Trost für mich.

Ein paar Tage danach erzählte Anna ihrer Schwiegertochter, wie Benny gestorben war und die Tierärztin ihn in drei Schritten eingeschläfert hatte. Dass sie ihm erst ein Beruhigungsmittel, dann ein Anästhetikum und schließlich die tödliche Injektion gegeben habe, die sein Leben im Bruchteil einer Sekunde beendete.

»Kaum hatte ich diese Worte ausgesprochen, fiel mir wieder der Satz ein, den Pea in ihrer Kommunikation mit Benny gehört hatte: »Dreimal kurz hintereinander.« Benny hat gewusst, was geschehen würde.«

Einige Wochen später erhielt Anna Besuch von ihrer Schwester Juliana. Auch sie mochte Tiere sehr gern und wollte alles über Bennys Kommunikation wissen. Als sie neugierig durch *Heart to Heart* blätterte, fand sie die Rose, die Anna zwischen die Seiten gepresst hatte.

»Hast du die Rose absichtlich zwischen diese Seiten gelegt?«

»Nein«, fragte Anna neugierig, »wieso?«

»Weil die Rose genau zwischen den Seiten liegt, wo es ein Kapitel über eine Katze namens Sammy gibt.«

Anna meinte dazu mir gegenüber: »Auf einer tieferen

Ebene wusste ich, dass Benny mir sagen wollte, ich solle meine Aufmerksamkeit jetzt meiner Katze Sammy zuwenden, die mir geblieben war.«

Einige Zeit später hörte ich noch einmal von Anna:

Es gab Augenblicke, da habe ich Bennys Gegenwart ganz deutlich gespürt. Besonders einmal, als ich nachts tief in Gedanken versunken aus dem Fenster schaute und spürte, wie Sammy sich an meinen Beinen rieb. Ich sah hinunter, dann überall im Raum herum, doch sie war nicht da. Ich ging in die Küche, und da lag sie in ihrem Körbchen und schlief tief und fest. Ich war ziemlich verblüfft, als ich begriff, dass es nicht Sammy gewesen war, die sich an meinen Beinen gerieben hatte – es war Benny gewesen.

Dass ich mit Benny kommunizieren konnte, hat meine Sicht von Leben und Tod völlig verändert. Ich denke, dass die meisten Menschen Angst vor dem Tod haben und dass diese Angst daher kommt, weil wir nicht wissen, was geschehen wird. Doch über die Kommunikation mit Pea hat Benny mich eine wichtige Lektion gelehrt. Während der Zeit, die er mir schenkte, hat er mir geholfen, mich auf seinen Heimgang vorzubereiten und zu erkennen, dass sein Tod weder sein Ende noch das Ende unserer Liebe füreinander bedeutete.

Ein Jahr später suchte ich ein Medium auf, und als ich den Raum betrat, sagte er: »Oh, da ist ja eine kleine schwarzweiße Katze bei Ihnen.«

Tief in meinem Herzen weiß ich, dass er immer bei mir ist und wir eines Tages wiedervereint sein werden. Ich danke Gott, dass ich mit Bennys Gegenwart gesegnet war, und ich werde ihn nie vergessen – meinen Liebling Benny.

Im folgenden Kapitel erzähle ich Ihnen, wie meine Reise mit Morgan weiterging. Es wird außerdem um die Frage gehen, wem die Entscheidung darüber zusteht, ein Leben zu beenden, um die ethische Dimension, die mit dem Einschläfernlassen eines Tiers verbunden ist, und darum, welche Unterschiede zwischen Mensch und Tier hinsichtlich des Lebensendes bestehen.

Morgan: Wann ist das Leben lebenswert?

»Das Leben kann so schön sein, wenn wir es nur zulassen.
Das Gute lässt sich selbst in unseren dunkelsten Momenten
noch erkennen, sogar in den allerdunkelsten Momenten.
Wenn ... wir uns erlauben, es zu sehen.«
Morgan

Nach seinem Schlaganfall erholte Morgan sich so gut, dass alles wieder ganz normal lief. Er hatte zwar nicht mehr ganz die alte Kraft, doch seine Freude am Leben und seine Lust am Herumrennen waren stark wie eh und je. War er müde, war sein Mangel an Energie nur für die erkennbar, die um seinen Zustand wussten. Doch die meiste Zeit war er das, was er immer gewesen war: ein liebenswerter Dickschädel.

Wenn Hunde in die Jahre kommen, dann plagt sie häufig da und dort ein Zipperlein, und Morgan machte da keine Ausnahme. Im Februar 2010 lief alles bestens – bis zu einem kalten Wintertag, als er zusammen mit ein paar Artgenossen fröhlich und ausgelassen über einen zugefrorenen Teich jagte und schlitterte. Auf dem Eis ging es ihm noch prächtig, doch als wir später wieder zu Hause waren, bemerkte ich, dass er zitterte. Man vergisst leicht, dass die Pfoten von Hunden auskühlen und dass ältere Tiere das nicht mehr so gut wegstecken wie junge: Morgan hatte sich infolge seines Eisvergnügens eine leichte Unterkühlung zugezogen.

Mit einer Unterkühlung ist bei Hunden nicht zu spaßen. In schweren Fällen kann sie Atmung, Herz und Kreislauf beeinträchtigen und sogar zu Bewusstlosigkeit führen. Unterkühlungen beim Hund sind unterschiedlich zu behandeln, je nachdem, ob es sich um eine leichte oder schwere Form handelt. Wird ein Tier mit starker Unterkühlung falsch wieder erwärmt, kann dies zu einem Erwärmungsschock und selbst zum Herzstillstand führen. Das Schlimmste, was Sie tun können, wenn Ihr Hund stark unterkühlt ist, ist, ihn in warmes Wasser zu legen oder warm abzuduschen. Es lohnt sich auf Fälle, sich hier kundig zu machen, da Sie nie wissen, wann Ihr Tier oder ein fremdes entsprechende Hilfe braucht.

Ein paar Tage nach diesem Zwischenfall saß ich mit Morgan und Texas allein zu Hause, als Morgan wie aus heiterem Himmel plötzlich anfing, zuerst an der Wohnzimmerwand und dann den Flur auf und ab zu laufen. Ich konnte mir nicht erklären, was mit ihm los war, und da er immer wilder hin und her schoss, trat ich ihm in den Weg und versuchte, ihn festzuhalten, doch er kämpfte sich frei und setzte seine wilde Jagd fort.

Da dies außerhalb der regulären Sprechzeiten passierte, hatte ich keine andere Wahl, als den Tiernotdienst anzurufen und mir einen Termin geben zu lassen. Ich fragte mich nur, wie ich ihn dorthin schaffen sollte, wenn er nicht einen Augenblick stillhielt. Da erwies sich einmal mehr Jenny als meine Retterin in größter Not. Gemeinsam gelang es uns irgendwie, Morgan auf den Rücksitz ihres Autos zu packen, wo ich versuchte, ihn so gut wie möglich festzuhalten, während sie uns zum Tierarzt fuhr – begleitet von Morgans lautstarkem Gebell, der es gar nicht mochte, im Auto festgehalten zu werden, und verzweifelt zu entkommen versuchte. Diese zehn Minuten waren die gefühlt längste Autofahrt unseres Lebens.

In der Praxis angelangt, sagte man mir, ich solle erst einmal Platz nehmen und warten. Ziemlich verwundert blickte ich die Sprechstundenhilfe an, die offensichtlich nicht verstanden hatte, dass Morgan nicht »mal eben im Wartezimmer sitzen« konnte. Also ging ich mit Morgan wieder hinaus vor die Tür, damit er die Hauptstraße rauf und runter laufen konnte, was er auch tat – eine Spur explosiver Entladungen von Durchfall hinter sich herziehend. Drinnen wartete in der Zwischenzeit Jenny, bis wir aufgerufen wurden, während meine sämtlichen Bemühungen, Morgan zu beruhigen, erfolglos blieben.

Endlich kamen wir dran, und ich betrat mit Morgan den klaustrophobisch engen Behandlungsraum. Die Tierärztin, die sich die Mühe sparte, uns zu grüßen, hielt Morgan als Erstes gleich mal für ein Weibchen. Ich bedauerte es lebhaft, mit ihm hierhergekommen zu sein. Ihr einziger Rat war, ich solle mit Morgan wieder nach Hause fahren und warten, bis er sich beruhigt hatte. Ich bestand jedoch darauf, dass sie ihm etwas zur Beruhigung gab. Schließlich dauerte dieser anormale Zustand schon über eine Stunde, und er war völlig mit seinen Kräften am Ende. Und so traten wir drei die äußerst beschwerliche Heimfahrt an.

Schließlich zeigte das Medikament Wirkung, und Morgan kam wieder ein bisschen zur Ruhe. Völlig erschöpft lag er platt auf dem Boden. Jo kam nach Hause, und wir holten die Gästematratze herunter, um es ihm bequemer zu machen. Wir zogen die Jalousien zu, um den Raum abzudunkeln, und als ich das Gefühl hatte, es passte, legte ich beruhigende Musik auf. In den folgenden Tagen gab ich Morgan Kristallheilung. Ich legte ein Oval aus Kristallen, und Morgan legte sich bereitwillig in die Mitte. So blieb er eine gute halbe Stunde liegen, während er allmählich einnickte und dabei die subtilen energetischen Schwingungen der Kristalle aufnahm. Ich verließ mich ganz auf mein inneres Gefühl, was gut für ihn wäre, und es hatte mich intuitiv gedrängt, ihm neben seiner normalen täglichen Pflege auch die Kristallheilung angedeihen zu lassen. Es sollte aber einige Tage dauern, bis er erste Anzeichen einer Genesung zeigte.

In gewisser Weise hätte man diese Episode für bedrohlicher halten können als den Schlaganfall, da Morgan körperlich sichtbar stärker litt und weder kommunizierte, wie er sich fühlte, noch, was er wollte. Er war so durcheinander im Hinblick auf das, was mit ihm vorging, dass man den Eindruck hatte, er sei überhaupt nicht anwesend. Doch diesmal hatte ich meine Emotionen besser im Griff. Wir hatten schon einmal eine Krise erlebt, und ich wusste, dass das hier noch nicht das Ende war. Morgan hatte gesagt, es würden uns noch zwei gemeinsame Jahre bleiben, und ich vertraute ihm. Ich blieb ruhig und stark und sah seiner Genesung guten Mutes entgegen.

In demselben Monat, als Morgan diesen Anfall hatte, saß er Modell für die *Daily Mail*. Man wollte dort einen Artikel über *Heart to Heart* veröffentlichen. Eventuell würde unser Bild sogar auf die Titelseite kommen. Morgan verstand, warum ich ihn bat, vor der Kamera zu posieren (was er so gar nicht mochte). Obwohl er sehr müde war und noch mitten in der Genesung steckte, spielte er brav mit, setzte und stellte sich mit mir dahin und dorthin und schaute aufs Stichwort in die Kamera, während Jenny mit einem Leckerli vor seiner Nase wedelte. Sechs Stunden später zog das Fototeam wieder ab. Morgan hatte kein einziges Mal gemurrt oder versucht, sich aus dem Staub zu machen. Er war einfach nur sehr nachsichtig und unglaublich geduldig gewesen. Ich wusste, wie sehr er sich an jenem Tag meinetwegen überwunden hatte. Selbst jetzt, Jahre später, bin ich noch immer gerührt, wenn ich daran denke, wie großzügig er mir und letztlich dem Erwachen der Menschheit an jenem Tag gedient hatte.

Im Laufe weniger Monate kam Morgan wieder zu Kräften und erlangte sein altes fröhliches Selbst zurück, schnüffelte und rannte in den öffentlichen Grünflächen herum und bewies lebhaftes Interesse an allem Fressbaren. Im Mai 2010 trat an einem seiner Vorderläufe eine Lähmung auf. Die Ursache war ein eingeklemmter Nerv, doch Akupunktur und Homöopathie bewirkten wahre Wunder, und die Lähmung verschwand wieder vollständig. Während dieser Zeit lernte ich von ihm sehr viel über den Wert von Geduld, Ausdauer und einer positiven Einstellung.

»Ich bin hier, um eine Aufgabe zu erfüllen«

Im November 2010 schafften es Fotos von Morgan sogar in die Abschlussausstellung des London College of Communication. Zhao Yiyi, Studentin der Fotografie, spürte in ihrer Abschlussarbeit mit dem Titel »Ich bin hier, um eine Aufgabe zu erfüllen« der Kommunikation zwischen Mensch und Tier nach. Mit einigen ihrer Bilder thematisierte sie bestimmte Botschaften von Morgan:

Frage: »Wer bist du? Warum bist du hier?«
Antwort: »Mein Name war und ist Liebe. Das ist es, was ich bin.«
Frage: »Was ist deine Botschaft an die Welt?«
Antwort: »Das Leben kann so schön sein, wenn wir es nur zulassen. Das Gute lässt sich selbst in unseren dunkelsten Momenten noch erkennen, sogar in den allerdunkelsten Momenten. Wenn … wir uns erlauben, es zu sehen.«
Frage: »Was ist der Sinn deines Lebens hier auf dieser Welt?«
Antwort: »Mein Lebenssinn ist es und ist es immer gewesen, Liebe zu geben.«
Frage: »Gibt es sonst noch etwas, was du den Menschen sagen möchtest?«
Antwort: »Das Leben ist schön.«
Frage: »Gibt es eine weitere Botschaft?«
Antwort: »Ich bin glücklich und dankbar.«

Als ich Texas um eine Stellungnahme zu dieser Ausstellung bat, zeigte er keinerlei Lust, sich zu äußern, und erst nachdem ich sanften Druck auf ihn ausgeübt hatte, stieß er ein schnelles Statement aus: »Alle roten Katzen sind schön. Wir sind die Meisterspezies. Würdigt unsere anmutige Präsenz in eurem Leben gebührend.« Und beendete es mit den Worten: »Und jetzt lass mich schlafen!«

Begleitend zu diesem Projekt gab es ein Buch. Auf der letzten Seite stand die Reproduktion einer handschriftlichen Notiz von mir:

Morgan sagte mir, wir seien stets miteinander verbunden und das, was den einen betreffe, gehe auch den anderen etwas an. Seine Botschaft und die Botschaft aller Tiere ist es, dass wir allen fühlenden Wesen mit Liebe und Achtung begegnen sollen.

So schön und angenehm wie möglich

Die kommenden Monate verliefen ganz normal – keine Schlag- oder anderen Anfälle, nur viele glückliche Momente und viel leckeres Fressen. Morgan lehrte bei einigen meiner Workshops und genoss es, sich mit den Teilnehmern in Inter-Spezies-Kommunikation zu üben. Doch die Zeit verstrich, und Morgan tat, was jedes lebende Wesen tut, wenn es älter wird: Statt zu rennen, ging er und wurde schneller müde.

17. April 2011

Da ich Morgan aus dem Tierheim habe, wissen wir nicht, wann er Geburtstag hat, doch wir haben beschlossen, ihn heute zu feiern. Er besteht darauf, dass seine menschlichen Freunde kommen müssen ebenso wie sein Golden-Retriever-Kumpel und dass es – und das ist das Wichtigste – viel »Menschenkuchen« gibt. Er ist ganz Herr der Lage und immer im Mittelpunkt des Geschehens. Er verzehrt sein Stück des Geburtstagskuchens, einer Biskuittorte, mit großem Genuss, holt sich mit leuchtenden Augen noch ein zweites Stück und

grinst dabei übers ganze Gesicht. Als alle Geburtstagsgäste
wieder fort sind, versinkt er erschöpft, aber durch und durch
zufrieden in Schlaf.

Ein Jahr nach seinem Anfall war Morgan schwächer und
manchmal desorientiert. Zwei Jahre waren nun seit seinem
Schlaganfall und seiner Voraussage vergangen, und mir war
bewusst, dass die Zeit unseres Zusammenseins bald abgelaufen sein würde. Das Tröstliche daran war, dass es zwei von
Glück erfüllte Jahre gewesen waren.

Morgan hatte schon seit Jahren seitlich an der Wirbelsäule eine Geschwulst gehabt. Sie störte ihn nicht weiter
und tat ihm auch nicht weh, aber mit der Zeit wurde sie
größer. Jo und ich nannten das Ding immer »die Warze«,
doch natürlich wussten wir, dass es eine Art Tumor war.
Mit seinen grob geschätzt siebzehn Jahren auf dem Buckel
und einer ausgeprägten Abneigung gegen Tierärzte machte
Morgan klar, dass er keine invasive medizinische Behandlung akzeptieren würde und dass es ihm auf die Lebensqualität ankam und nicht auf die Lebensdauer. Wir waren
einverstanden und entschieden uns gegen eine Untersuchung. Vielleicht war seine Warze eine bösartige Wuche-
rung, vielleicht auch nicht. Selbst wenn wir eine Biopsie
hätten machen lassen und diese positiv ausgefallen wäre,
hätten wir ihn niemals einer Chemotherapie oder einer
anderen Krebsbehandlung unterzogen. Wir waren uns
einig, dass sein Wunsch vorging, und konzentrierten uns
ganz auf das Hier und Jetzt.

Alles drehte sich nun darum, es Morgan so schön und
angenehm wie möglich zu machen.

21. Mai: »Wie geht es dir?«

Der heutige Tag ist zur Fortsetzung von letzter Nacht geworden. Morgan schläft immer wieder mal ein kurzes Weilchen, aber die meiste Zeit ist er ruhelos, trabt auf und ab und geht ständig im Kreis herum, bis ich ihn nehme und wieder auf sein Bett lege.

Ich spüre, dass es für sein ruheloses Herumstreifen zwei Ursachen gibt. Eine davon ist schlicht Senilität. Im vergangenen Jahr hatte es immer wieder Momente gegeben, in denen Morgan plötzlich verwirrt wirkte, erstarrte und nicht mehr wusste, was er tat. Er hat mir auch kommuniziert, dass er noch einmal zwei leichte Schlaganfälle hatte. Er kann seine linke Seite kaum noch kontrollieren, und im linken Hinterlauf hat er so gut wie kein Gefühl mehr. Das alles ist für ihn sehr entmutigend, doch trotz seiner physischen Handicaps ist er auf telepathischer Ebene immer noch sehr klar.

Ich weiß, wie schwer es ist, mit anzusehen, wie unsere Tiere mit Alter und Krankheit kämpfen. Wir möchten sie gern schützen und können den Gedanken nicht ertragen, dass sie leiden. Darum ist es hilfreich, sie selbst zu fragen, wie es ihnen geht, statt uns in Mutmaßungen zu ergehen, ob das Leben für sie vielleicht nur noch eine Last ist.

Also frage ich Morgan: »Wie geht es dir?«

»Ich bin zufrieden. Mehr gibt es nicht zu sagen.«

Ich vermute, dass dies der Punkt ist, auf den sich letztlich alles reduziert: Ist Ihr tierischer Gefährte noch zufrieden mit seinem Leben? Wenn Morgan zufrieden ist, dann wird er allen Einschränkungen und Frustrationen zum Trotz noch durchhalten wollen. Was zählt, ist, was er will, sein Wunsch, weiterzumachen und weiter am Leben teilzuhaben.

Nach dem Abendessen hebe ich ihn neben mich auf das Sofa, das ich bereits mit Decken und einer Vliesunterlage »warzendicht« gemacht habe. Die Geschwulst ist noch mal größer geworden und aufgebrochen. Seitdem tritt häufig Eiter aus. Manchmal stößt er damit irgendwo an, dann blutet das Ding sein weißes Fell voll. Ich vermute, dass ich mich nach so langer Zeit an den Geruch gewöhnt habe, doch ich kann mir vorstellen, dass meine Freunde das Ganze ziemlich unappetitlich finden. Sie sind zwar alle sehr höflich und sagen nichts, aber im Moment vermeiden wir es, Gäste einzuladen. Im Augenblick gibt es nur uns, die Familie, und uns behagt das so.

22. Mai

Im Radio läuft ein Song von Bob Marley, und der Text kommt zu mir herüber wie eine direkte Botschaft von Morgan: »Don't worry about a thing, 'cause every little thing is gonna be all right.« (»Mach dir nicht zu viele Sorge über jede Kleinigkeit, denn am Ende kommt das alles in Ordnung.«)

Nachdem ich ihn eine Viertelstunde lang voller Dankbarkeit gestreichelt und ihm heilende Energie übermittelt habe, beschließt Morgan, dass es für ihn jetzt Zeit ist, ins Bett zu gehen. Der Ablauf ist immer der gleiche. Ihm sein Betthupferl (frisches Huhn) geben, sein Bett nach oben tragen, Zimmer machen: Jalousien zuziehen, Wasserschüssel auffüllen, Deckenlicht ausschalten, gedämpftes Nachtlicht einschalten, Matten zum Schutz des Teppichbodens auslegen, Extrabettzeug für einen nächtlichen Bettzeugwechsel bereitlegen und Raumtemperatur überprüfen – nicht zu warm, aber auch nicht zu kalt. Bis ich mit allem fertig bin, hat Morgan auch

117

sein Huhn verputzt und wartet unten an der Treppe, bis ich komme und ihn hinauftrage.

Dabei kann ich mich noch gut an die Zeiten erinnern, wie er sich vehement dagegen sträubte, aufgenommen und gehalten zu werden. All die Jahre konnte er es absolut nicht leiden, wenn man ihm zu dicht auf den Pelz rückte. Er ließ sich höchstens mal von Jo oder mir kurz auf den Rücksitz unseres Autos helfen.

Sogar jetzt noch will er so schnell wie möglich wieder abgesetzt werden und geht lieber das letzte Stück des Treppenabsatzes auf seinen eigenen wackligen Beinen, als sich den ganzen Weg bis zum Schlafzimmer tragen zu lassen. Nachdem er ein paar schwankende Runden durch den Raum gedreht hat, darf ich ihn in sein Bett setzen und noch ein Weilchen an seiner Seite Platz nehmen.

Wenn ich gegangen bin, schaue ich nach fünf Minuten noch einmal nach, ob auch alles in Ordnung ist. Wenn er sich zum Fenster hin umgedreht und eingerollt hat, weiß ich, dass er sich zum Schlafen bereit gemacht hat – wie lange das auch sein mag. Als ich heute noch einmal nach ihm schaue, sehe ich, dass er sich mit seiner Wasserschüssel überworfen hat. Mit patschnassen Pfoten liegt er wie ein kleines Häufchen Elend auf dem Boden. Offensichtlich hat die Wasserschüssel gewonnen. Mit einem Handtuch reibe ich seine Beine trocken und lege ihn wieder in sein Bett. Ich bin noch nicht mal zur Tür draußen, da ist er schon eingeschlafen, völlig ermattet vom Zweikampf mit der Schüssel.

Pflege und Fürsorge sind Teil der Verantwortung und der bedingungslosen Liebe, die Tierhalter ihren tierischen Gefährten entgegenbringen, und zu unseren Aufgaben als

Tierhalter gehört auch, dass wir für unser Tier da sind, wenn es stirbt, ihm Unterstützung und Zuspruch geben und ihm das Leben so angenehm wie möglich machen.

»Halte ich dich fest?«

Wenn unsere Tiere sehr krank sind oder ihr Leben sich dem Ende zuneigt, können Freunde sich als sehr, sehr hilfreich erweisen. Doch manchmal sagen sie einem ungebeten auch genau all die falschen Sachen, die man in so einer Situation sagen kann. Sei es, dass sie uns drängen, unsere Tiere »gehen zu lassen«, oder meinen, wir würden »sie gegen ihren Willen festhalten«, sodass sie »nur unseretwegen blieben«. Hören Sie in solch einem Fall allein auf Ihre innere Stimme. Vertrauen Sie dem, was Ihr Tier Ihnen kommuniziert.

23. Mai

Ich schaue zu Morgan hinüber und warte, ob er etwas zu dem Thema sagen will, dass ich ihn gegen seinen Willen festhielte oder er nur meinetwillen noch bliebe.

»So ein Blödsinn«, kommt sein knurriger Kommentar.

Morgan ist ein liebevoller und großherziger Hund, doch er hat auch seinen eigenen Kopf. In meinem Innersten weiß ich, dass er gehen wird, wenn er dazu bereit ist, und nicht früher.

»Ich werde mich um dich kümmern«

Manche Menschen empfinden es als große Belastung, ein Wesen in seinem Sterbeprozess bis zuletzt zu begleiten. Bevor ich anfing, mit Tieren zu kommunizieren, hatte ich Angst, das Wort »Tod« bloß in den Mund zu nehmen, denn in meiner Vorstellung sah ich den Tod immer als absolutes Ende, als schwarzes Nichts, in dem das Leben vollständig erlischt. Das war ein hochgradig beängstigender Gedanke, doch die Tiere, mit denen ich kommuniziert habe, lehrten mich, das Ende unseres physischen Daseins mit anderen Augen zu sehen. Ich sehe den Tod jetzt als Wandlung der Seele. Als Augenblick, in dem wir unseren kranken, versehrten und verbrauchten Körper ablegen und unsere Seele sich bereit macht für eine neue Erfahrung, sei es, dass sie sich in physischer Gestalt erneut inkarniert, sei es, dass sie in ihrer energetischen, seelischen Gestalt verbleibt.

28. Mai: Pflege kann Schwerstarbeit sein

Heute war ein schlimmer Tag. Morgan war ständig unruhig, ist immer wieder hingefallen und kann nicht mehr allein trinken. Ich flöße ihm jetzt Wasser mit einer Spritze ein, was er nur widerwillig über sich ergehen lässt. Doch er vertilgt Unmengen von Huhn und weißem Fisch, was ein gutes Zeichen ist.

Um 20.00 Uhr legt er sich schließlich in sein Körbchen. Endlich eine kleine Verschnaufpause.

Jetzt ist es 21.00 Uhr, und Morgan versucht schon wieder, aus seinem Körbchen zu kommen. Er kann aber seine Beine nicht kontrollieren, schwankt nach rechts und fällt hin. Ich stehe auf und helfe ihm.

Ein bisschen später frisst er etwas Fisch in der Küche, kann sich aber nicht auf den Beinen halten. Ich helfe ihm auf und bemerke dabei, dass seine Warze meine Kleidung blutig macht. Auch an seinem Bein läuft eine rote breiige Masse hinunter und färbt seine weiße Pfote rot. Ich versuche, seine Blutung, die einfach nicht aufhören will, zu stoppen und ihn gleichzeitig zwischen meinen Beinen ruhigzuhalten. Warum ich versuche, ihn ruhigzuhalten? Weil er, völlig unbeeindruckt von allem, weiter versucht, seine Futterschüssel zu zerlegen.

Und eine andere Kleinigkeit macht uns zu schaffen: ein kleines Toilettenmalheur. Ich denke, Sie wissen, was ich meine, und kann mir weitere Erklärungen sparen. Morgan war immer ein sehr reinlicher Hund, ehe er senil wurde. Doch wenn man ein älteres Wesen pflegt, egal, ob Mensch oder Tier, dann hat man es auch mit dieser Seite der Körperlichkeit zu tun.

Heute Abend will ich von ihm wissen:»Bist du zufrieden?«

Er antwortet mir:»Nicht besonders.«

Morgen muss ich das noch einmal fragen. Er frisst vielleicht noch, aber es ist nicht zu übersehen, dass sein Lebensfunke allmählich schwächer wird.

Während ich ihn hinauf zu seinem Bett trage, sage ich zu ihm:»Ich werde mich um dich kümmern, solange du hierbleiben willst.«

Und das ist ein Versprechen, auch wenn es mir, wie ich zugeben muss, schwerfällt, es einzuhalten. Ich bin mittlerweile ziemlich erschöpft. Seit Monaten stehe ich jede Nacht mehrfach auf, um Morgan neben meinem Fulltimejob als Tierkommunikatorin und Workshopleiterin zu pflegen; das verlangt mir einiges ab.

29. Mai: Ein schlechtes Zeichen

Ich sage zu Jo:»Morgan hat heute nicht viel Energie. Wirklich wenig.« Er trinkt nicht und ist äußerst niedergeschlagen, wenn ich versuche, ihm Wasser ins Maul zu spritzen. Er kann das wie gesagt überhaupt nicht leiden.

Wenn man sich mit einem Tier so eng verbunden fühlt, ist es manchmal gut, um Hilfe zu bitten, und heute ist solch ein Tag. Ich will Gewissheit haben, wie es Morgan geht, und bitte daher ein paar Freunde, mit ihm zu kommunizieren, sage ihnen aber nichts über Morgans Zustand. Einer ruft mich zurück und sagt ohne Umschweife, Morgans Energieniveau sei sehr niedrig, was auch mein Eindruck ist. Und er sagt weiter, dass Morgan sich für seinen Aufstieg vorbereite. Doch während wir noch telefonieren, hebt Morgan seinen Kopf und sieht mich an.

»Ich lasse nicht los«, sagt er mir und fügt hinzu: »Warmes Wasser.«

Nachmittags um Viertel vor vier hat er sich sechs Spritzen warmes Wasser ins Maul geben lassen. Seine Warze hat wieder geblutet. Seine Nickerchen dauern höchstens noch zwanzig Minuten, dann dreht er sich wieder im Kreis. Doch nach den drei letzten Spritzen mit Wasser und einer weiteren Blutung liegt er jetzt mit einem Schimmer im Auge und einem kecken Grinsen im Gesicht in sein Bett geschmiegt. Es überrascht mich, wie schnell er sich immer wieder erholt.

Warmes Wasser – warum bin ich da nicht selbst drauf gekommen?

Es war ein schwerer Tag, doch ich halte mich an das, was Morgan mir gesagt hat: »Ich lasse nicht los.«

Außer der emotionalen Zuwendung wird alles Routine: die Wasserspritzen, das Saubermachen, das Herumtragen.

Der Schmerz, der mich bei dem Gedanken an den Verlust Morgans befällt, kommt daher, dass ich langsam die Wahrheit aus den Augen verliere: nämlich dass sein wunderbares Selbst, seine Seele, ja weiterlebt und nur diesen alten, betagten Körper abstreift. Dann rufe ich mir wieder ins Gedächtnis: Das Gefühl des Getrenntseins ist eine Täuschung. »Wir sind alle miteinander verbunden, zu allen Zeiten und über alle Entfernungen hinweg.«

30. Mai: »Ich will noch was«

Heute Morgen schafft Morgan eine Schüssel weißen Fisch mit ein bisschen Wasser, gefolgt von etwas Huhn. Dann verkündet er: »Ich will noch was!« – und verputzt zwei weitere Näpfe Huhn.

Heute gehe ich mal aus dem Haus, um seelisch ein wenig aufzutanken und wieder etwas Ordnung in meinen Kopf zu bekommen. Zu diesem Zweck tue ich etwas herrlich Alltägliches: Ich erledige den wöchentlichen Einkauf. Eigentlich stellt man sich ja unter einer Auszeit etwas anderes vor, doch alles, was als Verschnaufpause von der Pflege und der Sorge für ein altes oder krankes Tier dienen kann, ist gut, weil es unseren Blick geraderückt und unserem Herzen neue Kraft schenkt.

Vom Einkauf habe ich Morgan eine seiner alten Lieblingsspeisen mitgebracht: ein Eiercremetörtchen. Ich halte ihm ein Stückchen hin, er beschnuppert es. Und flutsch – weg ist es. Ich halte ihm noch ein Stück ihn, und er zögert gar nicht erst. Sogar Texas kommt angezuckelt und bettelt um ein Stück. Ich schlage Morgan vor, den restlichen Kuchen aus dem Napf zu fressen, und schon ist er auf den Beinen und folgt mir auf dem Fuß ins Frühstückszimmer. Plötzlich ist er wieder ganz der Alte: Gierig verschlingt er das Eiercremetörtchen und inspiziert anschließend noch mehrfach seinen Napf, ob er auch wirklich kein Krümelchen übersehen hat. Ich kann mich nur noch wundern, wie er da mit geraden Beinen und gestrecktem Kreuz über seiner Schüssel steht – aufrecht erhalten durch die magische Kraft eines Eiercremetörtchens!

Strebe danach, glücklich zu sein

Ich weiß, dass es nicht mehr lange dauern wird, bis Morgan zu dem Licht wird, das er ist. Ich frage ihn:»Möchtest du etwas sagen?«

»Das Leben dreht sich um Glück. Strebe danach, glücklich zu sein. Glück liegt mehr im Sein als im Tun.«

»Aber wir Menschen müssen nun mal arbeiten, damit wir unsere Rechnungen bezahlen können«, halte ich ihm entgegen.

»Sicher, das stimmt schon, aber du kannst das auf achtsame Weise tun. Viele Leute hetzen durch die Gegend und sind mit ihren Gedanken nicht bei dem, was sie gerade machen. Sie werden zu Robotern – sie leben für einen Zeitpunkt irgendwann in der Zukunft und nicht im gegenwärtigen Augenblick. Mehr wollte ich damit nicht sagen.«

»Können wir über den Tod sprechen?«, frage ich ihn.

»Von mir aus gern«, sagt Morgan.

Einen Augenblick lang herrscht Schweigen zwischen uns. Dann beginnt Morgan zu kommunizieren:»Der Tod ist der Moment, in dem das Leben neu beginnt. Der Tod ist nicht das Ende, für das er meist gehalten wird. Er ist so etwas wie eine Wachablösung, ein Rollenwechsel. Unsere Energie wird rein, wird wieder zu ihrer reinsten Form – sie kehrt zurück zu ihrem Ausgangspunkt.«

»Hast du Angst vor dem Tod?«

»Ach wo.«

»Hast du überhaupt vor etwas Angst?«

»Davor, ohne dich zu sein.«

Ich fühle, wie meine Kraft zerbröselt.

»Morgan, was ich empfinde, ist, dass zwischen uns eine starke seelische Verbindung besteht und dass es dir wie mir schwerfällt, die Anhaftung an den anderen aufzugeben. Und doch weiß ich, dass genau das jetzt passieren wird. Ich spüre, wie du mir allmählich entgleitest.«

Morgan erklärt mir: »Wenn du bereit bist zu sterben, dann bist du körperlich so verbraucht, dass deine Energie langsam zu streuen beginnt wie Licht. Dein Körper kehrt nach unten zurück, zum Erdelement, mit dem er verbunden ist, während dein Geist lernt, sich davon zu lösen. Ja, der Geist *lernt,* sich vom Körper zu lösen. Denn obwohl ich den Sterbeprozess schon viele Male erfahren habe, vergesse ich den Ablauf auf der Ebene der Seele immer wieder und muss ihn jedes Mal neu lernen. Manchmal fühlt sich dieser Vorgang ganz vertraut an, wie ein bequemes Gewand, und zu anderen Zeiten habe ich das Gefühl, als würde ich einsam und allein in tiefem Wasser treiben. Sterben ist ein Prozess, der sowohl die einschließt, die zurückbleiben, als auch jene, die durch ihn hindurchgehen. Alle Beteiligten müssen lernen loszulassen. Ich bin zwar bereit, diesen Körper loszulassen, nicht aber meine Vorliebe fürs Essen und mein Festhalten an der Liebe, die du mir schenkst. Diese irdischen Freuden halten mein Herz noch am Schlagen und verhindern, dass ich weiter sinke.«

31. Mai: Wann ist alles Leben gleich?

Das war ein schwieriger Tag heute. Wir hatten zweimal Besuch: einmal von unserer Zugehfrau, die uns im Augenblick im Haushalt hilft, und nur »Ach du lieber Gott!« sagt, sobald sie Morgan sieht. Und von einem Freund, der meint, im Falle eines Tiers wäre es leichter zu entscheiden, ob man Sterbehilfe leisten soll.

Doch wird man mit einer solchen Entscheidung auch wirklich dem Willen des Tiers gerecht?

Nicht so leicht ist es jedenfalls, mit anzusehen, wie Morgan von hellgelbem Durchfall geplagt wird, wie seine Warze blutet und ich die Blutung nicht stillen kann, und bei Tag und Nacht unzählige Male sein Bettzeug zu wechseln. Heute erkenne ich einmal mehr auf sehr eindringliche Weise, dass es viel Kraft kostet, ein Tier bis zum Schluss zu pflegen und seine Wünsche zu respektieren.

Für mich besteht da auch keinerlei Unterschied zur Pflege eines sterbenden Angehörigen. Warum ist die Vorstellung, ein Tier zu pflegen, nur so tabuisiert? Wer entscheidet, ob ein Leben beendet, dieses Tier eingeschläfert wird? Haben Tiere nicht das Recht, in die Entscheidung über die Beendigung ihres Daseins mit einbezogen zu werden?

Nehmen wir für einen Moment lang an, dass alles Leben gleich ist, welche Begründung gibt es dann dafür, die Beendigung des Lebens eines nichtmenschlichen Tiers anders handzuhaben als die eines menschlichen? Würden wir einen Menschen »einschläfern«, weil er Anzeichen von Altersschwäche zeigt oder Arthrose hat? Oder würden wir Menschen aussondern beziehungsweise beseitigen lassen, weil sie sich aggressiv verhalten oder ihr Unterhalt zu kostspielig wird? Wann also ist alles Leben wirklich gleich?

Morgan hat mich gelehrt, dass seine Meinung in diesen Dingen sehr wohl zählt. Dass er seinen Körper gut kennt und – was vielleicht noch weit bedeutender ist – auch die Kraft seines Willens. Er vermag zu kommunizieren, was er fühlt und ob etwas für ihn wichtig ist oder nicht. Stellen Sie sich eine Welt vor, in der wir, aus Achtung vor ihnen, unseren tierischen Gefährten die Möglichkeit geben, ihre Gefühle mitzuteilen und auch ihre Wünsche, wie sie sterben wollen. Wie würde die wohl aussehen?

Vorbereitungen

Zu der Zeit hatte ich bereits begonnen, Vorbereitungen für Morgans Tod zu treffen und mich nach Möglichkeiten für eine Einäscherung umzusehen. Ich bin nicht grundsätzlich gegen Erdbestattungen, doch Morgan wollte, dass seine Asche verstreut wird. Ich wollte einfach gerüstet sein, sobald es so weit war, um dann nicht in letzter Minute nach einem Tierkrematorium suchen zu müssen, wo man sowohl das tote Tier mit Würde behandelte als auch Mitgefühl für seinen Halter zeigte. Doch wo sollte ich eine solche Einrichtung finden?

Da traf es sich, dass mir eine Klientin von »Dignity« erzählte, einem Tierkrematorium in Hampshire, wohin sie auch ihren Hund gebracht hatte. Und wie der Zufall so spielt, hatten Jo, Morgan und ich bereits einen Ausflug geplant, der uns sozusagen direkt vor die Haustür führen würde. Also vereinbarten wir einen Besuch, um uns alles anzusehen.

Wir hatten in der Nähe von Glastonbury Urlaub in einem Cottage gemacht mit Decken, Handtüchern, Warze und allem Drum und Dran. Morgan hatte sich blendend amüsiert. Er spazierte auf der Weide hinter unserem Haus herum und schnupperte genussvoll den Geruch der anderen Tiere. Er marschierte sogar auf den Glastonbury Tor, einen bekannten Hügel in der Umgebung. Eines Morgens

127

beobachteten wir völlig überrascht, dass er wie aus heiterem Himmel wie wild herumzurennen anfing, dabei bis über beide Ohren lachte und seine Beine offensichtlich ganz genau das taten, was er wollte. Er schäumte nur so über vor Freude. Es steckte also noch allerhand Leben in unserem alten Vierbeiner.

Gemeinsam unternahmen wir einen Rundgang über das Gelände von »Dignity«. Weit davon entfernt, uns unglücklich zu fühlen, schien es uns im Gegenteil sogar ein guter Moment zu sein, sich von einem Ort wie diesem ein Bild zu machen. Jo und ich hatten kein Problem damit, doch wir wollten wissen, was Morgan davon hielt. Warum sollte er in dieser Angelegenheit nicht ein Wort mitzureden haben? »Ja, das hier«, war seine Antwort, und damit war die Sache beschlossen. Dieses Krematorium sollte es sein.

Wir überlegten auch, ob es in seinem Fall überhaupt angemessen war, ihn einschläfern zu lassen. Mir persönlich wäre es zwar lieber gewesen, wenn Morgan seinen Übergang ohne Hilfe vollzogen hätte, doch mir war bewusst, dass dies nicht immer möglich war. Mir war sehr wohl klar, dass ein »natürlicher« Tod nicht immer einen friedlichen Tod bedeutete.

Ich bin der Ansicht, dass unter bestimmten Umständen, dann nämlich, wenn das Tier den richtigen Zeitpunkt für gekommen hält, nichts gegen »Euthanasie« spricht. Das Wort »Euthanasie« selbst kommt aus dem Griechischen und bedeutet so viel wie »guter Tod«. Der Sonderausschuss des British House of Lords zur Medizinethik definiert Sterbehilfe als »bewussten Eingriff, der in der ausdrücklichen Absicht, ein Leben zu beenden, unternommen wird, um eine unerträgliche, nicht mehr therapierbare Leidenssituation zu beenden«. In den Niederlanden wird die Sterbehilfe durch das 2001 erlassene »Gesetz zur Kontrolle der Lebensbeendigung auf Verlangen und Hilfe bei der Selbsttötung« geregelt. Damit Sterbehilfe gewährt wird, müssen mehrere Prüfkriterien erfüllt sein. So muss der Arzt vollkommen überzeugt sein, dass der Patient diesen Wunsch freiwillig und nach reiflicher Überlegung äußert. In Deutschland ist eine passive beziehungsweise indirekte Sterbehilfe legal, wenn eine Willensäußerung des Betroffenen oder gültige Patientenverfügung vorliegt. Das Wort »Euthanasie« selbst wurde erstmals gebraucht im 17. Jahrhundert von dem englischen Philosophen Francis Bacon. Er bezog sich damit auf die Verantwortung des Arztes, das physische Leid, das der Körper empfindet, zu lindern, um dem Sterbenden einen leichten, schmerzfreien und sanften Tod zu ermöglichen. Wie auch immer, der entscheidende Punkt hierbei ist, dass *unerträgliches physisches Leid, das auf keinerlei Therapie mehr anspricht, auf Verlangen des Patienten beendet wird* – wobei der Patient in unserem Fall ein Tier ist.

Das Thema Sterbehilfe wirft vielfältige ethische Fragen auf, die in den religiösen Überzeugungen des Einzelnen gründen. Ich sehe all diese Fragen mittlerweile unter den folgenden Gesichtspunkten: Wird durch das Gewähren von Sterbehilfe Leid gelindert? Ist es der richtige Zeitpunkt aus Sicht des Tiers? Was sind meine wahren Motive: Geht es mir nicht bloß um *meine* Bequemlichkeit oder darum, Tierarztkosten zu sparen? Dient es dem Besten des Tiers, das Sterbehilfe bekommen soll? Hat das Tier einen entsprechenden Wunsch nach Sterbehilfe mitgeteilt? Tiere können uns dies sowohl auf telepathischem Wege wie auch durch einen Blick oder durch Körpersprache mitteilen. In vielen Fällen *weiß* der Tierhalter es auch einfach.

Ich glaube ferner, dass es – sofern die zeitlichen Umstände es zulassen – hilfreich ist, die Seele auf den Übergang vorzubereiten, bevor der Tod durch Sterbehilfe herbeigeführt wird. Wir können die Seele des Tiers mit einer kleinen Zeremonie, einigen gütigen Worten, Kerzen, Musik, Gedichten ehren oder mit allem, was uns in den Sinn kommt. Dingen, die unsere Wertschätzung ausdrücken und das Leben unseres Tiers ehrt. Ich weiß leider nur zu gut, dass dazu nicht immer Gelegenheit ist. Doch selbst wenn Sie Ihr Tier ganz plötzlich, zum Beispiel durch einen Unfall, verloren haben, können Sie noch im Nachhinein eine solche Zeremonie abhalten, denn ich persönlich glaube, dass es niemals zu spät ist, die Seelenessenz eines Tiers zu würdigen.

Was mich am meisten beschäftigt, ist die Frage, wie wir zur Fürsorge für nichtmenschliche Tiere im Vergleich zur Sorge und Pflege für menschliche Tiere stehen. Würden wir unsere Großmutter einschläfern lassen, weil uns das Pflegeheim zu teuer ist? Würden wir im Hinblick auf den Aufwand an Kraft und Zeit, den die Pflege eines kranken Elternteils erfordert, es ablehnen, uns um ihn zu kümmern, weil wir dafür unseren gewohnten Lebensstil aufgeben müssen oder wir einen Urlaub gebucht haben? Wenn unser Kind einen Arm oder ein Bein verliert, würden wir es da von »seinem Elend erlösen«, weil ein einbeiniges Kind Arbeit macht, keinen schönen Anblick bietet oder nicht mehr das ist, was wir uns vorgestellt haben? Aus meiner Sicht müssen wir bei allen Entscheidungen, welche die Pflege von Tieren und die Frage betreffen, wie wir ihr Leiden am besten erleichtern, sehr ehrlich und sehr bewusst sein. Und wir müssen uns so unangenehmen Fragen stellen wie: »Begegne ich dem Tier wirklich mit derselben Fürsorglichkeit und Rücksichtnahme, die ich einem Menschen entgegenbringen würde?«

Ich habe mich dafür entschieden, Morgan vierundzwanzig Stunden am Tag und sieben Tage in der Woche zu pflegen, weil ich ihn liebte und er das Leben liebte und noch ein Stück davon haben wollte. Als gleichberechtigtes fühlendes Wesen, das meiner Fürsorge anvertraut war, war dies das Mindeste, was ich ihm schuldig war.

Vielleicht sagen Sie ja: »Solche Dinge wie Sterbehilfe, Erd- oder Feuerbestattung haben doch wohl kaum Bedeutung für ein Tier!«, aber viele Tiere haben zu diesen Fragen durchaus eigene Ansichten. Freilich kann man nicht alle Tiere über einen Kamm scheren, denn jedes ist einzigartig. Manche sind eigenwillig, andere wollen das machen, was leichter für ihr Herrchen oder Frauchen ist.

Vielleicht wollen Sie sich nicht vor der Zeit mit den praktischen Notwendigkeiten auseinandersetzen, die sich aus dem Tod Ihres Tiers ergeben. Das ist Ihre Entscheidung, und sie ist so in Ordnung. Alles, was ich aus meiner Sicht dazu sagen kann, ist: Ich wollte mich um diese ganzen praktischen und notwendigen Dinge nicht gerade in der Zeit kümmern, wenn ich Morgan würde loslassen müssen. Dann wollte ich ihm wirklich meine ungeteilte Aufmerksamkeit widmen.

Im nächsten Kapitel werden Sie von der Katze Greecia erfahren und von ihrer Antwort auf die Fragen: »Möchtest du den Übergang vollziehen?« Und: »Möchtest du Sterbehilfe bekommen oder ohne sie gehen?«

Greecia,
die griechische Göttin

»Niemand will Schmerzen haben, meine Liebe.«
Greecia

Wie so viele Katzen wusste Greecia genau, was sie wollte. Mit erstaunlicher Detailgenauigkeit beschrieb sie, wie sie ihre letzten Tage verbringen wollte, und gab genaue Anweisungen, was mit ihrer Asche zu geschehen hatte. Greecia war vollkommen klar, wie krank sie war und wie viel sie sich noch abverlangen konnte, ehe es Zeit für sie sein würde, um loszulassen. Und sie machte unmissverständlich klar, wie dieser Moment sich gestalten sollte.

Als ich Greecias Foto ausdruckte, war ich sofort beeindruckt von dem strengen, gebieterischen Gesicht dieser weiß getigerten Katze mit dem listigen Grinsen. Ja, sie hatte definitiv ein listiges Grinsen. Mit einer Katze wie Greecia hatte ich noch nie zu tun gehabt. Nase, Brust und Beine waren weiß, ansonsten zogen sich zarte Streifen braun wie Sattelleder durch das dichte rabenschwarze Fell. In der Mythologie der Griechen ist Schwarz die Farbe der Unterwelt. Auch in der Kunst der alten Griechen spielt die Farbe Schwarz eine wichtige Rolle, und hier bei Greecia gab das einen großartigen Effekt. Doch diese Katze ließ auch eine ungewöhnliche Intensität spüren. Ihre grünen Augen signalisierten deutlich, dass es bei ihr klare Grenzen gab, die man besser nicht überschritt. Sie hatte fast etwas Amazonenhaftes an sich.

Greecia – auch bekannt als »Gree«, »Gree-Gree«, »Greecia Gherkin« und »die Greekatze« – hatte diesen Namen bekommen, weil ihr Frauchen Jean der Ansicht war, dass eine so schöne Katze auch einen schönen Namen haben müsse. Eigentlich hieß sie zuerst ja »Greethia«, doch wurde daraus recht bald »Greecia«.

Eine Freundin hatte Jean gefragt, ob sie nicht vielleicht ein Kätzchen haben wolle. Ein Bauer, den sie kenne, suche für den zahlreichen Nachwuchs seiner Katze ein Zuhause. Sie fuhr hin. In der Küche des Bauernhofes trieben sich drei kleine Kätzchen herum, und als ihr Blick auf Greecia fiel, schloss sie diese sofort ins Herz und nahm sie schnurstracks mit nach Hause.

Als ich mich mit Greecias Energie verband, war ich nicht im Mindesten überrascht, einen starken Charakter zu spüren, der es nicht leiden konnte, wenn man irgendwelche Spielchen mit ihm trieb. Greecia hatte ihre Krallen ausgefahren. Trotzdem zeigte sie mir, dass sie viel schläft und hin und wieder versucht, kleine Happen frischen Huhns zu fressen. Ich fühlte, wie ihr Herz raste und wie gebrechlich sie war. Ich konnte spüren, dass sie an Gewicht verloren hatte und nun sehr mager und schwach war. Sie sagte, dass sie gern Trockenfutter mochte, aber jetzt Probleme mit den Zähnen hätte. Und sie übermittelte mir ein Bild, wie sie nah an einem Heizkörper schlief, worauf ich spürte, dass sie Nierenprobleme hatte – energetisch fühlte es sich für mich an wie Nierenversagen.

Offensichtlich musste ich bei meiner Kommunikation mit Greecia den gebührenden respektvollen Ton getroffen haben, denn sie legte ihre abwehrende Haltung ab und ließ mich fühlen, wie lieb sie mit Jean war, ihr um die Beine strich, wenn es Zeit für ihr Futter war, und wie sie kam, wenn Jean sie rief. Hinter dem abwehrenden Äußeren steckte eine sanfte, liebe Katze mit einem warmen Herzen. Greecia liebte ihr Frauchen und war ihr innig zugetan.

Ich schickte diese ersten Impressionen per Mail an Jean, und sie schrieb darauf zurück:

Greecia sieht ziemlich mager aus und frisst kaum etwas. Sie hat schon immer Schwierigkeiten mit den Zähnen gehabt. Einige Zähne mussten ihr bereits gezogen werden. Ihre Zahnprobleme kosten mich jedes Jahr ein kleines Vermögen beim Tierarzt. Mein Freund Gus und ich haben sie schon zum Tierarzt zur Untersuchung gebracht, weil ich befürchtete, sie könnte etwas mit den Nieren haben. Ich habe immer auf Tiddly, die Katze meiner Mutter, aufgepasst. Das war ein ziemlicher großer roter Kater, der auch Nierenprobleme hatte.

Der Tierarzt nahm Greecia Blut ab, war aber nicht sehr optimistisch, was die Ergebnisse anging. Der Bluttest hat dann bestätigt, dass sie an Nierenversagen leidet. Sie leidet auch an einer Schilddrüsenüberfunktion, daher das Herzrasen. Außerdem ist ihr Kaliumspiegel sehr niedrig. Ich fühle mich am Boden zerstört. Ich habe sehr schwierige Zeiten hinter mir, und Greecia war in all dem Auf und Ab immer mein Fixpunkt gewesen. Sie reibt ihren

Kopf immer an meinem Gesicht und springt mir auf den Schoß, sobald ich mich hinsetze. Ich hänge mit ganzem Herzen an ihr. Gree und ich, wir sind ein Team. Sie ist einfach alles für mich.

Jean hatte immer nur die sanfte, nette Seite von Greecia gesehen. Greecia als eine starke Katze mit »Haaren auf den Zähnen« war ein Zug, den Jean an ihr nicht wahrgenommen hatte. Dies ist nicht unüblich, da Tiere manchmal ihrem Herrchen oder Frauchen nur eine Seite ihres Wesens eröffnen. Für Greecia hatte einfach nie die Notwendigkeit bestanden, Jean zu zeigen, dass sie ihre Grenzen verletzte, weil das bei Jean schlicht nicht vorkam.

»Meine Mutter mochte Tiere sehr gern, und oft fanden streunende Katzen den Weg zu unserer Tür«, erzählte Jean mir. »Sie hat mich gelehrt, dass Tiere Wesen sind, die fühlen und ihre Vorlieben und Abneigungen haben, und dass ich ihre Grenzen respektieren solle.«

Weil Jean so schnell wie möglich Genaueres über Greecia wissen wollte, gab ich ihr den ersten freien Termin für eine telefonische Beratung.

Jeans erste Frage betraf das Kaliumpräparat, das sie Greecia gab: »Sie verabscheut Tabletten, und es tut mir jedes Mal in der Seele weh, ihr die Tabletten mit Gewalt in den Hals stopfen zu müssen, aber sie scheinen ihr zu helfen, sodass sie wenigstens ein bisschen frisst. Ich bin ganz hin und her gerissen, weil ich nicht weiß, was nun besser für sie ist.«

»Greecia sagt, sie täten ihrem Magen gut«, erklärte ich ihr.

Dann kamen wir zur entscheidenden Frage: »Ist es Zeit für sie, den Übergang zu vollziehen, und ist sie bereit zu gehen?«

Worauf Greecia antwortete:»Nein, noch nicht, aber bald ist es so weit. Lass mir bitte noch ein paar Tage.«

So schonend wie möglich sagte ich Jean, dass ich bereits zwei Tage vor diesem Telefonat mit Greecia kommuniziert hätte und alles darauf hindeute, dass die»paar Tage« so gut wie vorüber seien. Jean hatte instinktiv dasselbe gefühlt und bereits für den kommenden Vormittag einen Termin mit dem Tierarzt vereinbart.

»Ich möchte, dass sie weiß, wie wichtig sie immer für mich gewesen ist und wie sehr ich ihre bedingungslose Liebe schätze«, konnte Jean noch hervorstoßen, bevor sie in hemmungsloses Schluchzen ausbrach.

Ich ließ Jean Zeit, sagte ihr, dass ich ihre Gefühle nachvollziehen könne, während ihr Schmerz über den bevorstehenden Verlust Stück für Stück zum Vorschein kam. Sie erfuhr in diesem Augenblick bereits das, was als Vortrauer bezeichnet wird, ein echter Schmerz, der die Verlusterfahrung antizipiert.

Ich wartete Greecias Antwort ab und wiederholte sie dann behutsam:»Greecia liebt Sie über alles, und diese Liebe wird niemals enden. Sie möchte Sie das wissen lassen und Ihnen zu verstehen geben, dass Sie immer die Hauptperson für sie gewesen sind. Und sie sagt, dass sie sich mit Ihnen immer, wirklich immer, sehr wohlgefühlt hat.«

»Ich kann einfach nicht glauben, dass ich nach achtzehn gemeinsam verbrachten Jahren plötzlich ohne meine Gree sein soll«, sagte Jean.»Ich weiß jetzt schon, dass dieser Schmerz furchtbar und kaum zu ertragen sein wird. Zwischen Greecia und mir besteht ein ganz besonderes Band, und ich weiß, dass ihre Verbindung zu mir so stark ist wie meine zu ihr. Bitte sagen Sie ihr, wie leid es mir tut, ihr Tab-

136

letten und Futter geben zu müssen, obwohl sie es gar nicht mag, doch ich versuche, mein Bestes zu tun, so gut ich es eben verstehe. Es bricht mir das Herz, wenn ich sie so abgemagert und müde vor mir sehe. Sie geht immer zu ihrem Futternapf, aber sie bringt einfach nichts runter. Es ist qualvoll für uns, das mit anzusehen, und wir versuchen alles, um ihren Appetit anzuregen. Ich glaube, ein Teil von mir denkt, dass sie wieder zu Kräften käme, wenn wir sie dazu brächten, etwas zu fressen, und dass wir dann noch ein wenig Zeit miteinander verbringen könnten. Gibt es denn irgendetwas, was sie gern fressen würde?«

»Überhaupt nichts, wirklich. Immer wenn ich etwas fresse, wird mir schlecht«, gab Greecia zur Antwort.

In manchen Fällen stellen Tiere die Nahrungsaufnahme ein und verweigern auch alle Medikamente, wenn sie damit beginnen wollen, sich von ihrem Körper zu lösen. Das trifft allerdings nicht für alle Tiere zu, manche sind bis zum Schluss keine Kostverächter. Gerade Hunde tun sich gern noch einmal an einer letzten Mahlzeit gütlich, ehe sie aus dieser Welt scheiden. An dieser Stelle sei aber noch einmal daran erinnert, dass manche Tiere auch deswegen nichts mehr fressen, weil sie Schmerzen haben. Erhalten sie ein geeignetes Schmerzmittel, kehrt auch der Appetit zurück.

Als Nächstes schickte Greecia eine Reihe von mentalen Bildern. »Sie zeigt mir, wie sie zu Hause auf einem blauen Kissen liegt, das Kissen liegt nicht auf dem Boden. Ich glaube, sie zeigt mir, wie sie hinübergehen will«, sagte ich.

Dann zeigte mir Greecia, wie sie zu Hause friedlich einschlief und eine Frau mit dunklem Bubikopf ihr dabei half. Jean gab dazu die folgende Bestätigung:

Mein Plan war, mir mein marineblaues Kissen auf den Schoß zu legen, damit sie dort liegen kann, während sie Sterbehilfe bekommt. Insofern stimmt es genau mit dem überein, was ich geplant hatte. Allerdings mit einer Ausnahme: Ich wollte mit ihr eigentlich in die Tierarztpraxis, aber nachdem ich jetzt ihre Wünsche kenne, werde ich das anders machen.

Das ist mir auch besonders wichtig, vor allem wegen meiner Mutter und ihrem Kater Tiddly. Ich habe meiner Mutter auf dem Totenbett versprochen, dass ich mich um Tiddly kümmern würde. Fünf Jahre lebte er noch bei mir in bester Gesundheit, bevor sein Zustand sich aufgrund von Nierenproblemen drastisch verschlechterte. Der Tierarzt teilte mir mit, dass Tiddly furchtbare Schmerzen hätte und man ihn einschläfern müsse. Ich musste ihn über Nacht in der Tierarztpraxis lassen. Das war ausgerechnet die Bonfire Night, und ich wusste, wie sehr Tiddly Feuerwerke fürchtete. Ich lag im Bett, horchte auf das Explodieren der Feuerwerkskörper, und wusste, dass er dort in einen Käfig eingesperrt war und wohl schreckliche Angst hatte. Ich habe in dieser Nacht kein Auge zugetan.

Am nächsten Morgen ging ich zu ihm. Dort lag er in einem Käfig und hing am Tropf. Er miaute und versuchte, aufzustehen und in meine Arme zu schlüpfen. Ich war erschüttert. Der Tierarzt war total überrascht. Er meinte, so viel habe Tiddly sich nicht bewegt, seit ich ihn gebracht hätte.

Ich sagte ihm Lebewohl und was für ein guter Freund er gewesen sei, dann kam der Tierarzt herein, um ihn einzuschläfern. Das war das Schrecklichste, was ich jemals erlebt habe. Tiddly schrie, als man ihm die Lösung injizierte. Ein

138

qualerfüllter Blick, und dann war er tot. Ich wusste, dass er Schmerzen hatte, und hatte ihn deswegen nicht transportieren wollen. Doch plagten mich schreckliche Schuldgefühle, weil ich nicht darum gebeten hatte, dass man ihm die Schläuche entfernt, damit ich ihn auf dem Schoß halten kann. Er war mein treuer Freund und die Freude meines Lebens gewesen, aber ich hatte ihn in einem Moment im Stich gelassen, in dem er mich brauchte. Dieses Gefühl der Schuld trage ich nach Jahren noch mit mir herum. Darum soll für Greecias Übergang alles vorbereitet sein, und ich möchte bei ihrer letzten Reise an ihrer Seite sein.

Wir setzten die Kommunikation fort mit Jeans Botschaft für Greecia: »Bitte sagen Sie ihr, dass ich im Laufe der Jahre einige Fehler gemacht habe und dass mir das sehr leidtut.«

Dies ist eine Botschaft, die nicht wenige fürsorgliche Tierhalter ihren Tieren schicken wollen, und jedes Mal sagt mir mein Gefühl, dass es richtig ist, das zu tun. Tiere vergeben höchst bereitwillig, doch hören sie es auch gern, wenn wir uns entschuldigen. Als ich Morgan nach dem Grund dafür fragte, erklärte er mir: »Weil es hilft, das Herz des Tierhalters zu heilen.«

Greecias einfache Antwort für Jean lautete: »Es gibt nichts zu vergeben, nichts, weswegen du dir Sorgen machen müsstest. Ich habe dich sehr gern.«

»Bitte sagen Sie ihr, dass es mir leidtut, den roten Kater in ihr Revier gelassen zu haben; aber ich hatte das Gefühl, mich um ihn kümmern zu müssen.«

»Ja, es wäre mir lieber gewesen, er wäre nicht da gewesen. Das Revier allein. Dich allein. Für mich. Doch ich habe ihn toleriert«, sagte sie unverblümt, aber ohne jede Bösartigkeit.

»Ja, das hat sie«, sagte Jean. »Sie hat ihn toleriert. Tiddly war ein imposanter Charakter, und er hat in meinem Herzen durchaus seinen Platz eingenommen. Einen Platz, der zuvor Greecia allein gehörte. Sie war nicht erbaut über seine Ankunft und fuhr jedes Mal wütend die Krallen aus, wenn er an ihr vorbeispazierte, meist ganz selbstvergessen. Ich wusste, dass sie unglücklich war mit dieser Situation, und es tut mir leid. Was kann ich tun, um ihr zu helfen und sie glücklich zu machen?«

Die griechische Kriegsgöttin gab zur Antwort: »Du musst mich viel streicheln. Ganz weiche, zarte, sanfte Berührungen.« Dann schickte sie mir von Glück erfüllt Bilder, wie sie auf den Kopf geküsst wurde.

»Greecia ist so gebrechlich, darum habe ich sie nicht mehr geknuddelt und am Kinn gekrault, sondern gebe ihr jedes Mal, wenn ich an ihr vorbeigehe, einen sanften Kuss auf den Kopf und sage ihr, wie gern ich sie habe«, erzählte Jean. Dann fragte Jean direkt nach: »Möchte sie Sterbehilfe bekommen?«

Greecia antwortete sanft: »Ja. Niemand will Schmerzen haben, meine Liebe. Aber jetzt noch nicht.«

Tiere antworten auf diese Frage oft mit »Jetzt noch nicht«, vor allem, wenn sie ihren Haltern sagen wollen: »Nicht sofort.«

»Ich hatte mir vorgestellt, Greecias Asche zusammen mit der meiner Mutter und der von Tiddly zu verstreuen«, fuhr Jean fort. »Für mich ist das so, als würde sie sich in die Arme meiner Mutter begeben. Andererseits habe ich gewisse Bedenken deswegen, weil die beiden Katzen sich nicht besonders gut verstanden haben. Hat Greecia einen bestimmten Wunsch, wo ich ihre Asche verstreuen soll?

Und darf ich ihre Asche mit der von Tiddly zusammen verstreuen?«

»Nein, nicht mit ihm«, empörte sich Greecia sofort.

Sie beendete die Kommunikation mit dem Bild eines schmal gewachsenen Baumes, dessen Äste Blätter trugen. Das Seltsame daran war, dass seine Äste nicht waagrecht vom Stamm abgingen und sich dann nach oben verzweigten, sondern sich nach oben reckten wie die Speichen eines umgedrehten Regenschirms. Ich hatte den Eindruck, es handle sich um einen Obstbaum, Birne womöglich.

Greecia zeigte mir den Baum, der in der linken Hälfte eines Gartens stand, und fügte dann noch ausdrücklich hinzu:»Nach links.« Dann zeigte sie mir, wie sie auf der rechten Seite des Baumes schlief, und beendete unsere Kommunikation mit den Worten:»Mach dir keine Sorgen, meine Liebe.«

In jener Nacht schlief Jean auf einer Luftmatratze im Wohnzimmer, um Greecia in ihrer letzten Nacht möglichst nahe sein zu können.

Am Morgen kam ihre Tierärztin, begleitet von einer Assistentin mit Bubikopffrisur, ganz wie Greecia sie beschrieben hatte.

Jean saß auf einem Stuhl vor den französischen Fenstern, die auf den Garten hinausgingen. Greecia lag auf dem blauen Kissen in ihrem Schoß.

»Greecia wollte von meinem Schoß springen, doch die Assistentin hielt sie sanft, aber entschlossen fest. In diesem Augenblick schien sie einfach loszulassen, als wüsste sie, dass es Zeit ist.«

Von ihrem Stuhl aus konnten Jean und Greecia hinaus in den Garten schauen, während Greecia ihren Übergang vollzog und sanft losließ, wie sie es gewollt hatte. Jean schrieb mir später, um mir die Einzelheiten zu berichten:

Nachdem Greecia verschieden war, richtete sich ihr Körper mit einem Seufzen auf. Bestürzt sah ich die Tierärztin an. Sie erklärte mir, dass so etwas manchmal vorkommen kann, doch Greecia sei bereits tot. Sie schnitt noch zwei Strähnen von ihrem Fell ab, sodass meine Nichte und ich etwas von ihr als Andenken behalten konnten.

Wir legten Greecia in eine Schachtel. Sie lag immer noch eingerollt auf ihrem Kissen, als würde sie schlafen. Mein Partner und ich hielten uns schluchzend im Arm. Wir streichelten sie abwechselnd ein letztes Mal und sagten ihr, wie sehr wir sie geliebt hätten. Während mein Partner uns zu einem Tierkrematorium hinaus aufs Land fuhr, hielt ich die Schachtel wie ein kostbares Gut auf meinem Schoß.

Ich muss gestehen, dass die Wahl auf dieses Krematorium aus Preisgründen fiel, da ich momentan arbeitslos bin. Erst als wir die gewundene Landstraße entlangfuhren, fiel mir plötzlich wieder ein, dass der Bauernhof, von dem ich Greecia geholt hatte, genau in dieser Gegend lag. Ich sagte zu meinem Partner: »Es ist fast so, als würde ich sie wieder heimbringen.«

Ein paar Wochen später fuhren wir zum Haus meiner Schwester, um Greecias Asche unter dem Baum zu verstreuen. Meine Schwester hatte Greecia zu sich genommen, während ich in London studiert hatte. Greecia mochte es, meiner Schwester um die Beine zu streichen, während sie die Wäsche aufhängte, im Garten in der Sonne zu liegen und von meiner Nichte und meinem Neffen gebürstet zu werden.

Es war ein sonniger Tag. Alle Mitglieder meiner Familie, die sozusagen Greecias Großfamilie war, verstreuten etwas von Greecias Asche. Dann standen wir schweigend da und gedachten Greecias, der klügsten aller Katzen.

Eines Morgens ein paar Wochen nach ihrem Tod – ich weiß, das, was ich jetzt sage, hört sich komisch an, doch meine sämtlichen Gedanken waren mit Greecia beschäftigt – sah ich plötzlich ihr Bild vor mir, und sie war jung und strahlend schön. Sie saß einfach nur da und schaute mich an. Das war kein Traum, und ich war mit Sicherheit absolut wach, als das geschah. Ich bin mir sicher, sie wollte mir einfach ein Zeichen ihrer Präsenz geben.

Einen Monat nach Greecias Übergang bat ich sie, mir ein Schnurrhaar zu schicken. Ich brauchte einfach ein Zeichen, dass es ihr jetzt gutging. Ein wenig später fotografierte ich ein paar Sachen, die ich bei eBay reinstellen wollte. Als ich mich bückte, um das nächste Objekt auf dem schwarzen Fußboden für die Aufnahme zu arrangieren, war ich wie vom Donner gerührt, als ich dort plötzlich ein langes weißes Schnurrhaar liegen sah. Ich wusste, dass es nicht von Tiddly stammen konnte, denn er war gestorben, als ich noch in London lebte. Seit Greecias Tod war in dem Raum, in dem ich die Fotos machte, schon mehrfach staubgesaugt worden. Ich spürte, dass dies das Zeichen war, um das ich gebeten hatte. Greecia sagte mir auf diese Weise: »Hallo.«

Jean berichtete weiter, die Kommunikation mit Greecia habe ihr inneren Frieden gegeben:

Ich weiß, dass ich mich falsch verhalten habe, als meine vorherige Katze eingeschläfert wurde, und ich war deswe-

143

gen monatelang völlig fertig. Greecia dagegen ging friedlich und war bereit dazu. Ich hatte das Gefühl, ihre Wünsche voll und ganz erfüllt zu haben, und das war ein großer Trost für mich.

Ich hätte die Tierärztin nicht zu uns gebeten, wenn Greecia es nicht gewollt hätte. Auch ihre Beschreibung des Baums war sehr wichtig. Ich glaubte zuerst, es wäre ein Baum in meinem Garten, doch als ich meiner Schwester eine SMS schickte, sandte sie mir ein Foto zurück, dessen Motiv genau Grees Beschreibung entsprach. Der Baum steht in der linken Hälfte ihres Gartens und neigt sich sogar nach links.

Es ist ein Zwetschgenbaum mit einem schmalen Stamm, und seine Äste sehen aus wie die Speichen eines umgedrehten Schirms, genau wie sie gesagt hat. Greecia mochte es, dort in der Sonne zu liegen, und sie mochte meine Schwester, also haben wir ihren letzten Wunsch erfüllt und ihre Asche dort verstreut. Immer wenn ich bei meiner Schwester bin, schlafe ich in einem Zimmer, von dem aus ich den gesamten Garten übersehen kann. Dann stehe ich oft am Fenster und sage ein paar Worte zu meiner Greecia.

Ich vermisse sie schrecklich, doch habe ich nicht diese erdrückenden Schuldgefühle, die ich bei Tiddly hatte. Das einzige Problem, das mir momentan schwer zu schaffen macht, ist die Frage, ob ich wieder auf vegetarische Ernährung umstellen soll. Ich war schon mal zwanzig Jahre lang Vegetarierin, und durch die Tierkommunikation wurden Dinge aufgeworfen, über die man sich einfach Gedanken machen muss.

Durch meine Kommunikation hat sich auch meine Sicht gewandelt, was das Verhältnis von Haustier und Besitzer

angeht. Es ist völlig klar, dass Greecia der höher entwi-
ckelte Part dabei war. Für mich war es ein Segen, sie an
meiner Seite zu haben. Ich weiß jetzt, dass sie nie mein
»Besitz« war.

Als wir kommunizierten, konnte Greecia mir nicht nur mitteilen, dass sie wusste, wie krank sie war, sondern auch,
wann und in welcher Form sie ihren Übergang gestalten
wollte. Ja, sie nannte sogar noch Einzelheiten über ihre
bevorzugte letzte Ruhestätte. Indem Jean ihr die Möglichkeit gab, ihre Wünsche zu kommunizieren, konnte sie sich
selbst von ihrer Verwirrung und den damit verbundenen
Schuldgefühlen frei machen. Jean und Greecia konnten sich
so in dieser entscheidenden Phase gegenseitig Trost spenden
und den Sterbeprozess friedvoll erleben.

Im folgenden Kapitel geht es weiter mit Morgan und der
Kraft, die er im Streben nach dem zeigte, was er sich mehr
als alles andere wünschte: mehr Leben. Und es geht um die
inneren Kämpfe, die ich auszustehen hatte, weil ich mich
nicht nach den Ansichten meines Umfelds richten, sondern
auf meine Intuition und Morgans Wünsche hören wollte.

Morgan:
»Ich will mehr Leben«

»Ich bin tapfer; es gibt nichts zu fürchten.«
Morgan

2. Juni 2011

Halleluja! Morgan ist wieder in Form. Seine Spaziergänge beschränken sich zwar in der Hauptsache darauf, im Garten herumzuzockeln, aber manchmal will er auch in »seinen« Wald gehen oder die Straße rauf- und runtermarschieren. Gelegentlich fahren Jo und ich mit ihm zu seiner Lieblingsgemeindewiese, wo wir an einem ruhigen Fleckchen Picknick machen. Wir wissen, dass er gern dort ist, denn dann drückt er mit jeder Faser seines Körpers Freude aus, und seine Augen leuchten.

Er sagt: »Ich fühle mich voller Frieden.«

Texas zeigt sich recht anspruchslos, während Morgan viel konkrete Hilfe braucht. Spezielle »Texas-Zeit« ist dann nachts. Dann bekommt der Kater seine Ration Streicheleinheiten, und als Gegenleistung schnurrt er neben meinem Kopf und hilft mir einzuschlafen. Ich weiß genau, dass er versteht, was los ist, und daher seine Unterstützung anbietet.

»Seh ich so aus, als würde mir das was ausmachen?«
Zwischendurch die eine oder andere kleine Widrigkeit. Ich stelle Morgan sein Futter hin und passe auf, ob er sich allein auf den Beinen halten und fressen kann. Dann lasse ich etwas Wasser in einen Topf laufen. Nach einer Minute oder so schaue ich wieder nach ihm und sehe, wie er gegen die Bodenleiste gedrückt auf der rechten Seite liegt, den seitlich weggestreckten Kopf in der Futterschüssel versunken. Er rudert mit den Beinen, um Halt auf dem Teppich zu finden, und stützt sich dabei mit dem Kopf im Napf ab, doch seine Bemühungen sind nicht wirklich von Erfolg gekrönt.

Während ich zu ihm hineile, um ihm wieder auf die Beine zu helfen, glaube ich ein paar Sekunden lang, mir müsse gleich das Herz brechen, doch dieses Gefühl hält nicht lange an. Sobald Morgan nämlich wieder auf den Füßen ist, setzt er sich hin, steckt seine Nase in den Napf und setzt sein Mahl mit größtem Appetit fort, als wäre überhaupt nichts passiert.

»Sieh die Wahrheit«, meint er, während er weiterfuttert.

»Die Wahrheit ist, dass dir das, was gerade passiert ist, ganz schön was ausmacht, oder?«, sage ich, während ich neben ihm auf dem Boden sitze.

»Seh ich so aus, als würde mir das was ausmachen?«, meint er trocken.

Und während er weiter sein Hühnchen verputzt, sitze ich hinter ihm und lache.

3. Juni: Wer leidet?

Gerade als sich die Lage wieder ein wenig beruhigt hat, erwartet uns der nächste aufreibende Tag. In den mittleren Nachmittagsstunden blutet seine Warze das erste Mal. Auf unserem dunkelroten Teppich entsteht eine kleine Lache mit dunkler, glänzender Flüssigkeit.

Die zweite Blutung kommt wenig später. Ich räume gerade den Kofferraum meines Autos frei, um Platz für ein paar Kisten zu machen. Ich habe die Haustür offen gelassen, das Einfahrtstor aber verschlossen. So kann Morgan hinaus, um frische Luft zu schnappen und sich ein wenig Abwechslung zu verschaffen, ohne dass ihm etwas passiert. Ich habe den Kofferraum gerade zur Hälfte ausgeräumt, als ich zum Tor hinüberschaue, um zu sehen, was Morgan treibt. Stattdessen erblicke ich nur eine Spur von Blutstropfen, die ins Haus führt. Morgan ist nirgends zu sehen.

Ich folge der Spur in den Flur und entdecke rote Fußstapfen, die sich als fließendes Muster auf der strengen Geometrie des schwarzweißen Fliesenmosaiks abheben. Morgan liegt im Flur auf beigefarbenen Teppichresten, Blut sickert an seiner Flanke hinunter, bildet auf seinem Ellenbogen einen dunkelroten Fleck, tropft weiter auf seine weiße Pfote und färbt sie rot.

Beim Versuch, seine Blutung zu stillen, werden meine Handteller ebenfalls ganz rot, genauso wie der beigefarbene Teppich. Stellen Sie sich meine Überraschung vor, als ich den Blick von meinen blutigen Händen hebe und direkt in Morgans Augen sehe, die mich anlächeln.

»Es war ein Unfall«, sagt er mit einem Funkeln in den Augen. Dann wiederholt er seine Worte: »Sieh die Wahrheit.«

Ich hole tief Luft und atme langsam aus. Es ist klar zu sehen, dass Morgan nicht im Geringsten leidet.

»Ich weiß, mein Schatz«, antworte ich in Erkenntnis der Wahrheit, die genau vor mir liegt.

Die Wahrheit sehen

Sollten wir also bloß leiden, weil wir nicht genau hinschauen?
Ist die Wahrheit etwa die, dass dieses Tier, obwohl es von
seinen körperlichen Einschränkungen und seiner Schwäche
frustriert ist, trotzdem noch Freude am Leben hat? Sind
etwa wir es, die ein Riesentamtam um diese Situation veran-
stalten? Möglicherweise wollen wir damit ja nur unbewusst
die Aufmerksamkeit auf uns lenken? Diese ganze »Oh-ich-
hab's-ja-so-schwer!«-Kiste: »Schaut nur her, was ich da mit-
mache!«

Es ist durchaus nützlich, wenn wir uns selbst kritisch hin-
terfragen. Halte ich mein Tier fest, obwohl es eigentlich den
Übergang vollziehen und seinen Körper ablegen möchte?
Gibt es im Leben meines Tiers im Laufe des Tages noch
Momente der Freude? Zeigt es noch ein Funkeln von Schalk
in seinen Augen? Gibt es uns zu verstehen, dass es noch
leben will?

Wenn möglich, dann fragen Sie *Ihr Tier.* Wie geht es ihm
emotional? Körperlich? Brauchen Sie Unterstützung – die
Hilfe eines Tierarzts, eines Chiropraktikers, eines Akupunk-
teurs, eines Homöopathen oder eines anderen Therapeuten?

Und eine weitere Wahrheit sollten Sie stets im Hinterkopf
behalten: Es wird gute Tage geben, und es wird schlechte
Tage geben.

6. Juni: Alles bestens

Montagmorgen. Heute beginnt der Tag dankenswerterweise
erst um halb sieben. Morgan signalisiert mir, dass es Zeit ist,
ihn hinunterzutragen, damit er seine übliche Morgenroutine
absolvieren kann. Nachdem er sich im Garten erleichtert hat,

verputzt er sein Frühstück und leckt seinen Napf sauber. Sein Blick ist funkelnd und scharf, ich kann spüren, dass er glücklich ist. Der Rest des Tages verläuft friedlich. Alles bestens.

16. Juni: Zwei Tage allein

Morgan hat zwei schlimme Tage hinter sich. Der erste war ein Sonntag. Ich war den ganzen Tag weg, um zusammen mit einer Herde von dreißig Kühen und Tom, einem Biobauern aus West Sussex, der ebenfalls ein intuitives Gespür für die Bedürfnisse der Tiere hat, einen Sacred-Cow-Tierkommunikationsworkshop zu geben. Morgan war total aufgeregt und konnte sich nicht beruhigen.

Den Tag drauf blieb ich bei ihm zu Hause, und er war ganz ruhig. Dann gab es plötzlich einen Moment, da ich glaubte, nun würde er hinübergleiten. Die Nickhaut war fast geschlossen, sodass seine Augen aussahen, als würden sie sich nach innen drehen. Sein Energiepegel war sehr, sehr niedrig. Ich schrieb Jo eine SMS, sie solle schnell nach Hause kommen. Zum Glück war sie ganz in der Nähe. Fünf Minuten später kam sie zur Tür herein und sah mich neben Morgan auf dem Wohnzimmerboden sitzen, wie ich meine Hand auf seine Brust legte und wie mir leise die Tränen über die Wangen liefen.

Morgan, wie sollte es auch anders sein, erholte sich wieder. Es ist noch nicht Zeit für ihn.

Mittlerweile habe ich verstanden, was damals vorging, und begriffen, dass seine Seele Zeit außerhalb seines physischen Körpers verbrachte. Für einen kurzen Augenblick übte er, ohne Körper zu sein, also reiner Geist. Ich glaube, dass die Seele, wenn sie dazu Gelegenheit hat und nicht durch einen plötzlichen Tod gehindert wird, zwischen der körperlichen und der rein geistigen Ebene hin und her pendelt, um zu erfahren, wie es sein wird, wenn sie den Körper hinter sich gelassen hat. Es ist dies eine Vorbereitung auf die endgültige Trennung von der physischen Form.

Den gesamten Dienstag verbrachte ich in einem Zoo, wo ich einem Tierpfleger bei Problemen mit einem Wolf helfen sollte. Morgan blutete immer wieder, und Jo war deswegen ziemlich beunruhigt. Als ich nach Hause kam, war Morgan völlig ausgepumpt, ansonsten ging es ihm aber gut. Jo hingegen war ziemlich unglücklich.

Dies war der Tiefpunkt in einer Reihe schwieriger Tage, denn Jo und ich hatten wegen Morgan Meinungsverschiedenheiten. Jo ist oft beruflich von zu Hause fort, und immer wenn sie zurückkommt, sieht sie nur, wie er kämpft und das Leben für ihn immer beschwerlicher wird. Ich dagegen bin meist daheim und sehe einen Hund, der versucht, am Leben so lange wie möglich festzuhalten. Dabei werde ich Zeugin seiner Berg-und-Tal-Fahrten an den guten und den schlechten Tagen.

Halten Tiere unseretwegen am Leben fest? Oder doch um ihrer selbst willen?

Viele Leute denken, dass ein Tier gegen den Tod ankämpft, weil sein Herrchen oder sein Frauchen es festhalten möchte, und in manchen Fällen stimmt das auch. Es ist für das Wohlergehen eines Tiers wichtig, es wissen zu lassen, dass es unser Einverständnis hat, wenn es gehen will. Dass wir zurechtkommen werden und es sich um uns keine Sorgen machen muss. Es ist auch eine freundliche Geste, wenn wir anerkennen, dass es tut, was es tun muss.

Doch andererseits ist die Frage auch, warum manche Leute denken, ein Tier halte nur wegen seines Herrchens am Leben fest. Ist es nicht vorstellbar, dass ein Tier dies auch aus eigenem Antrieb tut? Wieso glauben wir immer, dass sich die Welt nur um uns dreht? Wieso sollten Tiere unfähig sein, eigene Entscheidungen zu treffen? Können sie die wichtigste Frage ihres Lebens – nämlich wann *sie* sterben wollen – nicht allein entscheiden? Müssen wir Menschen wirklich alles kontrollieren?

Vor allem sollten wir eines sehen: dass jedes Tier und jeder Tierhalter einmalig ist und sie damit für sich einmalige Situationen schaffen. Wir können uns den Standpunkt anderer anhören, aber wir müssen ihm nicht zustimmen. Wir sollten auf die innere Weisheit unserer Seele hören und nicht auf die zufälligen Meinungen anderer. Der Tod ist eine ebenso individuelle Angelegenheit wie das Leben.

24. Juni: »Ich bin tapfer; es gibt nichts zu fürchten«

Morgan marschiert los Richtung Diele. Seine Vorderbeine knicken ein. Sofort helfe ich ihm auf. Wieder knicken seine Vorderbeine ein. Ich spüre, wie er panisch wird, so als möchte er von irgendetwas wegkommen. Er fällt zur Seite und wird noch panischer. Intuitiv weiß ich, dass ich ihn nach draußen bringen muss. Ich ziehe ihn empor, quetsche mich durch den offenen Türflügel und setze ihn auf den erstbesten Flecken Gras. Schlagartig ist er vollkommen ruhig. Ich setze mich neben ihn, und er versinkt in Tiefschlaf. So verharren wir eine halbe Stunde. Still unterhalte ich mich in Gedanken mit ihm, sage ihm, dass es in Ordnung ist, wenn er aufsteigen möchte, und dass er für niemanden hierbleiben muss. Ich sage ihm auch, dass ich zurechtkommen werde, wenn er einmal nicht mehr da ist. Ich weiß das jetzt mit Gewissheit. Noch vor ein paar Monaten und auch das ganze letzte Jahr hatte ich das Gefühl, als würde ich diesen Punkt nie erreichen. Doch jetzt bin ich so weit, und ich bin sehr dankbar dafür, denn mit dieser Gewissheit verbindet sich auch ein wunderbares Gefühl des Friedens. Vielleicht wird es sich als nicht von Dauer erweisen, aber im Moment ist es sehr tröstlich.

Ich bitte Morgan, mir zu sagen, was das Beste für ihn ist und was er braucht.

Ohne die Augenlider anzuheben, erklärt er mir: »Ich bin tapfer. Es gibt nichts zu fürchten.«

Mit feuchten Wangen frage ich ihn: »Gehst du jetzt?«

»Nein, jetzt nicht. Nur auftanken.«

Mehr muss ich nicht wissen. Während er weiterschläft, entspanne ich mich an seiner Seite und genieße einfach nur den Augenblick, diesen höchst kostbaren Augenblick. Morgan döst in der Sonne, und hinter uns döst Texas in einer Kuhle im hohen Gras. Allseits höchstes Wohlbehagen.

26. Juni: Lebensbetrachtungen

Der erste Tag einer Hitzewelle, die Temperaturen liegen über 30 Grad Celsius. Morgan möchte gern allein sein. Ich denke, dass viele Tiere Rückschau halten wollen auf ihr Leben. Oft kann man in der Zeit vor ihrem Übergang beobachten, wie sie tief in Gedanken beziehungsweise in einen tranceartigen Zustand versunken sind, so als wären sie ganz woanders. Mir scheint, dass auch Morgan Rückschau auf sein Leben hält und über das Kommende nachdenkt.

27. Juni: Dispute über Lebensqualität und den rechten Zeitpunkt des Sterbens

Wieder einmal haben Jo und ich uns gestritten, ob man das, was Morgan hat, noch Leben nennen kann oder ob es für ihn nicht besser wäre zu sterben. Sie ist der Ansicht, dass wir schon vor zwei Wochen einen Tierarzt hätten holen sollen, um ihn einschläfern zu lassen. Sie hat ziemliche Probleme damit, mit der Außenseite fertigzuwerden: mit dem Anblick, den Morgan bietet. Ich würde mir wünschen, sie glaubte mir, wenn ich ihr sage, dass Morgan mir mitteilt, dass er noch nicht gehen will.

Die ersten Julitage

Jo und ich haben jetzt eine gemeinsame Basis gefunden. Sie verbringt mehr Zeit zu Hause und kann sich mit eigenen Augen davon überzeugen, dass Morgan trotz seiner Achterbahnfahrt von guten und schlechten Tagen ein Hund ist, der Appetit hat auf das Leben – und auf Huhn – und sich daran so lange wie möglich erfreuen will. Sie empfängt jetzt ebenfalls Botschaften von ihm, und wenn wir Morgan eine Frage bezüglich seiner Pflege stellen, bekommt sie dieselben Antworten wie ich.

Mein sanfter Freund lässt keinerlei Zweifel daran aufkommen, dass er am Leben festhalten will. Er liebt das Leben. Er wünscht es sich. Eines späten Abends, nachdem ich ihn nach oben und in sein Körbchen gebracht hatte, sagte er mir: »Besser ein bisschen Leben als gar keins.«

Mitte Juli: keine Behandlung mehr

Morgan will, dass wir aufhören, ihm homöopathische Medikamente zu geben. Er möchte, dass wir mit *allem* aufhö-

154

ren. Keinerlei Behandlung mehr. Keine Akupunktur mehr. Keinerlei äußere Unterstützung mehr. Mir ist bewusst, dass ein Tier kurz davor steht, seinen Übergang zu vollziehen, wenn es möchte, dass man jede medizinische und heilerische Behandlung einstellt. Ich spüre, dass er anfängt, sich von seinem Körper zu lösen und loszulassen. Es gibt Augenblicke, in denen seine Präsenz nicht mehr spürbar ist, und mir ist klar, dass er in diesen Momenten außerhalb seines Körpers als reine Energie verweilt.

22. Juli: Freiheit

Ich soll einen Workshop im Snowdonia-Nationalpark halten, doch ich will nicht hinfahren. Ich will zu Hause bei Morgan bleiben, denn mein Gefühl sagt mir, dass wir nicht mehr viel Zeit miteinander haben. Jo versichert mir, dass er noch da sein würde, wenn ich zurückkäme. Mein Herz sagt mir dasselbe, doch ein noch tiefer sitzendes Gefühl sagt mir auch, dass er bereit sein wird zu gehen, sobald ich wieder da bin. Ein Teil von mir hält den Zeitpunkt dieser Reise nach Wales für sehr schlecht gewählt, der andere fügt sich in die Dinge und vertraut darauf, dass nichts im Universum ohne höheren Grund geschieht.

Während der gesamten Fahrt nach Snowdonia beschäftigt mich die eine Frage: »Warum jetzt?« Ich hole meine Orakelkarten hervor, die Power-Animal-Orakelkarten von Steven Farmer. Aus dem Set von 44 Karten zieht mich eine ganz besonders an. Ich drehe sie um, und auf der Karte, die ein weißes Pferd zeigt, steht Freiheit. Ich bringe das sofort mit Morgans Freiheit in Verbindung – mit seinem Freisein von seinem Körper und der Freiheit, seine Seelenreise fortzusetzen. Das Waliser Seminarhaus, in dem ich meinen Kurs halten soll, heißt »White Horses«, weiße Pferde. Ich habe das bestimmte Gefühl, dass auf der Welt nicht blindes Chaos herrscht, sondern die Dinge so sind, wie sie sein sollen.

Im nächsten Teil des Buches geht es darum, woher wir wissen können, dass der Zeitpunkt für den Abschied gekommen ist. Im nächsten Kapitel beantwortet das Fell-Pony Benson die Frage seiner Besitzerin: »War es der richtige Zeitpunkt, den ich für seinen Abschied von uns bestimmt habe?«

Wenn der Moment
gekommen ist

*»Alles hat seine Stunde. Für jedes Geschehen
unter dem Himmel gibt es eine bestimmte Zeit:
eine Zeit zum Gebären und eine Zeit
zum Sterben.«*

Kohelet 3, 1–2

Benson:
»Meine Ohren tun nicht weh«

»Sie ist traurig. Tieftraurig. Das ist ganz natürlich.
Ihr könnt füreinander da sein, eure Trauer teilen.
Schweigend. Es braucht keine Worte – nur die Gefühle
teilen. Das ist es, was Liebe ausmacht.«
Benson

Benson, von den meisten eher »Benny« genannt, wurde von einer Familie in Cheshire verkauft. Als Benson in Carolines Leben trat, war geplant, dass er bei der Familie ihrer Schwester leben sollte, sobald diese ihren Umzug aufs Land hinter sich gebracht hätte. Mit seinen knapp 135 Zentimetern Stockmaß war dieses schwarze Fell-Pony sogar für seine Rasse eher klein geraten, dennoch sollte es in den folgenden siebzehn Jahren zum größten Einflussfaktor in Carolines Leben werden.

Caroline hatte zwar schon ein paar von meinen Einführungskursen in die Tierkommunikation besucht, dennoch bat sie mich, für sie mit Benson zu kommunizieren. Nach seinem Tod war sie sehr aufgewühlt und hatte das Gefühl, die hochschlagenden Wogen ihrer Emotionen würden sie daran hindern, eine Verbindung zu ihm herzustellen. Es ist nichts Ehrenrühriges daran, wenn Sie jemand anderen darum bitten, mit Ihrem Tier zu kommunizieren. Manchmal ist ein Problem so drängend beziehungsweise eine Emotion so intensiv, dass es besser ist, sich an einen erfahrenen Tierkommunikator zu wenden, der mit der Sache erst mal nichts zu tun hat.

Als ich mich in Bensons Foto versenkte, sah ich freundlich blickende dunkelbraune Augen, einen kecken, spitzbübischen Mund und eine zottelige Mähne, die ein rauchschwarzes Gesicht umschloss. Graue Sprenkel zogen sich durch sein kohlefarbenes Fell. Als ich mich mit ihm verband, hatte ich den Eindruck eines sanften, einfühlsamen und rücksichtsvollen Wesens. Ich konnte auch spüren, dass er sehr gutherzig war. Alles, was er wollte, war, lieben und geliebt zu werden.

Als Benny mir ein Bild schickte, wie Caroline ihn striegelte, konnte ich ein Gefühl von Seligkeit wahrnehmen. Der nächste Eindruck, den ich von ihm empfing, war, dass er es mochte, wenn Caroline ihm die Mähne über die Stirn bürstete, weil sie ihm dabei liebevolle Worte der Zuneigung ins Ohr flüsterte. Ich konnte auch spüren, dass er die Schulter war, an die sie sich lehnte. Er war ein sehr sanftmütiges Pony, konnte aber auch ein rechter Schalk sein. Dann zeigte er mir, wie sehr es ihm Spaß machte, wild mit seiner grauen Pferdefreundin Heather herumzutoben. Ganz besonders mochte er es, wenn Caroline mit ihm ausritt.

Als Nächstes erzählte er mir, dass er viel mit einem Kind zusammen gewesen war und sie gemeinsam viele Geschicklichkeitswettbewerbe gewonnen hatten. Stolz präsentierte er mir seine Preisrosetten und eine Videoaufnahme von sich im schnellsten Galopp. Ich konnte fühlen, dass er es liebte, schnell zu laufen, und das total aufregend fand.

Als Letztes zeigte er mir noch eine blaue Pferdedecke und einen schwarzen Sattel und wie Caroline seinen Kopf hielt und ihm einen Kuss auf die Stirn gab.

Caroline bestätigte mir, dass Benny von einem dreizehnjährigen Kind geritten worden war und auf Geschicklichkeitswettbewerben viele Preise gewonnen hatte. Dass er es sehr genoss, zu galoppieren und mit ihr auszureiten. Heather war in der Tat eine graue Stute, und Benson hatte tatsächlich eine blaue Pferdedecke und einen schwarzen Sattel gehabt. Auch alle anderen Botschaften waren stimmig.

Wir vereinbarten eine Telefonsitzung, und gleich zu Beginn stellte Caroline die Frage, die sie am allermeisten beschäftigte: »Habe ich den richtigen Zeitpunkt gewählt für seinen Abschied von uns?«

»In der Tiefe deines Herzens kennst du die Antwort schon – ja«, antwortete Benny sanft.

»Hätte er noch gern den September oder Oktober für sich gehabt? Ich war mit dem Tierarzt einer Meinung, dass er einen weiteren Winter draußen nicht mehr packen würde, trotz seiner dicken Pferdedecke; und er hätte es nicht gemocht, in den Stall zu müssen.«

Viele Tierhalter stellen mir diese Frage in solcher oder ähnlicher Form: »Hätte er oder sie gern noch mehr Zeit gehabt?« – »Habe ich ihn oder sie zu früh einschläfern lassen?«

»Es sollte nicht sein«, lautete Bennys schlichte Antwort, aus der eine tiefe Akzeptanz des Geschehens sprach.

Carolines andere Sorge galt Heather. Das Pferd gehörte

zwar nicht ihr, doch Benny und Heather hatten sechs Jahre lang jede Minute ihres Lebens gemeinsam verbracht.

»Sie weiß, was geschehen ist«, erzählte mir Caroline. »Wir ließen sie nämlich dabei sein, als Benny starb. Doch jetzt hat sie sich ganz in ihren Kummer vergraben und sich von allem und jedem in ihrer Umgebung zurückgezogen.«

Bennys Rat war: »Lass sie machen. Lass sie es ausleben. Sie ist traurig. Tieftraurig. Das ist ganz natürlich. Ihr könnt füreinander da sein, eure Trauer teilen. Schweigend. Es braucht keine Worte – nur die Gefühle teilen. Das ist es, was Liebe ausmacht.«

»Hat er irgendwelche Botschaften für mich und meinen Lebensweg?«, wollte Caroline als Nächstes wissen.

Bennys Antwort kam ohne Zögern: »Purpur. Ich wünsche mir, dass du deine übersinnliche Fähigkeit stärker entwickelst. Lerne. Übe. Praktiziere die Kunst der übersinnlichen Kommunikation.«

»Er möchte mit Ihnen Kontakt haben«, erklärte ich ihr, »denn er glaubt, dass Sie ihn brauchen, und er liebt sie sehr. Er sagt, es mangle Ihnen an Selbstvertrauen. Er möchte, dass Sie sich wirklich Mühe geben und das für ihn tun. Konzentrieren Sie sich in den kommenden drei Monaten darauf, sich mit Ihrem Purpur-Chakra zu verbinden. Dann wird er mit Ihnen sprechen, und alles wird wieder in Ordnung kommen. Er möchte nicht, dass Sie sich getrennt fühlen.«

Nach dieser Telefonsitzung schrieb Caroline mir, wie sich ihre Bindung zu Benny entwickelt hatte:

Ich war ziemlich nervös, als ich zum ersten Mal über die Feldwege ausritt. Bis dahin hatte ich immer nur mit hochgradig nervösen Pferden zu tun gehabt, und ich brauchte

162

Wochen, um locker zu werden und mich Benny ganz anzu-
vertrauen. Bei diesem ersten Ausritt kam ein Auto um
eine nicht einsehbare Kurve geschossen und legte vor uns
eine Notbremsung hin, um nicht in einen Traktor zu rasen,
der aus der Gegenrichtung kam. Der Traktor hatte einen
Anhänger, der hoch mit Heuballen beladen war. Auch der
Traktor musste abrupt bremsen, und dabei fielen zwei Heu-
ballen vom Anhänger direkt vor Bennys Füße. Der Araber,
mit dem ich sonst immer ausritt, wäre in dieser Situation
völlig panisch mit mir auf dem Rücken durchgegangen.
Benny hingegen stand einen Augenblick lang reglos da,
sah sich dann den Heuballen an und begann, sich in aller
Gemütsruhe daran gütlich zu tun. Wenn es eine Sache gab,
die Benny gern tat, dann war das, sich den Magen zu füllen.

Ich ritt mit ihm immer zum Einkaufen ins Dorf, wo ich
ihn vor dem Zeitungsladen anband. Und während ich mei-
ne Besorgungen erledigte, war er damit beschäftigt, den
Kindern, die aus dem Laden kamen, ihre Schokoriegel und
ihr Eis am Stiel abzunötigen. Ich kann mich noch gut erin-
nern, wie ich einmal zurückkam und ihn dabei erwischte,
wie er genüsslich an einem Lutscher herumkaute. Nur der
Stiel schaute ihm aus dem Maul, die Augen hatte er vor
Wonne und Entzücken geschlossen. Ich schaute das kleine
Kind an, das neben ihm stand, und fragte es: »Hast du mei-
nem Pony deinen Lutscher gegeben?«

»Nein«, sagte der Knirps ganz ernst, »Pony Lutscher
genommen!«

Ich kaufte dem Kind einen neuen Lutscher. Benny hin-
gegen sah so glücklich drein, dass ich es nicht übers Herz
brachte, ihn auszuschimpfen.

Er hatte überall seine bevorzugten Zwischenstationen,

wo er wusste, dass er von den Hauseigentümern einen
Keks, ein Bonbon oder eine Möhre bekommen würde – ganz
besonders dann, wenn er seine Nummer »Bitte füttern, bin
am Verhungern« abzog. Wobei er zur Untermalung einen
Huf anhob und ihn unter Kopfnicken kreisen ließ.
Bei unseren Ausritten machten wir bei der Rückkehr
oft bei meinem Haus halt. Ich band ihn hinten im Garten
neben der Küchentür an, dann ließen wir es uns bei Tee
und Toast gut gehen. Einmal, ich kam gerade von oben,
hatte er sich losgemacht und stand fröhlich in der Küche
und plünderte den Brotkasten. Nun war aber meine Küche
ein langer, enger Schlauch – und an ein Umdrehen nicht zu
denken. Also führte ich ihn in das Esszimmer, herum um
den Esstisch und von da schließlich hinaus zur Küchentür.
Er verzog dabei keine Miene. Ich hätte schwören können,
dass er das alles unheimlich witzig fand.

Er war sehr viel mehr als nur ein Pony für mich – er
war mein überaus geliebter Seelengefährte und Freund. Im
Winter ritten wir kaum aus, und so streifte er stattdessen
auf der Weide frei herum, doch sobald sich der Frühling
zeigte, konnte ich wieder auf seinen Rücken steigen, ohne
dass er das verweigert hätte.

Anfang 2003 aber zogen dunkle Wolken am Horizont auf.
Caroline bekam ein steifes Schultergelenk, vorausgegangen
war eine einfache Verletzung der Bizepssehne. Sie konnte
weder Auto fahren noch sich um Benny kümmern, und so
bat sie eine Freundin, dies für sie zu übernehmen. Ohne sich
mit Caroline vorher abzusprechen, erlaubte die Schwester
der Freundin ihren Kindern, Benny jede Woche zum Unter-
richt in eine Pferdeschule zu bringen. Zu der Zeit kannte

niemand Bennys tatsächliches Alter, und alle hielten ihn für viel jünger, als er in Wirklichkeit war. Die Lektionen dort waren zu schwer für ihn, und er bekam Probleme mit dem Rücken und den Hüftgelenken.

Ende 2004 und das ganze darauffolgende Jahr durchlebte Caroline zahlreiche Verlusterfahrungen. Ihre jüngere Schwester und ihre Großmutter starben kurz nacheinander, ihre heißgeliebte Katze fand ganz plötzlich den Tod, und der Vater ihres Partners verschied am selben Tag, als der Gedenkgottesdienst für ihre Schwester gehalten wurde. Zu allem Überfluss erhielt ihr Partner auch noch die Kündigung, der Führerschein wurde ihm abgenommen, und kurz darauf verließ er sie. Caroline fühlte sich weder dem Kummer ihres Partners noch dem eigenen gewachsen. An diesem Punkt bekam sie neuerlich eine Schultergelenkentzündung, die sehr schmerzhaft und kräftezehrend war. Schon bei der leichtesten Berührung wand sie sich vor Schmerzen förmlich am Boden. All dies wuchs ihr schließlich über den Kopf, und sie erlitt einen Zusammenbruch: Nicht in der Lage, sich der Welt zu stellen, verließ sie ihr Bett einen ganzen Monat lang so gut wie gar nicht.

»Ich hätte Benny zu dieser Zeit dringend gebraucht«, gestand sie, »aber wie Menschen das immer tun, wenn der Kummer sie überwältigt, habe ich mich von allem und jedem abgeschottet, ihn eingeschlossen.«

Dann teilte ihre Freundin ihr aus heiterem Himmel mit, dass sie sich nicht länger um Benny kümmern könne. Caroline fühlte sich nicht in der Lage, einen neuen Platz für ihn zu suchen, und so willigte sie ein, ihn an die Schwester ihrer Freundin in Macclesfield auszuleihen, obwohl sie genau spürte, dass es nicht richtig war.

Eine Zeit lang versank Caroline noch tiefer in Depressionen, dann aber griff das Räderwerk der Synchronizität[1] ein, und sie lief ihrer alten Freundin Anne über den Weg, die einen Kompagnon für ihre Stute Heather suchte.

Diese Begegnung gab mir wieder ein wenig Hoffnung und holte mich aus dem Sumpf meiner düsteren Stimmungen. Einen Monat danach fuhr ich mit einem Pferdeanhänger hinauf nach Macclesfield, um Benny zurück und zu Heather zu bringen. Er schleifte mich fast die Anhängerrampe hinauf, so verzweifelt wollte er wieder nach Hause.

Heather war stets ausgesprochen wählerisch gewesen, was ihre tierischen Gefährten anging, doch sie und Benny mochten sich von dem Moment an, da wir ihn zu ihr in die Koppel ließen.

Jetzt, da sie Benny wieder jeden Tag sah, merkte sie recht schnell, dass irgendetwas mit ihm nicht stimmte. Ganz offensichtlich fühlte er sich unwohl, sie vermochte aber nicht zu sagen, woran es liegen könnte. Dann, eines feuchtkalten Februartages – reines Gift für jede Form von Arthritis –, ritten sie einen abschüssigen Reitweg hinunter, und Benny verweigerte plötzlich, was er noch nie zuvor getan hatte.

Das war der Auslöser, der Caroline zu Reiki und später

---

1 Nach dem Schweizer Psychiater C. G. Jung (1875–1961) spricht man von »Synchronizität«, wenn ein psychischer Vorgang (ein inneres Ereignis wie eine Idee oder ein Traum) mit einem oder mehreren äußeren realen (physischen) Vorgängen als miteinander verknüpft oder aufeinander bezogen wahrgenommen wird, obwohl sie keine direkte Verbindung von Ursache und Wirkung (Kausalbeziehung) aufweisen. Das innere Ereignis muss chronologisch vor dem äußeren oder genau gleichzeitig stattfinden.

unter Anleitung der mittlerweile verstorbenen Julie Dicker zur Tierkommunikation führte. Von Julie erfuhr Caroline, dass Benny viel älter war, als man ihr gesagt hatte, nämlich schon 29 Jahre, und klärte sie über seine körperlichen Probleme auf, die ihn hatten verweigern lassen.

Julies Reading [Channeling] gab mir einen ersten Vorgeschmack von tiefer Kommunikation mit einem Tier und hat mich ziemlich verblüfft. Ich habe mich zwar immer auf Tiere eingestellt, hatte aber nicht die leiseste Ahnung, wie tief eine solche Kommunikation tatsächlich gehen konnte … Ich befolgte Julies Ratschläge alle, und Benny machte bald darauf einen viel zufriedeneren Eindruck.

Caroline stellte Nachforschungen zu Bennys Herkunft an und fand heraus, dass er tatsächlich schon 29 Jahre alt war. Sie bat ihn ständig um Verzeihung, dass sie ihm so viel zugemutet hatte, bis es ihm schließlich zu viel wurde: »Hör endlich auf, dich dauernd zu entschuldigen. Es reicht jetzt. Du musst nicht dauernd auf dir rumhacken.«

Daraufhin stellte Caroline Benny wegen seiner gesundheitlichen Probleme frei, und so konnten er und Heather sich künftig ganz allein auf einer drei Hektar großen Koppel mit großem Unterstand, automatischem Wassertrog und Gras in Hülle und Fülle austoben, was sie sehr genossen. Die beiden wichen einander nicht einen Augenblick lang von der Seite.

In der Zwischenzeit fing Caroline an, sich intensiv mit Tierkommunikation zu beschäftigen, und besuchte mehrere Kurse: »Ich schickte Benny Heilenergie, und er bestärkte mich darin, mich weiter mit Tierkommunikation zu befassen.«

Oft gab er ihr auch wertvolle Unterstützung:

Mein Vater starb im Winter 2005, nachdem er infolge sei-
ner Alzheimer-Erkrankung innerhalb von fünf Jahren geis-
tig und körperlich immer stärker abgebaut hatte. Benny hat
mir in dieser Zeit viel geholfen, und oft weinte ich meinen
Kummer in seine Mähne. Häufig brach ich verzweifelt in
Tränen aus wegen all der Dinge, die in meinem Leben pas-
sierten, und wegen der Belastungen, die die Sorge für mei-
ne alten Eltern mit sich brachte. Er war mein Fels in der
Brandung. Er gab mir Küsschen und schlang wie zur Umar-
mung seinen Hals um mich. Er sagte mir, was ich tun sollte,
wie ich die Situation aus einem anderen Blickwinkel sehen
und akzeptieren konnte, was geschah. Er gab mir die Kraft,
meiner Mutter in ihrem Kummer beizustehen und auch mit
meinem eigenen Schmerz fertigzuwerden. Er lehrte mich,
wie wichtig es ist, im Hier und Jetzt zu leben und nicht
an der Vergangenheit zu kleben oder sich um die Zukunft
zu sorgen. Er lehrte mich, wie ich anderen helfen konnte,
ohne mich dabei selbst aufzureiben. Er gab mir die physi-
sche Kraft durchzuhalten. Meistens kommunizierte er durch
Bilder und Gefühle mit mir, aber gelegentlich vernahm ich
auch Worte. Manchmal zwickte er mich ins Knie, wenn er
das Gefühl hatte, ich sei zu sehr mit mir selbst beschäftigt
und hätte zu wenig Abstand zu den Dingen. Das war seine
Art zu sagen: »Jetzt ist es genug.«

Dennoch ging es mit Benny körperlich allmählich bergab.

Benny gab mir immer öfter zu verstehen, dass er nicht für
immer hier sein könne und dass seine Zeit langsam komme.

Eines Tages erzählte mir Anne, dass Heather ihr kommuniziert habe: »*Benny wird auf dieser Koppel sterben.*« *Ich konnte sehen, dass Heather trauriger wurde – sie wusste, dass ihr geliebter Freund sich dem Ende seines Lebens näherte.*

Der Winter 2011 war fast vorüber, und Caroline erkannte, dass sie Benny nicht über einen weiteren kalten Winter bringen würde. An guten Tagen war er der alte Frechdachs, der er immer gewesen war, doch wenn es ihm nicht so gut ging, war er mürrisch und sehr still.

Einmal fragte ich ihn, wo es ihm denn wehtäte.

»*Nun, meine Ohren tun nicht weh*«, *war seine stoische Antwort. 36 Jahre hatte er jetzt auf dem Buckel.*

Klein beigeben war unter seiner Würde, aber ich konnte spüren, dass er nur noch meinetwegen am Leben festhielt. Er glaubte, er könne nicht gehen, weil ich ihn so sehr brauchte.

Nachdem mein Vater gestorben war, arbeitete ich an meiner Verbindung mit der Geistwelt und konnte ihn ziemlich klar hören. Im Sommer 2012 sagte mein Vater zu mir: »*Du musst ihn gehen lassen.*«

Ich fuhr für zwei Wochen weg, um Urlaub auf Kefalonia zu machen. Wegen Benny machte ich mir keine Sorgen, schien er mir doch ganz der Alte. Als ich aus dem Urlaub zurückkam und ihn auf der Koppel besuchte, musste ich allerdings feststellen, dass er kaum noch gehen konnte. Anne war gerade dabei, den Tierarzt anzurufen. Sie berichtete mir, dass sich sein Zustand innerhalb der letzten 24 Stunden dramatisch verschlechtert habe. Seine Hinterbeine waren jetzt total steif, und er setzte sie bei jedem Schritt über Kreuz, was er zuvor noch nie getan hatte, nicht einmal während seiner schlimmsten Arthritisanfälle. Während meiner Abwesenheit hatte er sich nicht länger zusammennehmen müssen und ließ jetzt völlig los.

Der Tierarzt kam ein paar Stunden später und deutete an, dass es mit Benny zu Ende ginge. Doch nach wie vor konnte ich den Tatsachen nicht ins Gesicht sehen, ich war einfach noch nicht bereit dazu. Ich hatte auch das Gefühl, dass Heather noch nicht bereit war. Alles ging plötzlich so schnell. Um zu sehen, ob er es noch einmal packen würde, vereinbarte ich mit dem Tierarzt, dass Benny eine Woche lang hohe Dosen Phenylbutazon, ein Rheumamittel, bekommen sollte. Ich redete ihm unermüdlich gut zu, aber am Montag darauf ging es ihm selbst mit den starken Medikamenten nicht besser. Es war nun allzu offensichtlich, dass er es diesmal nicht schaffen würde.

Caroline blickte Benny in die Augen und sagte zu ihm: »Benny, mein Liebling, du musst nicht meinetwegen noch länger durchhalten, wenn es für dich zu schlimm ist. Ich möchte nicht, dass du meinetwegen leidest. Bitte sag mir ganz ehrlich, ob du in die Geistwelt gehen willst.«

Bennys einfache Antwort lautete: »Ja.«

Ich bat den Tierarzt vorbeizukommen, und er versprach, in ein paar Stunden da zu sein und auch ein Fahrzeug für den Transport ins Tierkrematorium zu organisieren. Anne und ich verbrachten zwei Stunden mit Benny, gaben ihm heilende Energie und unsere ganze Liebe. Wir machten einige

Erinnerungsfotos und versuchten, Heather zu erklären, was passieren würde.

Normalerweise vollführte Benny ziemliche Kapriolen, wenn der Tierarzt kam, denn von allen Vertretern der Spezies Mensch konnte er Tierärzte am allerwenigsten leiden. Doch diesmal hielt er zum ersten Mal in seinem Leben vollkommen still und ließ sich widerstandslos eine Beruhigungsspritze geben. Dann führte ich Benny ein letztes Mal hinaus aufs freie Grün der Koppel und sagte ihm unter Tränen Lebewohl.

Obwohl wir Mitte Juli hatten, war es sehr feucht und kalt. Die Art von Nieselwetter, bei dem man bis auf die Haut nass ist, ehe man es bemerkt hat. Als der Tierarzt ihm die letzte Spritze gab, sank Benny zu Boden wie ein Stein im Wasser. Ich kniete mich neben ihn ins Gras, hielt seinen Kopf, streichelte sein Gesicht und sagte zu ihm: »Ich liebe dich. Und du wirst mir fehlen. Bitte finde einen Weg, wie du eines Tages in einem neuen Körper zu mir zurückkehren kannst, wenn es dir möglich ist. Doch jetzt finde deinen Frieden. In der Geistwelt kannst du wieder frei laufen.«

Sein Herzschlag wurde immer langsamer, dann setzte er ganz aus. Ich konnte tanzende Funken von Licht sehen, die aus seinem Körper aufstiegen. Sein Geist verließ den Körper. Benny hatte endlich Frieden gefunden.

Heather, die auch auf der Koppel war, als Benny seinen Übergang vollzog, war völlig verstört. Sie stupste Bennys Körper an, sprang wie wild um ihn herum, schnaubte, bäumte sich halb auf, rannte immer wieder davon und kam zurück. Schließlich musste ihr der Tierarzt eine Beruhigungsspritze geben.

Wir wollten Heather mit Bennys Körper ein paar Stunden allein lassen, aber der Transporter vom Tierkrematorium war so rasch da. Innerhalb einer Viertelstunde hatten sie Bennys Körper von der Koppel geschafft. Das war alles viel zu schnell für Heather, doch wir dachten, dass wir keine andere Wahl hätten, und erklärten uns mit seinem Abtransport einverstanden.

Als der Transporter wieder weg war, war Heather immer noch völlig durcheinander, bäumte sich auf und schnaubte. Eine Freundin bot uns an, eines ihrer ruhigen Pferde von ihrem Hof herüberzubringen, damit es Heather Gesellschaft leisten konnte, doch Heather war völlig außer sich und trat immer in Richtung des anderen Pferds hinter dem Gatter aus.

Tags darauf holte Anne Heather zu sich nach Hause, um ihr über ihren Kummer hinwegzuhelfen. Doch Heather ließ sich nicht trösten, wochenlang lief sie auf der Koppel im Kreis, als würde sie ihre Tränen ablaufen. Ihre Trauer und ihre Depression waren mit Händen zu greifen.

Oft weinte ich in ihre Mähne. Gemeinsam trauerten wir um das kleine schwarze Pony, das uns verlassen hatte.
Eine ganze Zeit lang war ich wie betäubt vor Schmerz …
Mein Kummer war ein tiefes, schwarzes Loch. Ich war einfach nicht in der Lage, selbst mit Benny Kontakt aufzunehmen. Ich hatte komplett dichtgemacht, doch ich wollte unbedingt von Benny hören. Ich musste einfach wissen, ob es der richtige Zeitpunkt gewesen war.
Das war der Moment, als Caroline mich bat, mit Benny zu kommunizieren.

Schließlich kamen wir zu ihrer letzten Frage:»Wird er in der Zukunft in irgendeiner Form zu mir zurückkehren?« Benny tröstete sie mit viel Einfühlungsvermögen:»Als geistiges Wesen werde ich immer an deiner Seite sein. Doch unsere gemeinsame Lebenszeit ist erfüllt, und sie war vollkommen. Mehr zu wollen wäre von unser beider Seite nichts als Gier. Vertrau auf die Liebe, die ich für dich empfinde … Versichere Heather, dass ich als geistiges Wesen immer noch da bin und lebe. Nimm einen Hund oder eine Katze auf und liebe sie mit der Liebe, mit der ich dich geliebt habe.«

Rückblickend fasste Caroline ihre Erfahrungen zusammen:

Die Kommunikation hat mir sehr geholfen. Alles, was Pea sagte, traf in hohem Maße zu. Ich hatte mich selbst fertiggemacht, weil ich dachte, ich hätte Benny zu früh einschläfern lassen. Doch als ich mir, so wie Pea es mir geraten hatte, das Foto von Benny ansah, das wir an seinem letzten Tag gemacht hatten, wusste ich, dass ich die richtige Entscheidung getroffen hatte. Ich konnte es an seinem Gesicht ablesen. Es war wie ein warmes Gefühl, das mich durchströmte, ein »Richtig«-Gefühl. Das Wetter war nass und kalt geworden, und es gab Überschwemmungen. Benny hätte viel auszustehen gehabt. Es war absolut richtig, ihn nicht länger leiden zu lassen.

Nach dem Telefonat mit Pea war ich in Tränen aufgelöst, doch es waren Tränen der Erleichterung. Ich hatte die tröstliche Gewissheit, dass Benny immer noch bei mir war und ich nur die schwarze Wolke in mir loslassen müsste, damit er mich wieder erreichen konnte.

In den folgenden Tagen wandelte sich mein heftiger

Kummer in leise Trauer, und Benny begann, mit mir Verbindung aufzunehmen. Einmal gab es sogar einen Moment, da ich seinen warmen Atem an meinem Ohr spüren konnte. Und als ich draußen auf der Koppel stand, neben der Hecke unter dem Baum, an dem er sich immer das Fell gerieben hatte, hörte ich ihn sagen: »Hier soll meine Asche verstreut werden.«

Für Heather fanden sie eine neue Gefährtin. Anne war auf ein Pony gestoßen, dem sie den Namen Bella gab. Bella war eine Zuchtstute, misshandelt, unterernährt, geschunden und dann ausgemustert. Sie lieh die Stute quasi aus und stellte sie auf die benachbarte Koppel. Die beiden Mädels verstanden sich prächtig, und Heather fing an, sich um die innerlich gebrochene Ponystute zu kümmern, denn schließlich war sie ja auch vom Kummer gebrochen.

Und Caroline, die selbst so manche Verlusterfahrung gemacht hatte, wollte noch eine weitere Erkenntnis mit mir und den Lesern teilen:

Wenn wir ein geliebtes Wesen verlieren, egal, ob Mensch oder Tier, dann sollten wir uns vergegenwärtigen, dass sie mehr getan haben, als nur zu sterben: Sie haben auch gelebt. Und es ist sehr viel besser, uns an ihr Leben zu erinnern und an das gemeinsam erlebte Glück, als sich im eigenen Kummer zu suhlen und sich darauf zu fixieren, dass sie nicht mehr da sind.

Benny gibt mir weiter seine Führung. Ich habe Peas Worte im Gedächtnis behalten, dass er als Geistwesen mehr für mich tun kann als in leiblicher Gestalt. Ich bin jetzt so weit, dass ich meine Arbeit als Heilerin und Tierkommunikato-

174

rin bald wiederaufnehmen kann; und dass ich das vermag,
verdanke ich Benny – sowohl in seiner leiblichen wie in
seiner geistigen Form.

Obwohl unsere geliebten Tiere uns immer ihre Fürsorge
und Führung schenken werden, so ist es doch nicht leicht,
sie gehen zu lassen. Im nächsten Kapitel werde ich Ihnen
erzählen, wie Morgan mir sagte, dass er bereit sei zu gehen,
und wie ich sein Leben gewürdigt habe, ehe er seinen Übergang vollzog. Und um meinen Lesern, die sich einem ähnli-
chen Kummer stellen müssen, ein wenig zu helfen, werde ich
Ihnen auch erzählen, wie ich mich der Tatsache seines Todes
manchmal mehr, manchmal weniger tapfer gestellt habe.

Morgan:
Loslassen

Ich wusste, schon bevor ich nach Wales fuhr, dass Morgan nach meiner Rückkehr sich allmählich von diesem Leben verabschieden würde. Woher ich das wusste? Nun, es war einfach mein Bauchgefühl. Wir hatten diesmal nicht miteinander kommuniziert, es war auch gar nicht nötig.

Die ersten zwei Drittel der Rückfahrt nach London schluchzte ich leise, während ich aus dem Zugfenster sah und die Landschaft und die Häuser, die an mir vorbeiflogen, kaum wahrnahm. Ich hörte Musik und schnappte hin und wieder Textfetzen auf, in denen es ums Loslassen ging. Ich wusste sofort: Das waren die Lieder, die ich für Morgan spielen würde, wenn er losließ, um in die Geistwelt aufzusteigen. Das letzte Stück der Bahnfahrt versuchte ich, ein Buch zu lesen, um mich abzulenken, aber immer wieder kreiste dieses Wort in meinem Kopf: loslassen.

Es war 21.00 Uhr, als ich nach fünfeinhalbstündiger Bahnfahrt die heimische Haustür durchschritt. Ich fühlte mich seelisch völlig ausgelaugt. Morgan hatte es geschafft, aufzustehen und in den Flur zu gehen. Da stand er nun gegen die

Wand gestützt und wartete auf mich. Ich ging auf ihn zu und sah, wie zerbrechlich er geworden war.

»Ich bin jetzt bereit«, sagte er.

Die Botschaft war klar. Ich vernahm die Worte in mir als meine eigene innere Stimme, doch der Tonfall, der Charakter hinter den Worten, war seiner. Morgan hatte die Worte gesprochen, die ich in den vergangenen sechs Monaten immer wieder vorausgeahnt hatte.

Schweigend kniete ich mich neben ihn, schloss ihn in die Arme und drückte ihn eng an mich.

Gut, sagte ich still in Gedanken – in dem Wissen, dass er seine Entscheidung getroffen hatte.

Er hatte seinen Wunsch geäußert, und ich würde ihn respektieren. So wie ich seine Wünsche immer respektiert hatte, selbst wenn einzelne Freunde oder sogar meine Partnerin mich umstimmen wollten, und gerade jetzt würde ich es nicht anders halten.

25. Juli 2011: Dankbarkeit

Heute Morgen liegt Morgan auf der Bettdecke im Wohnzimmer, ich füttere ihn mit etwas Fisch aus der Hand. Er nimmt ihn, doch es liegt eine Spur Verzweiflung darin. Seine Augen quellen bedenklich aus den Höhlen. Nachdem ich mir auf dem Sofa eine Art Schlaflager zurechtgemacht habe, hebe ich ihn zu mir herauf, sodass sein Kopf neben meinem Bein liegt. Während meine Hand auf dem weichen Fell seines Kopfes ruht, danke ich ihm, dass er Teil meines Lebens ist.

Er schließt die Augen und versinkt in einen sehr friedvollen Schlaf. Ich spüre, wie sein Atem weich unter meiner Hand ein- und ausströmt. Seine Brust hebt und senkt sich sachte, und ich betrachte seine wunderbaren, dicht geschlossenen dunkelbraunen Lider. Ich bringe nicht die Kraft auf, den Tierarzt anzurufen und einen Termin zu vereinbaren. Jo bietet an, das für mich zu übernehmen.

Später am Nachmittag hole ich die Aromaölkerzen hervor, die ich in Glastonbury speziell für diesen Moment gekauft habe: die schwarze für Schutz, die weiße für Frieden und die grüne für Liebe. Ich danke Morgan für alles, was er mit mir geteilt hat. Für mich schreibe ich nieder, warum Morgan so wichtig für mein Leben war.

Ich bin dankbar, Morgan in meinem Leben zu haben, denn:

Er ist so freundlich.
Er ist sehr geduldig.
Er hat mich immer bedingungslos geliebt.
Er hat mich dazu gebracht, mein Leben zu ändern.
Er hat mich dazu gebracht, in mich hineinzuhorchen.
Er hat mich dazu gebracht, meine Grundannahmen zu überprüfen.
Er hat mir geholfen, ein besserer Mensch zu werden.
Er hat mir die Kraft gegeben, vielen Tieren zu helfen.
Er hat mir die Kraft gegeben, vielen Tierhaltern zu helfen.
Er hat mir die Kraft gegeben, mein Wissen über Tiere und meine Tierliebe mit anderen zu teilen, sodass sie den Tieren, die sie lieben, ein besseres Leben ermöglichen können.
Er hat mich daran erinnert, wie wichtig es ist, sich glücklich zu fühlen.
Er hat mir geholfen, mich wieder mit der Natur zu verbinden.

Er hat mich mit Menschen zusammengebracht, denen ich sonst aus dem Weg gegangen wäre. Er hat mir tiefe Liebe gezeigt, die aus seinen tiefgründigen, seelenvollen Augen strahlte.

Jo ist beruflich über Nacht außer Haus, und so ist dies die letzte Nacht, in der es nur Morgan und mich gibt.

26. Juli

Heute ist unser letzter Tag. Ich sitze hier, schreibe meine Gefühle und Morgans Geschichte nieder, so wie er es von mir wollte, während er in der anderen Ecke auf seinem Bett liegt und ruhig vor sich hinschlummert. Morgen kommt der Tierarzt und wird ihm helfen, sich von seinem Körper zu lösen.

Während ich diese Zeilen schreibe, erhebt Morgan sich unter großer Mühe und kommt zu mir herüber. Ich spüre, dass er gehalten werden möchte. Ich decke seine nässende Warze mit einem Handtuch ab und hebe ihn auf meinen Schoß. So sitzen wir anderthalb Stunden. Ich streichle vorsichtig das dünne weiße Fell auf seiner Brust, aus dem die Rippen hervorstehen. Ich streichle seine Beine, halte seine Pfoten. Er entspannt sich und schläft wieder ein. Ich genieße diesen Augenblick. In seinen jüngeren Jahren, als er noch so ein richtiger Springinsfeld war, hätte er so viel Nähe niemals zugelassen. Ich streiche über seine Ohren, bewundere seine schwarze Knopfnase, horche auf seinen Atem. Ich kann unter meiner Hand sein Herz schlagen fühlen. Meine Gedanken kreisen darum, wie es sein wird, ihn loszulassen. Morgen wird er nicht mehr in seinem physischen Körper sein; und was zurückbleibt, wird nicht mehr sein als seine leere

Hülle – abgestreift wie ein Kokon, aus dem der Schmetterling geschlüpft ist.

Das Telefon läutet und zerreißt diesen Moment der Innigkeit. Es ist Jo, die möchte, dass ich sie vom Bahnhof abhole. Sie kommt von der Eröffnungsvorstellung ihrer Show zurück, und ich habe sie gebeten, auf dem Rückweg ein paar Blumen zu besorgen. Morgan schläft jetzt, gegen mein Bein geschmiegt. Alles ist so friedvoll, und ich fühle mich so eins mit ihm, dass ich mich jetzt nicht von der Stelle bewegen möchte. Jo ist so lieb und sagt, sie könne auch ein Stück mit dem Bus fahren. Wir einigen uns darauf, dass ich sie von einer Stelle abhole, die näher bei unserem Haus liegt.

Ich bin mittlerweile daran gewöhnt, dass Morgan mitbekommt, was um ihn herum vorgeht, weswegen ich nicht im Mindesten überrascht bin, dass er kurz nach Jos Anruf von meinem Schoß herunterwill. Ich setze ihn auf seine Bettdecke auf den Boden, schließe die Tür, damit er sich nicht die Treppe hinauf in die Küche kämpft, schnappe mir die Schlüssel und sperre ab.

Als wir keine fünf Minuten später zurückkommen, liegt er noch immer gemütlich auf seiner Decke und schläft. Jos Arme sind vollgepackt mit Blumen, sie hat den Laden leer gekauft.

2.56 Uhr: Der Countdown läuft

Die Uhr läuft ab, und die Stunde rückt immer näher, da Morgan die Spritze bekommen wird, die sein Herz anhält und sein teures Leben beendet. Mein Held, mein Lehrer, mein bester Freund. Der Schmerz ist unglaublich. Ich meine, in tausend Scherben zu zerspringen, und fühle mich ganz und gar verloren.

Jo richtet drei große Vasen mit Blumen her: Sonnenblumen, Maßliebchen, große Blüten von reinstem Weiß und viele fliederfarbene, violette und tiefblaue. Sie hat sich nicht lumpen lassen. Nichts war ihr zu teuer.

Zwei der Vasen stelle ich links und rechts vom Kamin neben die Kerzen. Dann sammle ich sämtliche Rosenquarze im Haus ein und lege die rosa Trommelsteine um die Kerzen herum aus.

»Es gefällt mir«, meldet sich Morgan von seinem Bett, auf dem er liegt.

Ich möchte alles so schön wie nur möglich für ihn machen, es soll ein friedvolles Heiligtum werden. Auf den Kaminsims stelle ich vier mit Goldtinte geschriebene Schriftzeichen, die »Liebe« bedeuten, weitere Kerzen, einen Spielzeughund in Union-Jack-Stoff, den ich schon vor einigen Monaten gekauft habe – damals, auf »Morgans letztem Urlaub« in Kent. Dazu ein goldenes, wunderschön mit Vögeln und Blumen dekoriertes Gefäß und ein Foto von ihm mit seinem breitesten, strahlenden Lächeln und glücklich funkelnden Augen. Von diesem Bild strahlt einem seine wahre Essenz entgehen. Ich frage mich, ob ich alles getan habe, dass es für ihn stimmt.

»Es gefällt mir«, lässt er sich noch einmal vernehmen. Seine Kommunikation ist ebenso knapp wie klar.

Ich lege entspannende Musik auf, verschiedene CDs von *Bliss,* um es uns leichter zu machen, gefasst zu bleiben. Die Texte füllen meine Augen mit Tränen, Tränen der Trauer und der Freude.

Ich möchte, dass alles so entspannt wie möglich verläuft, sodass Morgan seinen letzten Tag auf Erden in leiblicher Gestalt ungetrübt genießen kann. Ich versuche, meinen Geist auf das Gefühl der Erlösung zu konzentrieren, das Morgan empfinden wird, wenn er seinen Körper loslässt, und erinnere mich selbst daran, dass es seine Entscheidung war und er den Zeitpunkt bestimmt hat.

Wieder erklingt Lucinda Draytons wunderbares Lied »Got to keep the faith, keep your faith in love« (»Bewahre dir den Glauben, bewahre dir den Glauben an die Liebe«). Zwischendrin poste ich kurz meinen Facebook-Kontakten, dass Morgan bald seinen Übergang vollziehen wird. Viele von ihnen hatten sich immer wieder nach ihm erkundigt und wussten auch, dass ich mich die letzten Monate quasi rund um die Uhr um ihn gekümmert hatte. Der Wunsch zu helfen liegt in der Natur des Menschen, und darum poste ich einen Vorschlag, von dem ich weiß, dass er sich mit Morgans Wünschen deckt: »Ich lade euch ein, eine Kerze für Morgan anzuzünden und ihm rosafarbenes Licht mit eurer Liebe zu schicken. Rosafarbenes Licht schwingt mit der Energie des Herzchakras und unterstützt ihn bei seinem Übergang.«

27. Juli: Der Tag des Übergangs

Nachts bin ich mit Morgan ein paarmal auf. Um vier Uhr früh will er hinunter. Ich schlüpfe in meinen Morgenrock und trage ihn auf meinen Armen nach unten. Man merkt, dass es ihm pressiert, und als wir auf der letzten Stufe angelangt sind, kann er seine Blase nicht mehr kontrollieren. Ich drücke ihn an mich und flüstere: »Ist schon in Ordnung.«

In der Küche hat er keine große Lust zu fressen. Er ist müde, und er weiß, welcher Tag heute ist. Ich halte ihm versuchsweise etwas Huhn hin, und er nimmt es, doch aus seinem Napf will er nicht fressen.

Später lege ich ihm eine Bettdecke aufs Sofa und hebe ihn rauf. Sofort entspannt er sich, legt sich auf die rechte Seite, den Kopf eng an mich geschmiegt. Ich streichle ihn sanft, und er nickt ein. Zwischendurch wacht er immer wieder mal kurz auf, dann sage ich ihm, dass ich da bin und dass alles in Ordnung ist. So verharren wir stundenlang. Die Uhr rückt vor von vier auf fünf, von fünf auf sechs, von sechs auf sieben. Ich sehe zu, wie der Countdown läuft, und die ganze Situation fühlt sich so unwirklich an, als wäre ich nur Zuschauer und nicht Beteiligter.

Ich verspüre den Wunsch, Morgan einen Brief zu schreiben und ihm zu sagen, dass er etwas ganz Besonderes ist und dass ich so dankbar bin, ihn all die Jahre an meiner Seite gehabt zu haben. Ich möchte zu Papier bringen, was ich empfinde. Während meine linke Hand auf seiner Schulter liegt, schreibe ich all meine Gefühle nieder, und jedes Wort kommt von Herzen. Immer wieder unterbreche ich mein Schreiben, um nachzudenken und in mich hineinzuhorchen, ehe ich weitermache. Dieser Brief soll der Ausdruck meiner Liebe zu Morgan sein.

Jo steht auf und gesellt sich zu uns.

»Ich schreibe Morgan einen Brief, um ihm zu sagen, wie viel er mir bedeutet. Vielleicht möchtest du das auch tun?«

Sie ist einverstanden, und während ich unter die Dusche gehe, sitzt sie bei Morgan und schreibt ihre Empfindungen auf eine Karte. Auf der Vorderseite der Karte steht ein chinesisches Schriftzeichen, darunter ein einziges Wort: »Stille.«

Abwechselnd sitzen wir bei Morgan, während die jeweils andere Tee macht. Wir schieben noch mal Huhn ins Rohr, und Bratenduft zieht durch den Raum. Morgan beschließt aufzustehen, und nach einem kurzen Abstecher in den Garten, der der Erleichterung seiner Notdurft dient, schafft er es, ohne Hilfe durchs Wohnzimmer in den Flur zu gehen. Er nimmt mit etwas Unterstützung die Treppe zur Küche, setzt dann seinen Weg ohne weitere Hilfe in die Küche fort, wo er sich aufpflanzt.

»Huhn«, höre ich ihn verlangen.

Während Jo das Huhn zerteilt, stütze ich ihn. Sie füttert ihn aus der Hand, und er schmaust mit Appetit. Dann aber erwischt er uns beide sozusagen kalt, indem er zu seinem leeren Napf hinübermarschiert.

»Er möchte es in seinem Napf haben!«, rufe ich erstaunt aus.

Wir fügen uns seinen Wünschen, und er überrascht uns ein weiteres Mal, da er ohne jede Hilfe steht und nicht das kleinste bisschen übrig lässt. Doch wir wissen beide, dies ist nicht als Signal zu verstehen, dass er es sich anders überlegt hätte. Vielmehr bietet er noch einmal seine ganze Kraft auf, um ein letztes Mal so viel wie möglich von seiner Leibspeise mit so viel Würde und Anstand zu verputzen, wie es nur irgend geht, ehe er Lebewohl sagt.

Es ist jetzt 10.30 Uhr. Obwohl wir seit vier Uhr früh auf sind, ist uns die Zeit zwischen den Fingern zerronnen. Es wird Zeit für Jo, hinüber zur Tierarztpraxis zu fahren und den Veterinär, der kein Auto hat, und seine Assistentin abzuholen. Das war die Bedingung, damit er ins Haus kommt und nicht wir mit Morgan in seine Praxis müssen.

Morgan wollte wie wir einen Hausbesuch. In der Tierarztpraxis war Morgan immer ängstlich gewesen. Wir wollten auch, dass er seine letzten Augenblicke in einer Umgebung verbringt, in der er sich wohlfühlt, zumal wir ja das Glück und die Zeit hatten, alles entsprechend vorbereiten zu können.

Jo und Morgan sehen sich noch einmal innig an, dann

nimmt sie die Autoschlüssel und macht sich auf den Weg.

Ich liege ihm gegenüber auf dem Fußboden, vor unserem riesigen, altarartigen Arrangement von Kerzen, Weihrauch und Blumen auf dem Kaminsims. Während ich seine Pfote halte und ihm in die Augen blicke, spüre ich, wie mir die Tränen übers Gesicht laufen und in meinen Haaren versickern. »Ich liebe dich. Ich liebe dich. Ich liebe dich.« Diesen Satz wiederhole ich immer wieder wie ein Mantra. »Du bist ein wunderbarer Hund.«

Ich erkläre ihm, was passieren wird und dass er nur loslassen müsse. So liegen wir ein paar Minuten lang da, dann merke ich, dass ich anfange, panisch zu werden. Was, wenn etwas schiefgeht? Was, wenn er Schmerzen hat? Plötzlich bekomme ich es mit der Angst zu tun. Ich hole die Erzengel-Michael-Orakelkarten von Doreen Virtue hervor, weil ich um Führung bitten möchte. Ich breite die Karten mit der Vorderseite nach unten auf dem Boden aus. Dann ziehe ich eine Karte aus den 44 heraus: »Gott sitzt am Ruder.« Zu dem Motto der Karte gibt es ein Gebet, das ich zuerst still, dann laut lese: »Lieber Gott, bitte hilf mir, diese Situation loszulassen und sie voller Glauben und Vertrauen deiner göttlichen Weisheit und unendlichen Liebe zu übergeben, damit du sie löst und alles und jeder, der daran beteiligt ist, geheilt wird.«

Ich spüre, wie mich sofort ein Gefühl des Friedens überkommt, und frage mich, wie ich je daran zweifeln konnte, dass eine schützende Hand über Morgan liegen würde.

Ich habe meine innere Ruhe wiedergefunden und lege mich wieder neben ihn. Ich halte seine Pfote, schaue ihm in die Augen, wiederhole meine Worte von Liebe und Dankbarkeit.

Morgan will aufstehen, und ich stütze ihn, bis er sicher auf den Beinen steht. Dann will er zur Hintertür hinaus in den Garten, und ich helfe ihm vorsichtig dabei. Aus der Rückschau ist mir klar: Er wusste, dass Jo mit dem Tierarzt und seiner Assistentin kommen würde.

Das Wetter ist herrlich – strahlender Sonnenschein, zartblauer Himmel, kühle Luft. Kaum draußen, geht er sofort zu seiner Wasserschüssel aus Edelstahl und trinkt erst einmal einen ordentlichen Schluck. Von da geht es auf den Rasen, er wankt auf der rechten Seite entlang der Eisenbahnschwellen ans andere Ende und erleichtert dort seine Blase. Dann schwenkt er nach links und schwankt den Rasen herunter in die Mitte des Gartens. Ich begreife, dass er seinen Übergang hier vollziehen will. Ich hole seine hellblaue Flauschdecke von der Leine und breite sie auf dem Rasen aus. Morgan tappt auf sie zu, setzt sich zuerst darauf nieder und legt sich dann hin. Ich spüre, er hat sich entschieden. Hier soll es geschehen: auf der Erde, unter dem Himmel, umgeben von Bäumen und Blumen. Ich setze mich neben ihn, nehme seine Pfote in meine Hand und streiche ihm über den Kopf. Ich weiß, dass er sich nicht mehr erheben wird.

Immer wieder sage ich ihm, wie außergewöhnlich er ist – und: »Ich liebe dich. Ich liebe dich.«

Irgendwann läutet es an der Tür.

Ich gebe ihm einen Kuss und sage: »Mein Liebling, sie sind jetzt da. Sie werden dir helfen, deinen Übergang zu vollziehen.«

Wir hatten immer gehofft, er würde friedlich im Schlaf sterben. Wünscht sich das nicht jeder? Doch Morgan war zu gebrechlich, sein Körper zu verbraucht. Er hatte es versucht. Er hatte es am Montag versucht, und ich rief Licht von oben und visualisierte, wie er seinen Körper verließ und aufstieg, doch es sollte nicht sein. Kurz bevor er in den Garten hinausging, als ich bei ihm auf dem Fußboden lag und wartete, bis Jo mit dem Tierarzt zurückkam, konnte ich spüren, dass er noch einmal versuchte aufzusteigen. Er hatte die Augen geschlossen und wollte ohne Hilfe hinübergleiten. Jo hatte sogar einen Moment lang gedacht, ich würde sie und den Tierarzt an der Tür empfangen, um ihm zu sagen, dass seine Dienste nicht mehr benötigt würden.

Ich kann mich noch daran erinnern, wie ich zur Tür ging, um sie und den Tierarzt hereinzulassen. Jo hatte absichtlich den Schlüssel nicht mitgenommen. Ich sollte wissen, wann sie kämen. Als ich ihnen entgegenging, schien die Zeit stillzustehen. Ich erinnere mich noch, wie mir zu Bewusstsein kam, dass Morgan nicht mehr lange in körperlicher Gestalt bei mir sein würde, sobald ich diese Türe einmal aufgemacht hätte. Ich musste mich regelrecht zwingen, einen Fuß vor den anderen zu setzen.

Als ich die Tür öffnete, brachte ich nicht mehr als ein »Hallo« heraus, dann machte ich auf dem Fuß kehrt und ging wieder hinaus zu Morgan. Ich wollte ihn keine Sekunde lang allein lassen, doch er hatte sich nicht von der Stelle gerührt. Selbst als der Tierarzt und seine Assistentin kamen, blieb er liegen, wo er lag. Er hob nicht einmal den Kopf, bewegte kaum die Augen. Er lag einfach nur wartend da, reglos und im Wissen um das, was geschehen sollte.

Ich besprach den Ablauf mit dem Tierarzt. Zu unserer großen Enttäuschung war jedoch nicht Morgans regulärer Tierarzt gekommen, der ein paar Tage zuvor in Sommerurlaub gefahren war, sondern eine Vertretung. Ich wollte aber keine Vertretung – jemand, den ich nicht kannte und der

Morgan nicht kannte. Ich hatte sogar schon meine Orakel-karten hervorgeholt, um sie um Rat zu fragen, doch bevor ich noch die Karten auslegen konnte, versicherte mir Morgan: »Die Vertretung geht in Ordnung.« Wenn es für Morgan in Ordnung war, dann sollte es auch für mich in Ordnung sein. Wir müssen nun mal die Tatsache akzeptieren, dass wir nicht alles kontrollieren können, und seien unsere Absich-ten noch so gut.

Der Vertreter des Tierarztes erklärte uns in kurzen Wor-ten, wie er vorgehen wolle. Ein paar Dinge wollte ich genauer wissen, und er erklärte mir alles. Er wollte Morgan sofort einschläfern, doch ich hatte das Gefühl, das sei nicht richtig – irgendwie respektlos.

»Morgan hat telepathische Fähigkeiten. Können Sie ihm bitte erklären, was Sie tun werden?«

»Telepathie ist doch Gedankenübertragung, nicht wahr?«, meinte er.

»Ja, stimmt. Doch Sie müssen einfach nur laut sagen, was Sie tun werden, denn er versteht die mentalen Bilder hinter Ihren Worten«, erklärte ich ihm und dachte insgeheim: »Bit-te stell mir jetzt bloß keine Fragen!« Ich kannte diesen Mann nicht, doch ich wollte, dass er Morgan als fühlendes Wesen sah und ihn mit dem gebührenden Respekt behandelte und das Ganze nicht bloß als Job betrachtete, den es zu erledigen galt, indem er unbesehen irgendjemandes Haustier einschläferte.

Er rasierte ein paar Zentimeter Fell an Morgans lin-kem Vorderlauf ab, dann bereitete er die Injektion vor. Die Spritze war mit einer leuchtend blauen Flüssigkeit gefüllt, die Menge hatte er nach Morgans Körpergewicht berech-net. Jo strich ihm über den Nacken, während ich ihm in die Augen sah und seine Flanke streichelte. Der Tierarzt erklärte uns, was er tun werde, dann führte er die Nadel in Morgans Vene ein und injizierte ihm langsam die Flüssigkeit. Innerhalb einer Sekunde streckte Morgan seinen Kopf nach hinten, die Nadel zuckte und glitt heraus – da wusste ich: Er war nicht mehr da.

Der Tierarzt schien überrascht, denn er hatte ihm nicht einmal die Hälfte der Dosis injiziert, die er für notwendig erachtet hatte. Ich aber legte meine Hand auf Morgans Herz, und zum ersten Mal war nichts zu fühlen.

»Er ist tot«, wisperte ich, kaum fähig zu sprechen.

Der Tierarzt nahm sein Stethoskop heraus, horchte ihn ab und bestätigte kurz darauf, dass Morgan nicht mehr unter uns weilte. Dann gab er noch einmal seiner Überraschung darüber Ausdruck, wie wenig er von dem Mittel gebraucht habe.

Für Jo und mich hingegen war das überhaupt keine Überraschung. Morgan hatte nur ein klein bisschen Hilfe gebraucht. Sein Energiepegel war niedrig gewesen, sein Körper verbraucht. Er hatte sich entschlossen loszulassen, und was noch wichtiger war, er hatte uns gesagt, dass er jetzt bereit war. Es war sein Wunsch, seine göttlich geleitete Wahl des rechten Zeitpunkts. Wir hatten nicht erwartet, dass er sich dagegen wehren würde, Hilfe für seinen Übergang zu bekommen. Unser einziger Wunsch war gewesen, dass dieser friedvoll vonstattengehen sollte.

Von verschiedenster Seite flossen ihm Hilfe und Unterstützung zu. Einige seiner menschlichen Freunde sowie unsere Schüler und Klienten hatten Kerzen für ihn angezündet und schickten ihm heilende Gedanken der Liebe. Viele seiner tierischen Freunde, die an jenem Ort weilen, den wir Himmel nennen, und seine früheren Halter, die jetzt im Geist sind, taten, was immer diese Wesen tun, um einer Seele bei ihrem Übergang beizustehen.

Morgan war nach Hause zurückgekehrt. Er schwebte nun frei, schwebte nach Hause.

Seine Augen waren offen, doch hinter diesen Augen war nicht mehr er, sie waren leer. Er lag reglos da, gänzlich reglos. Erst nach einer Minute fiel mir ein zu fragen, wie spät es sei. »Es ist jetzt 11.12 Uhr«, gab der Tierarzt zur Antwort. Demnach hätte Morgan seinen Aufstieg um 11.11 Uhr vollzogen. Ich fragte mich, ob er wirklich um diese Uhrzeit stattgefunden hatte, denn ich trug keine Uhr. Doch hätte es mich nicht im Geringsten verwundert, wenn es so gewesen wäre, denn im Jahre 2011 um 11.11 Uhr diese Welt zu verlassen war ein Timing so recht nach Morgans Geschmack. Er hatte seinen Übergang an einem »balsamischen Mondtag« vollzogen, in der Phase, wenn der abnehmende Mond in sein letztes Viertel getreten ist. Diese Phase steht für jede Form von Abschluss, vor allem für das Ende von Beziehungen.

Wir tauschten noch ein paar höfliche Worte mit dem Tierarzt und seiner Helferin aus. Weder Jo noch ich können uns daran erinnern, was sie sagten. Jo fuhr die beiden zurück in die Praxis. Ich hätte dazu nicht die Kraft gehabt, und ich weiß nicht, wie sie es geschafft hat.

Ich blieb zurück bei Morgan, legte die Arme um seinen Körper und weinte leise in sein Fell. Ich streichelte seinen Kopf, küsste ihn immer wieder. Mein Goldjunge war nicht mehr da. Ich blickte in seine Augen, aber er war nicht mehr hier. Dies war nur noch seine äußere Hülle. Ich vermisste seine Gegenwart sofort. Mir brach das Herz. Es sprang in tausend Stücke, die der Wind mit sich forttrug.

Alles war still und friedvoll. Ich hörte meine Nachbarn

nicht, ich hörte den Verkehrslärm nicht und nicht das Singen der Vögel. Ich verschmolz ganz mit der Stille. Es war, als würde ich die Stille hören, sofern das überhaupt möglich ist. Es gab nur noch Morgan und mich. Wir zwei, draußen im Gras, unter dem milden Schein der Sonne. Es war, als wäre die Zeit stehen geblieben.

Trauerarbeit

*»Ich begreife nun, dass Bäume im Winter etwas
unglaublich Aufrichtiges an sich haben,
niemand versteht loszulassen wie sie.«*

Jeffrey McDaniel

Morgan: Das erste Mal

Das erste Mal, dass ich erst spät am Morgen aufwache: Es ist 8.15 Uhr.

Zum ersten Mal wandert mein Blick dort hinunter, wo Morgan nur etwa einen halben Meter entfernt in seinem Bett liegen müsste. Doch da ist nur ein leerer Fleck, kein Bett, kein Morgan.

Zum ersten Mal gehe ich die Treppe hinunter, ohne Morgan auf meinen Armen zu tragen, um ihn rechtzeitig in den Garten zu bringen, ehe die Natur sich ihr Recht verschafft.

Das erste Mal, dass ich ihn nicht stütze, während er frisst.

Das erste Mal, dass ich ihm keine Gehhilfe gebe, wenn er auf seinen Beinen schwankt, dass ich ihn nicht zurück ins Wohnzimmer trage und vorsichtig auf sein Bett lege.

Das erste Mal, dass ich auf dem Sofa sitze und Morgan nicht auf seiner gefalteten Bettdecke auf dem Fußboden liegt.

Das erste Mal, dass ich hier sitze und sein Bett nicht dort steht, wo es stehen sollte.

Ich hasse dieses Gefühl. Ich hasse diesen leeren Fleck. Ich vermisse ihn unendlich. Ich vermisse seine Augen und sein sanftes Gesicht. Ich vermisse seine wunderbare Präsenz in meinen vier Wänden. Er hat mein Leben in so vielerlei Hinsicht verändert.

Dass ich mich in den letzten sechs Monaten beinah jeden einzelnen Tag um ihn gekümmert habe, hat mein Herz stärker geöffnet, als ich je für möglich gehalten hätte. Wir waren uns so nah, so aufeinander eingestimmt. Mein Herz floss über vor bedingungsloser, grenzenloser Liebe zu ihm, und als er schwächer wurde, wurde diese Liebe noch stärker. Für mich stand zu jeder Zeit fest, dass ich alles für ihn tun würde.

Jetzt hier ohne ihn zu sitzen ist das schlimmste aller Gefühle. Das Wesen, das den stärksten und liebevollsten Einfluss auf mein Leben ausgeübt hat, ist tot.

Ich bin wie betäubt.

Ich nehme sein Foto und breche in Tränen aus.

»Schreib dir alles von der Seele«, höre ich ihn zu mir sagen.

Doch im Moment vermag ich nicht zu sagen, ob ich mir das nur einbilde. Gaukelt mir mein Geist vor, was er gern hören will, oder sagt mir Morgan tatsächlich, was ich tun soll? Da Morgan physisch nicht länger präsent war, beschlichen mich Zweifel.

Stille.

8.44 Uhr. Früher wären wir um diese Zeit schon so um die fünf Stunden wach gewesen, nur wir beide. So viel Zeit, die wir miteinander verbracht haben – und nun? Nichts. Wie gern würde ich ihn jetzt neben mich aufs Sofa heben.

Jo und ich verarbeiten unsere Trauer auf ganz unterschiedliche Art und Weise: Ich verkrieche mich in die Stille, sie in Arbeit. Sie putzt, entfernt die Teppichreste, die wir ausgelegt haben. Das ist ihre Art, mit dieser Erfahrung umzugehen. Sie erzählt mir, dass immer, wenn ihr Blick dorthin geht, wo Morgans Bett stand, sie ihn friedlich lächelnd dort liegen sieht. Sie sieht mehr das Schöne als das Leid. Während sie als Kind mit dem Tod konfrontiert war, sagte man ihr, dass der Tod keine schlimme, sondern vielmehr eine positive Erfahrung sei. Dass der Tod nicht das Ende bedeute und dass geliebte Wesen, auch wenn sie gestorben sind, immer über uns wachen und immer an unserer Seite sind. Ihr Blick auf den Tod ist daher seit jeher schon unglaublich zuversichtlich gewesen. Mein Bild vom Tod hingegen war von Büchern und Medien geprägt, die den Tod als traumatische Erfahrung zeigten. Und Kummer oder Trauer waren Regungen, die man in meiner Familie nicht zeigte.

Gefühle von Reue und Bedauern türmen sich aufeinander wie dunkle Wolken. Ich wollte, ich hätte mehr Zeit mit Morgan verbracht. Ich wollte, ich wäre nicht nach Wales gefahren, um diesen Kurs zu geben.

12.55 Uhr. Sein Bettzeug liegt auf einem Haufen. Alle Handtücher und Decken sind gewaschen, der Großteil ist schon trocken, der Rest hängt zum Trocknen in der Sonne. Mir kommt das alles so unglaublich schnell vor. Und doch habe ich diesen Augenblick schon seit Monaten kommen sehen.

Ich kenne niemanden, der praktischer veranlagt wäre und mehr mit beiden Beinen auf der Erde stünde als Jo. Wenn Schlimmes geschieht, zerfließt sie nicht in Tränen, und sie sagte zu mir, das würde auch in Morgans Fall nicht anders sein. Tatsächlich hat sie noch nicht eine Träne vergossen, ich hingegen ein ganzes Meer. Das soll nicht heißen, dass das eine falsch und das andere richtig wäre. Es ist auch nicht so, dass sie unsensibel wäre oder Morgan etwa nicht geliebt hätte. Sie mag Hunde sogar sehr gern, und sie war die treibende Kraft, die Morgan zu einem Mitglied unseres Hausstandes machte. Sie geht mit dieser Erfahrung nur völlig anders um als ich.

Meine Gefühle schwappen sozusagen über. Ich sehe mir Morgans Fotos an und erinnere mich an all die gemeinsam verlebten Momente. Ich denke über die Rolle nach, die er in meinem Leben gespielt hat, und spüre seine Abwesenheit. Das Haus fühlt sich so leer an ohne ihn. Ich brauche jetzt Stille. Keine Musik, kein Fernsehen, keinen Lärm. Die Wogen meiner Emotionen schlagen über mir zusammen.

20.30 Uhr. Zwei der Kerzen, Liebe und Frieden, brennen noch hell. Daneben steht eine zylinderförmige Urne. Auf der Hülle prangt ein Bild wunderschöner Blauglöckchen unter einem dichten Blätterdach von Bäumen. Das Gefäß enthält Morgans Asche, genauer gesagt die »bei einer Einäscherung verbleibenden Knochenbestandteile«, wie uns der Feuerbestatter erklärte. Die Rosenquarz-Trommelsteine liegen jetzt um das Gefäß mit seiner Asche herum, und dieses friedvolle Bild schenkt mir Trost. Vor meinem inneren Auge lasse ich immer wieder die Ereignisse des gestrigen Tages ablaufen und rufe mir die magischen Momente in Erinnerung.

Der Verlust eines Tiers ist ein sehr realer und gewichtiger Grund zur Trauer. Ich möchte die Phasen meines Trauerprozesses, die ich in der Folge von Morgans Tod von Tag zu Tag durchlebt habe, mit Ihnen teilen, damit Sie erkennen, dass Sie nicht allein sind und andere Menschen Ihre Trauer verstehen und sie mit Ihnen teilen.

Licht zu Licht

Jo brauchte etwa eine Viertelstunde, um den Tierarzt und seine Assistentin zurück zur Praxis zu bringen. Und in dieser Viertelstunde fanden ein paar ebenso unerwartete wie magische Ereignisse statt.

Als ich allein mit Morgans totem Körper war, fragte ich ihn:»Wo bist du jetzt?«

Und ich hörte seine Stimme erwidern:»Noch auf meiner Reise.«

Wenigstens, so dachte ich, *ist er jetzt auf dem Weg.*

Bevor Jo mit dem Tierarzt kam, hatte ich zu Morgan gesagt:»Wenn du hinübergegangen bist, dann gib mir bitte ein Zeichen, dass alles in Ordnung ist. Lass mich wissen, ob es dir gut geht.«

Ich hatte mir vorgestellt, dass bis zu seiner Antwort mehrere Tage vergehen würden, bis er seine Reise vollendet und sich an seine neue Existenz ohne einen physischen Körper gewöhnt hätte. Doch noch bevor Jo zurück war und ohne dass ich um einen Kontakt gebeten hätte, wurde mir vor meinem inneren Auge ein Bild gezeigt. Ich konnte Morgan sehen, von Freude erfüllt und bellend, vor Freude bellend, und wieder jung. Ich konnte einen Morgan sehen, der vor Kraft nur so vibrierte und nicht mehr nur Haut und Knochen war und nur unter größter Anstrengung gehen konnte. Links und rechts von ihm erblickte ich eine Unzahl von Tieren, zu viele, um sie zählen zu können. Ich hatte die Empfindung, dass unter den Tieren an seiner Seite auch zwei meiner Hundefreunde waren, die jetzt ebenfalls im Geist sind. Ich fragte mich, wer wohl all die vielen Tiere waren und woher Morgan sie kannte.

Es war ein schönes Bild, dennoch war ich einigermaßen verwundert darüber. Viele sagen ja, die Seele brauche Stunden, um den Körper zu verlassen. Andererseits wusste ich, dass Morgan bereit gewesen war für seinen Aufstieg und nur eine minimale Dosis gebraucht hatte, um sich hinaus aus seinem Körper und in Richtung Licht zu katapultieren. Diese Veränderung seines Energieniveaus war stark und bewusst herbeigeführt. Daher war ich einerseits zwar geneigt zu glauben, dass das Bild die Wahrheit widerspiegelte, andererseits fiel es mir doch schwer, daran zu glauben, und zwar nicht nur, weil dieses Bild so schnell gekommen war, sondern auch, weil Morgans Körper noch neben mir lag.

»Vertrau dem Bild«, vernahm ich laut und deutlich Morgans sanften Befehl. Seine Stimme kam jedoch aus der Luft, nicht von dem toten Körper, der im Gras lag.

Ich möchte ihm ja vertrauen, dachte ich bei mir. *Das möchte ich wirklich, doch woher weiß ich, dass dieses Bild nicht einfach nur ein Produkt meiner Fantasie ist, um mich selbst zu trösten? Woher weiß ich, dass es real ist?*

»Vertrau ihm«, hörte ich Morgan ein weiteres Mal zu mir sagen.

»Du konntest dem Bild nicht vertrauen«, meinte Jo später.

Womit sie auch recht hatte. Ich musste Gewissheit haben, dass Morgans Seele seinen Körper verlassen hatte, bevor wir ihn ins Krematorium brachten. Dazu wandte ich dieselbe Technik an, die ich auch meinen Schülern beibringe, wenn sie lernen, ihr Bewusstsein in ein Tier zu versetzen, um dessen Gefühle wahrzunehmen. Ich versetzte mein Bewusstsein also in Morgans Kopf.

Manchmal ist es ausgesprochen schwierig, Empfindungen in Worte zu fassen, doch was ich im toten Körper des besten meiner Hundefreunde spürte, war schlicht *nichts.* Ein blankes *Nichts.* Er war nicht mehr da. Um ganz sicherzugehen, ging ich mit meiner Aufmerksamkeit hinunter zu seinem Herz, das jedoch völlig stillstand, und dann in den Brustraum. Überall war nur Stille. Sein Körper war leer. Verlassen. Der Geist hatte sich buchstäblich vom Körper getrennt, und zurückgeblieben waren nur die äußere Hülle und deren innere »Mechanik«.

Ich könnte mir vorstellen, dass dies dem einen oder anderen jetzt morbid oder zumindest absonderlich vorkommt, doch ich musste einfach Gewissheit haben, dass Morgans Seele den Körper verlassen hatte, ehe wir ihn einäschern ließen. Ich brauchte diese zusätzliche Bestätigung einfach. Und dann hatte ich ein zweites wundersames Erlebnis. Vor meinem inneren Auge sah ich weit in der Ferne einen schwarzen Hund. Einzelheiten waren nicht zu erkennen, weder die Rasse noch das Geschlecht. Ich wusste nur, dass er schwarz war, und ich fragte mich, ob das der Hund sein könnte, von dem Morgan vor seinem Übergang gesprochen hatte. Eines Tages nämlich, als ich darüber nachdachte, wie wohl ein Leben ohne Morgan sein würde, hörte ich ihn zu mir sagen: »Wir schicken dir jemanden.«

Damals hatte ich so viel begriffen, dass Morgan nicht allein »arbeitete«. Er stand mir zur Seite, und ihm standen wiederum eine Reihe anderer Wesen bei. Ich konnte spüren, dass einige von ihnen Tiere, andere Menschen oder engelgleiche Wesenheiten waren. Nun wusste ich, dass sie jemanden zu mir senden würden.

Draußen auf dem Rasen lege ich meine Arme um Morgan. Ich gebe ihm einen Kuss auf seinen Hals und schluchze leise in sein weiches weißes Fell. Und während ich dies tue, sagt er auf einmal zu mir: »Das bin nicht ich. Ich bin fort.« Sogar direkt nach seinem Übergang ist er noch zur Stelle, um mich zu trösten.

Zwei Stunden sind schnell vergangen. Jo und ich verbringen sie draußen neben Morgans totem Körper. Manchmal streicheln wir ihn und reden über ihn, doch meistens sitzen wir nur still da, während unsere Emotionen hin und her pendeln zwischen Schock und Taubheit und Frieden im Herzen und der Freude, Morgans Wünsche erfüllt zu haben.

Dann wird es Zeit für die Fahrt zum Krematorium. Wir beschließen, Morgan in seinem weichen ovalen Bett hinzubringen. Wir legen es mit einer cremefarbenen Decke aus. Jo bereitet die Blumen vor, die wir ihm mitgeben wollen. Ich hole unsere Briefe an Morgan, in denen wir ihm danken, dass er bei uns war, zwei rosafarbene Rosen und zwei Rosenquarze. All das ist ungeheuer schmerzlich, doch wir sind gefasst und eins in unserem Kummer.

Als Jo Morgans Körper aufhebt, fällt sein Kopf nach unten. Ich nehme ihn und lege ihn auf ihre Arme. Jo trägt Morgan hinaus zu unserem Auto und legt ihn vorsichtig in sein Bett im Kofferraum. Er ist in seine kleine rote Decke mit den schwarzen und weißen Pfotenabdrücken gehüllt, aus der nur sein Kopf und sein Hals herausschauen. Er sieht so friedvoll aus, als würde er schlafen.

Während der Fahrt zum Krematorium verändert sich sein Gesichtsausdruck vollkommen. Hinten im Garten sah er alt aus, gebrechlich, abwesend. Nun erweckt er wieder ganz den Eindruck von Entspannung, ja Behaglichkeit, und ein breites Lächeln zieht sich über sein Gesicht. Man könnte meinen, er hänge gerade einem wunderschönen Traum nach. Der entspannte, fröhliche Ausdruck, der auf seinem Gesicht wiedergekehrt ist, nimmt wiederum uns die Angst und tief in unserem Herzen wissen wir: *Es ist alles gut.*

Wir erreichen das Krematorium eine Viertelstunde zu

früh. Kevin, der Betreiber, kommt heraus, um uns zu begrüßen und uns zu sagen, dass der Abschiedsraum noch nicht bereitsteht. Wir haben es nicht eilig. Morgan sieht so glücklich und zufrieden in seinem Bett aus, dass wir ihn gar nicht bewegen wollen. Es drängt uns überhaupt nicht zu tun, was als Nächstes getan werden muss, auch wenn wir wissen, dass es unvermeidlich ist.

Als man uns sagt, dass wir nun in den Abschiedsraum können, hebt Jo Morgan aus seinem Bett und trägt ihn hinein. Kevin nimmt das Bett, und ich nehme unsere Briefe, die Blumen und die Kristalle. Morgan lächelt immer noch.

Kevin erklärt uns, wie man im Krematorium arbeitet und welche ethischen Grundsätze man dort befolgt. Morgan liegt währenddessen in seinem Bett, das hinter mir auf einem Tisch steht. Ich streichle seine Pfote und sage mir dabei innerlich immer vor:»Das ist nicht er. Das ist nicht er. Er ist fort. Das ist nur sein Körper.«

Ich konzentriere mich auf das Bild des bellenden Morgan, der von seinen Freunden umgeben ist. Dann verschließe ich mein Herz wie eine Muschel. Ich gehe all die Formulare durch, rede über den Papierkram. Was soll mit Morgans Körper eingeäschert werden, was nicht? Wir werden sein Bett und die Decke wieder mit nach Hause nehmen und die Sachen dem Tierheim schenken, das sein Leben gerettet und eingewilligt hat, dass wir ihn nehmen. Ich behalte sein Halsband, obwohl er es schon seit Monaten nicht mehr trug. Die Blumen, die Kristalle und die Briefe aber sollen mit ihm eingeäschert werden.

Kevin erklärt uns den Ablauf. Wir können zwischen der alten und der modernen Verbrennungsanlage wählen. Wir entscheiden uns für die alte. Kevin hat sie bereits für uns reserviert, sein Instinkt hat ihn also nicht getäuscht. Wir haben außerdem die Wahl, ob wir dabei sein wollen, wenn Morgans Körper auf den Stahlrost gelegt und in die Brennkammer eingefahren wird, oder ob wir ihm im Abschiedsraum Lebewohl sagen und den Rest Kevin überlassen im Vertrauen, dass er Morgans Körper mit Respekt behandelt. Wir entscheiden uns für Letzteres. Keine von uns will sehen, wie Morgan auf einen kalten Stahlrost gelegt oder in die Flammen der Verbrennungsanlage gefahren wird. Wir wollen von ihm das Bild in Erinnerung behalten, wie er friedlich in seinem Bettchen liegt, in seine Hundedecke gekuschelt, und mit diesem wunderbaren, herzerwärmenden Lächeln auf seinem Gesicht.

Man lässt uns allein, damit wir uns von ihm verabschieden können. Ich sage Morgan Lebewohl, gebe ihm einen Kuss, sage ihm, wie sehr ich ihn liebe, und trete zurück, damit auch Jo sich verabschieden kann. Dann verlassen wir den Raum. Sie muss zur Toilette. Ich warte draußen auf dem Flur auf sie.

Plötzlich überwältigt es mich: Dieser Abschied ist endgültig. Und so schlüpfe ich zurück in den Abschiedsraum, küsse Morgan auf den Kopf und auf sein weiches braunes linkes Ohr im verzweifelten Versuch, mir ein letztes bisschen gemeinsamer Zeit zu verschaffen. Mir ist, als müsse ich vor Schmerz zerspringen. Ich muss mich zwingen, den Raum zu verlassen, weiß ich doch, dass ich seinen schönen Körper, der so viel Beruhigendes, so viel Freude und Eigenwilligkeit ausstrahlte, nie mehr sehen oder berühren werde. Dies ist unwiderruflich das letzte Mal, dass ich mit Morgan als physischem Wesen zusammen sein kann.

Ich gehe hinaus und warte im Auto auf Jo.

Wir hatten darum gebeten, uns Morgans Asche sofort zu

übergeben. Kevin schlug uns vor, in der Zwischenzeit im Garten von »Dignity« zu warten oder am nahe gelegenen Kanal einen Spaziergang zu machen. Beim Kanal gibt es einen Pub, wo wir unser Auto abstellen. Jo und ich wollten zuerst einen Spaziergang machen, doch jetzt ist uns eher nach einem Schluck zu trinken zumute, und so gehen wir in den Pub.

Irgendwie stimmt es nicht, ohne Morgan in einem Pub zu sein. Es ist ein befremdliches Gefühl. Ohne einen Hund ist ein Pub ein einsamer Ort. Ganz besonders ohne einen Hund, der ganz wild auf die Chips ist, die es dort gibt. Ich schiele nach unten, doch dort sitzt kein Morgan mehr, der mich erwartungsvoll anschaut. Dabei sollte er hier sitzen. Er hat Pubs immer gern gemocht. Ich bin mir sicher, dass sein Vorbesitzer ihn stets in den Pub mitgenommen hat, denn jedes Mal, wenn wir mit ihm in einen Pub gingen, fühlte er sich dort offenkundig wie zu Hause.

»Ich weiß nicht, wie lange ich ohne Hund sein kann«, sage ich Jo.

Sie sieht mich verblüfft an. Ich hatte ihr zuvor doch immer wieder des Langen und Breiten erörtert, dass ich mich das kommende Jahr ganz auf meine Kurse konzentrieren wollte und vorhatte, auch im Ausland Workshops zu halten, jetzt, da wir beide weniger gebunden wären. Wir wären eine Weile ohne Hund, und das würde uns Zeit geben, zu trauern und unseren Verlust zu verarbeiten. Und dann könnten wir uns ruhig wieder einen kleinen, aufgeweckten Hund zulegen.

Wir sitzen draußen vor dem Pub mit unseren Getränken und den obligatorischen Chips, doch Morgan ist nicht mit von der Partie, und das ist ein schreckliches Gefühl. So viele Orte in unserem Leben sind mit bleibenden Erinnerungen an unsere Vierbeiner verbunden.

Alles ist gut

Wieder zu Hause, sitze ich schweigend da und hänge meinen Erinnerungen nach. Ich komme mir vor wie ein Pendel, das zwischen Schmerz und Frieden hin und her schwingt. Der tiefe Schmerz lässt mich gelegentlich in unkontrollierte Weinkrämpfe ausbrechen. Auf der anderen Seite aber weiß ich auch, dass alles gut ist. Morgan musste seinen Körper verlassen, und er hat den richtigen Zeitpunkt dafür bestimmt. Und wir haben seine Wünsche respektiert.

Morgan: Gefühle nach einer Verlusterfahrung

29. Juli 2011

Ich bringe keinen Bissen runter. Auf der Fähre zur Isle of Wight war ich wie betäubt. Mir kam alles so unwirklich vor wie in einem Albtraum, aus dem ich irgendwann erwachen würde. Und dann wäre Morgan wieder da, würde mich mit seinen lachenden Augen ansehen, und sein Körper würde strahlen vor Freude wie von einem goldenen Licht.

Jo und ich waren öfter hierhergekommen, um mit Morgan Urlaub zu machen. Wir nahmen eine Fähre, die ein eigenes Hundedeck mit einer Hundetränke hatte. Morgan war immer gern mit uns verreist und fand es nicht im Mindesten beschwerlich. Das Leben war für ihn ein einziges großes Abenteuer gewesen, und er hatte es genossen, neue Orte und neue Gerüche zu entdecken.

Als wir die Fähre verlassen, mache ich Bekanntschaft mit zwei Hunden: einem überaus fröhlichen Yorkshireterrier namens Poppy, der viel Aufhebens um mich macht, und einer sanften Colliehündin namens Sky, die sofort meinen Schmerz spürt und mir immer wieder über die Hände leckt, während sie mir besorgt in die Augen schaut.

Ihren Herrchen erkläre ich:»Ich habe vor zwei Tagen meinen Hund verloren.«

Meine Stimme wird brüchig, ehe ich meinen Satz vollenden kann. Die beiden Männer verstehen, was in mir vorgeht, und sind sichtlich berührt, wissen aber nicht so recht, was sie darauf sagen sollen.

»Er war siebzehn Jahre alt«, erzähle ich ihnen, um ihnen eine Brücke zu bauen.

»Das ist ein gutes Alter«, meint der Mann, der näher bei mir steht.

Ich nicke zustimmend, denn es ist schwer, etwas zu sagen, wenn man damit beschäftigt ist, seine Tränen hinunterzuschlucken.»Einen schönen Tag noch!« ist das Einzige, was ich hervorbringen kann, dann gehe ich weg, ehe ich in Tränen ausbreche.

Erst jetzt wird mir klar, dass die Namen der beiden Hunde etwas zu bedeuten haben:»Poppy«, die Mohnblume, mit der man in England der im Felde Gefallenen gedenkt. Und »Sky«, der Himmel, der an das Jenseits gemahnt, die Sphäre des Überirdischen. Es war, als hätte man mir ein Zeichen geschickt.

Wir haben uns hierher in Stewarts Inseldomizil zurückgezogen. Stewart ist ein Maine-Coon-Kater, dessen Bekanntschaft ich über zwei Klientinnen von mir, Belinda und Laura, gemacht hatte. Im Laufe der Jahre, in denen ich ihm beistand, schlossen auch seine beiden Frauchen und ich allmählich Freundschaft. Stewart, der seinen Übergang im Jahr 2009 vollzog, übte einen tiefen Einfluss auf mich aus, der bis heute andauert.

Als wir im Haus unserer Freunde eintreffen, finden wir eine Karte vor. Sie trägt auf der Vorderseite eine Umriss-

zeichnung, die an Morgan erinnert. Daneben ein Blumen-
strauß, in dem eine einzelne Rhododendronblüte steckt. Jo
hatte Rhododendron in exakt derselben Farbe für Morgan
gekauft, er steht noch zu Hause in einer Vase. All das wirkt
wie eine weitere leise Bestätigung, dass es richtig ist, jetzt
hier zu sein.

Mir fällt auf, dass die Blumen die Farben der höheren
Chakren haben: Blau, Violett und Weiß. Ich frage mich, ob
unsere Freunde den Strauß bewusst in diesen Farben bestellt
haben oder der Florist ihn rein zufällig so zusammengestellt
hat. Auch dies wieder ein symbolträchtiges Detail, lebt Morgan doch jetzt auf einer höheren Daseinsebene mit einer
höheren Schwingungsfrequenz.

Jemand schickt mir eine E-Mail mit dem Bild einer rosafarbenen Rose, der Farbe des Herzchakras, Symbol der Liebe.

Online lese ich das »Daily-Good«-Motto des Tages: »Ver-
wandle deine Wunden in Weisheit« von Oprah Winfrey.

Es passieren so viele Dinge, die wie perfekt getaktete Zeichen und Botschaften von Morgan wirken.

30. Juli

Wegzufahren und hierher ins Haus unserer Freunde zu kommen verschafft uns auch Abstand zu den aufwühlenden Emotionen und Erinnerungen, die sich mit zu Hause verbinden.

Als ich an einer recht treffenden Zeichnung von Stewart vorbeigehe, höre ich: »Es geht ihm gut.« Ich erkenne Stewarts
Stimme und weiß, dass er von Morgan spricht.

Trotzdem habe ich noch immer keinen Appetit. Egal, ob
essen, reden oder spazieren gehen, es ist mir alles zu viel. Zu
allem muss ich mich mühsam aufraffen. Mechanisch führe
ich die notwendigen täglichen Aufgaben aus.

Es ist schwierig, gemeinsam zu trauern, wenn der Partner mit Trauer ganz anders umgeht. Jo will aus dem Haus gehen und etwas unternehmen. Ich will zu Hause sitzen, über Morgan schreiben, über ihn nachdenken und meine Betrachtungen anstellen. Das lässt mich ihm nahe sein.

Jo ist wieder unterwegs, um durch die Geschäfte zu ziehen. Diesmal aber hat sie das Haus wutentbrannt verlassen. Im Gehen rief sie mir zu:»Ich trauere auch um Morgan, bloß damit du's weißt!«, und knallte die Tür hinter sich zu. Sie ist wirklich ziemlich sauer, denn sie wollte mir etwas schenken, um mich ein wenig aufzuheitern, doch ihre Kreditkarte wurde nicht akzeptiert, und wir würden sogar Gebühr zahlen müssen. Ihre gut gemeinte Geste ging nach hinten los.

Trotzdem, das Türenknallen empfinde ich als persönlichen Angriff. Es ist mir alles zu nah und zu dicht. Irgendwo im Ortszentrum von Cowes höre ich eine Band trommeln, und obwohl das Getrommel mehrere Straßen entfernt ist, ist es mir zu laut. Ich brauche Ruhe, Stille. Ich frage mich, wie ich je ohne Morgan zurechtkommen soll. Der Schmerz, ohne ihn hier sein zu müssen, ist einfach zu groß für mich.

Später besuchen wir den Inselzoo, damit ich Casper, dem weißen Löwen, einen Besuch abstatten kann. Wir sind uns schon bei früheren Besuchen auf der Insel begegnet, und ich bewundere ihn sehr.

Als ich bei seinem Gehege ankomme, schickt er mir sofort von seinem dritten Auge weißes Licht in mein Herz.

»Fasse dich«, weist er mich an.»Wir weißen Löwen werden dir zur Seite stehen. Du brauchst stärkere energetische Unterstützung. Morgan hat getan, was er konnte.«

Was er damit unterschwellig sagen will, ist, dass Morgan alles getan hat, was in seinen Kräften stand.

Caspers nächste Botschaft an mich ist:»Mach deine Liebe weit.«

Dann spüre ich, wie er mir vermittelt, dass ein ruhiges, starkes Herz ein mutiges Herz ist.

Der Inhalt seiner letzten Botschaft lautet:»Entdecke deinen Löwenherz-Mut.«

Der späte Abend wird von heulendem Schmerz zerrissen. Meinem. Es fällt mir schwer, meine Gefühle in diesem Moment in Worte zu fassen. Dass ich mich so fühle, als würde man mir den Bauch aufreißen, kommt dem Ganzen wohl am nächsten. Es ist der qualvolle, herzzerreißende Schmerz der Trennung. Ganz physisch und unkontrollierbar.

Jetzt ehre ich Morgan mit der Tiefe meiner Liebe und meines Schmerzes über unsere physische Trennung. Auf die Suche nach meinem Löwenherz werde ich mich dann wohl morgen machen müssen ...

31. Juli

Während ich ein Sonnenbad nehme, weist Morgan mich an, als Ratgeber für alle Tierliebhaber ein Buch über Tiere zu schreiben, die durch den Sterbeprozess gehen. In dem Buch solle ich nicht nur von meiner Reise mit ihm erzählen, sondern auch aus meiner Praxis als Tierkommunikatorin stammende Fälle meiner Klienten und ihrer Tiere und deren Ansichten über Sterben und Tod bringen. Innerhalb einer halben Stunde habe ich den Aufbau und die Kapitelüberschriften zu Papier gebracht – alles von Morgan kommuniziert. Ich habe ein gutes Gefühl.

Als es Zeit wird, vom Haus meiner Freunde und seinen Annehmlichkeiten wieder Abschied zu nehmen, kochen meine Gefühle erneut hoch. Ich packe Morgans Foto, die Blumen und die Beileidskarte zusammen. Wir müssen wieder nach Hause, aber ohne ihn ist es kein Zuhause mehr. Es ist leer und tot.

Doch mir ist bewusst, dass ich schon um Texas' willen wieder nach Hause muss. Auch er braucht seine Familie. Nicht nur, dass sich seine äußere Umgebung verändert hat – keine Teppiche und Teppichreste mehr –, auch sein Hundefreund und seine beiden menschlichen Kumpels sind nicht da.

Die Rückfahrt auf der Fähre erlebe ich mit gemischten Gefühlen. Ich sitze an Deck, schaue auf die weite See hinaus, und der Gedanke, nun ein Leben ohne Morgan an meiner Seite führen zu müssen, macht mich zutiefst traurig. Aber ich freue mich auch darauf, Texas wiederzusehen und das rote Kuschelknäuel wieder in meine Arme zu schließen. Ich bin mir sicher, er weiß, dass wir zurückkommen, und erwartet uns.

Wie vorhergesehen kommt Texas auch schon mitten auf der Straße auf uns zugelaufen, sobald wir unser Auto abgestellt haben. Es ist wunderbar, ihn wiederzusehen. Verständlicherweise ist er total von der Rolle und braucht erst mal ein paar Stunden, bis er sich wieder gefangen hat. Wir spielen mit seiner Maus im Garten, kredenzen ihm Berge von Futter, und er hilft uns dafür auf altbewährte Art, das Bett frisch zu beziehen, indem er sich wie der König der Löwen in voller Pracht darauf niederlässt, während wir noch versuchen, Laken und Bettzeug zu wechseln. Einen Augenblick lang scheint das Leben ganz normal, dann fällt mein Blick auf den leeren Fleck, wo Morgans Bett stehen sollte, und dieser leere Fleck spiegelt exakt die Leere in meinem Herzen wider.

1. August

Alles ist irgendwie falsch.

Ich zünde die weiße Friedenskerze und die grüne Herzkerze am Kamin an und dann noch ein Räucherstäbchen. Wieder fühle ich mich wie betäubt. Draußen herrscht strahlender Sonnenschein, doch nicht in mir.

Jo kommt herein und meint:»Es wirkt so leer hier.«

Sehr leer. Ich kann nicht fassen, dass ich am Samstag einen Kurs geben muss. Ich habe nicht die leiseste Ahnung, wie ich auch nur ein Wort herausbringen soll. Typisch Morgan, dass er seinen Übergang ausgerechnet kurz vor dem heißesten Tag des Jahres und meinem Fortgeschrittenenkurs »Tiere geben uns Kraft« vollziehen muss.

Es ist noch keine Woche her seit Morgans Aufstieg. Ich bringe immer noch kaum einen Bissen runter. Es ist mir unmöglich, mit irgendjemandem zu reden. Ich habe überhaupt keine Lust, auch nur irgendetwas zu tun. Jo hingegen geht schnell zum Alltag über. »Das Leben muss weitergehen«, sagt sie.

Ich will nicht hier sein.

2. August

Langsam, sehr langsam beginne ich zu akzeptieren, was passiert ist, doch ein Teil von mir wehrt sich immer noch dagegen. Ich erkenne, dass etwas in mir weiter in der Verlusterfahrung verharrt und in dem damit verbundenen Schmerz, weil ich nicht akzeptieren will, dass Morgan nicht mehr da ist. Dieser Teil von mir will sich den Tatsachen nicht stellen. Mir ist bewusst, dass das nicht gesund ist.

Das Leben steht niemals still – es verändert und entwickelt sich. Viele Tiere, mit denen ich kommuniziert habe, sagten mir, dass das Leben zyklisch ist, und das leuchtet mir ein.

Ich mache mich daran, mich um den Fortbestand des Unternehmens zu kümmern, dessen Mitbegründer Morgan war. *Animal Thoughts* ist auch sein Werk. Ich weiß nicht, ob ich mit einer derartigen Aussage auf breites Verständnis stoße. Doch ein weiterer Grund, der diesen Verlust so schmerzhaft werden lässt, ist, dass ich in Morgan auch einen Geschäftspartner verloren habe. Er stand mir stets mit seinem Rat zur Seite, wenn ich entscheiden musste, in welcher Richtung es weitergehen sollte.

Im Augenblick ruht er sich aus. Es mag ein wenig widersinnig klingen, das hier zu schreiben, doch die lateinische Inschrift »RIP« heißt übersetzt nichts anderes als: »Er möge in Frieden ruhen.« Auf meiner Website habe ich eine Extraseite zum Gedenken an Morgan eingerichtet, und wenn ich die richtigen Worte gefunden habe, werde ich sie auch mit Text füllen. Momentan sind dort nur zwei Fotos von ihm zu sehen. Auf dem einen sitzt er neben dem auf den Teer geschriebenen Graffito »Special«, das andere zeigt ihn in seinem Lieblingswaldstück, wie er sich wie ein Schneekönig über einen Knochen freut, den er gefunden hat und den er schwanzwedelnd wie eine Trophäe herumträgt.

Das Leben geht weiter. Wir gehen ins Kino, um uns den letzten Teil von »Harry Potter« anzuschauen. Wir hatten den Kinobesuch immer aufgeschoben, weil wir auch nicht einen Moment versäumen wollten, den wir mit Morgan noch verbringen konnten, da nicht zu übersehen war, dass für ihn alles immer mühseliger wurde und seine Lebensenergie kontinuierlich abnahm. Das Hauptthema des Films ist der Kampf des Lichts gegen die Kräfte der Finsternis. Das erinnert mich

214

an das Licht, das Morgan ausstrahlt: Sei immer zuversichtlich und meistere alle Schwierigkeiten. Der Film ist zu Ende,
und mein erster Gedanke ist: »Wir müssen gleich nach Hause zu Morgan.«

Sobald ich merke, welcher Gedanke mir da durch den
Kopf gegangen ist, fange ich an zu schluchzen. Unter Tränen erkläre ich Jo mühsam, warum ich weine. Sie versteht
mich. Die anderen Kinobesucher denken vermutlich, ich weine, weil mich das Ende des Films so traurig gemacht hat.

Zu Hause erwartet mich eine Nachricht:

Liebe Pea,

ich war tief bewegt, als ich im Newsletter Deine Nachricht über den lieben Morgan las. Er war und wird immer
Dein bester Freund sein. Das mag nach einer allzu banalen
Beschreibung dieses außergewöhnlichen geistigen Wesens
klingen, welches Teil Deines Lebens war, einer Beschreibung, die ihm nicht annähernd gerecht wird. Doch das Wort
»Freund« steht für ein mächtiges Band der Liebe, mit dem
wir gesegnet sind, und der »beste Freund« ist die Krone dieser Liebe, die uns so selten zuteilwird und die wir mit nur
wenigen teilen.

Ich bin mit meinem Herzen bei Dir, denn Morgan muss
jetzt seinen eigenen Weg gehen – wie wir alle es müssen,
wenn unsere Zeit gekommen ist –, doch wenn er seinen
Weg einmal vollendet hat, dann wirst Du feststellen, dass er
immer an Deiner Seite sein wird, egal, wohin Du auch gehst.
Er ist nicht unwiderruflich fort. Er wird Dich mit immer stärkeren Botschaften und Mitteilungen leiten – und ich weiß,
dass Du das in Deinem Herzen auch längst weißt. Trotzdem
ist dies im Augenblick noch eine schmerzliche Zeit für Dich

und alle, die Morgan als die Seele, die über diese Welt wandelte, gekannt und geliebt haben.

Bald wirst Du überall kleine Zeichen seiner Gegenwart sehen: Er wird Dich zum Lachen bringen, wenn Du am allerwenigsten damit rechnest, er wird Dir Antwort schicken, sobald Du eine Frage stellst, er wird Deinen Weg kreuzen, wenn Du nicht weißt, welche Richtung Du einschlagen sollst. Meine Gedanken und meine Liebe sind bei Dir und Morgan. Danke Dir, Pea, für all die Freundlichkeit und Hilfe, die Du durch Deine Kommunikation zwischen dem menschlichen Geist und dem Geist unserer wunderbaren tierischen Freunde in dieser wundersamen, wunderbaren und manchmal so schwierigen Welt zeigst. Ich kann nur so viel sagen, dass das Beste für Dich und Morgan erst noch kommen wird – Morgan, der immer noch bei Dir ist und immer noch und intensiver denn je mit Dir kommuniziert.

Alles Liebe,

Caroline X

Es war eine so schöne Botschaft, und während ich darauf antwortete, musste ich immerzu lächeln:

Vielen, vielen Dank, dass Du Dir die Zeit genommen hast, mir diese Zeilen zu schreiben, die mir sehr zu Herzen gegangen sind. Es klingt nach einem seltsamen Zufall, dass ich, nachdem ich letztes Wochenende unterwegs war, mit einem kleinen Herzen aus Holz nach Hause kam, auf dem »Mein bester Freund« stand. Ich kann nicht sagen, warum ich es eigentlich gekauft habe, es hat mich einfach angezogen, doch habe ich dabei irgendwie an Morgan gedacht. Ich glaube, dass das, was Du geschrieben hast, stimmt und Morgan schon den ersten kleinen Kontakt hergestellt hat. Doch im Moment empfinde ich seinen körperlichen Tod noch als sehr schmerzhaft, gerade da ich ihn viele Monate rund um die Uhr gepflegt habe, bevor er seinen Aufstieg vollzog.

Caroline schrieb zurück:

Durch den körperlichen Tod getrennt zu werden ist ein schwerer Schlag. Doch sorgst Du auch jetzt noch für Morgan, da Du ihm eine friedvolle Reise wünschst und ihm in Deinem Herzen einen warmen, behaglichen Ort bereitet hast, wo er seine wohlverdiente Rast genießen kann. Ich finde es überhaupt nicht seltsam, dass Du dieses Herz mit der Aufschrift »Mein bester Freund« entdeckt hast – er will Dir sagen, dass Du Dir keine Sorgen machen sollst. Er hat eine ordentliche Anzahl von Jahren hier verbracht und alles getan, was von ihm verlangt war. Möglicherweise braucht er jetzt einfach ein kleines, friedliches Nickerchen, doch nach wie vor wacht er über Dein Wohlergehen. Was er Dir sagen will, ist: »Stell dir vor, ich schlafe gemütlich eingerollt auf meinem Lieblingsplatz. Geh du deinem Tagwerk mit neuer Kraft und Freude nach. Ich werde bald wieder wach sein, stark, erfrischt, und es kaum erwarten können, wieder loszulegen.« Gemeinsam werdet Ihr dann ganz erstaunliche Dinge bewirken.

3. August

Auf den Tag genau eine Woche ist es jetzt her, dass Morgan seinen Aufstieg vollzogen hat. 11.11 Uhr kam und ging, ohne dass etwas Auffälliges geschehen wäre. Ich sitze im Zug nach Leeds, um meine Adoptivmutter Mary zu besuchen. Noch immer fällt es mir sehr schwer, mich ohne Morgan zu Hause aufzuhalten. Jo ist voll eingespannt mit den Entwürfen für zwei neue Shows und hat gar keine andere Wahl, als nach vorn zu schauen. Sie will, dass der Fernseher eingeschaltet wird, ich nicht. Sie will laute Musik hören, ich brauche absolute Stille.

Neben mir sitzt ein Typ, der mit seinem Handy telefoniert. Über zwanzig Minuten quatscht er jetzt schon in dieses Ding. Jede Faser meines Leibes würde am liebsten hinausschreien: »Ruhe!« Ich brauche Stille. Ein törichter Gedanke geht mir durch den Kopf: *Weißt du nicht, was für ein wunderbarer Hund eben erst gestorben ist?* Ich stelle mir vor, dass alle, die einen schweren Verlust erlebt haben, sich so fühlen müssen. Wie kann sich die restliche Welt einfach weiterdrehen, wenn meine eigene Welt gerade in Trümmer gegangen ist?

Kummer findet viele Wege, um sich zu zeigen. Die letzten zwei Tage hatte ich einen »toten« linken Arm – schwer, gefühllos und schmerzend. Es fühlt sich so an, als würde darin etwas festsitzen. Mir ist bewusst, dass es mein Schmerz ist.

Mary versteht, wie wichtig Morgan für mich war und wie sehr sein Tod mich bedrückt. Ihr stilles Verständnis lässt mich heute ein wenig loslassen und lächeln, ja sogar lachen.

5. August

Gott sei Dank lichten sich die Nebel ein wenig. Ein Teil in mir begrüßt es, dass meine Last ein wenig leichter wird, ein anderer sträubt sich gegen diese Veränderung, weil er sie als Verrat empfindet angesichts der Schwere des Verlusts, den ich erlitten habe. Ist schon eine seltsame Sache, die menschliche Natur.

Ich rufe mir ins Gedächtnis, dass es eine von Morgans Hauptbeschäftigungen im Leben war, glücklich zu sein; und er wollte, dass auch die Menschen um ihn herum glücklich waren.

6. August

Zurück aus Leeds, finde ich weitere Beileidskarten vor. Diese Karten sind ein wirklicher Trost für mich, denn sie zeigen mir, dass die Menschen meine Trauer anerkennen. Als Erstes öffne ich eine Klappkarte mit einer tröstlichen Botschaft, auf der außen wunderschöne rosafarbene Rosen abgebildet sind. Nachbarn, die Morgan und mich immer gesehen haben, wenn wir unseren morgendlichen Spaziergang in den Wald machten, haben mir ein Foto einer gelben Rose geschickt. Die rosafarbenen und gelben Rosen sind wie ein Zeichen, dass Morgan noch immer in der Nähe ist. Mir wird dabei ganz warm ums Herz.

Ob etwas ein Zeichen ist, kommt immer auf den einzelnen Menschen an – entweder empfindet man etwas als bedeutsam oder eben nicht. Und wenn man etwas als Zeichen empfindet, dann sollte man einfach darauf vertrauen, statt dies dauernd anzuzweifeln.

Morgen beginnt mein Workshop. Ich hänge die Kursbeschreibung an die Mail für die Teilnehmer und schreibe ihnen, dass ich versuchen werde, sie nicht zu enttäuschen. Eine der Kursteilnehmerinnen, schreibt sehr lieb zurück:

Liebe Pea,
Du könntest uns niemals enttäuschen. Wenn Du Dich selbst nicht stark genug fühlst, dann hol Dir Kraft bei uns. Wir werden Dich unterstützen, so wie Du uns unterstützt hast. Ich denke an Dich.
Alles Liebe
Amanda

7. August: »Tiere geben uns Kraft, Teil 1«

Ehe ich noch einen Schritt durch die Tür des Gemeindesaals getan habe, schießt mir ein Gedanke durch den Kopf: »Ob mir einer der Kursteilnehmer vielleicht als Zeichen von Morgan eine Rose mitbringt?«

Hier an diesem Veranstaltungsort in London werde ich also den ersten Teil meines Kurses »Tiere geben uns Kraft« halten. Bei diesem Gedanken überfällt mich sofort ein Gefühl vollkommener innerer Leere. Kein Morgan, dessen Krallen über den Holzboden klackern, während er jede Ritze und jeden Winkel nach möglichen Leckerbissen absucht. Dies ist der erste Workshop, den ich ohne meinen Lehrer und getreuen Mentor halten muss. Er ist treibende Kraft, Liebe und Licht. Er ist mein wichtigster Berater, er gibt mir Mut und Zuversicht. Ohne ihn fühle ich mich schrecklich verwundbar, doch ich bin fest entschlossen, niemanden hängenzulassen.

Ich bin gerade mit Auspacken fertig, als die erste Kursteilnehmerin kommt. Sie grüßt mich, als wäre nichts geschehen, als wäre Morgan, der wichtigste Einfluss in meinem vierzigjährigen Leben, nicht gestorben. Ich weiß nicht, wie ich reagieren soll, und spiele das Spiel mit. Während sie mir netterweise hilft, die Stühle aufzustellen, treffen die anderen Kursteilnehmer ein.

Wie soll das hier nur funktionieren?, frage ich mich insgeheim.

Stühle und Tische sind aufgestellt, alle Teilnehmer haben etwas Warmes zu trinken, und so bitte ich sie, Platz zu nehmen. Nach ein paar Worten der Begrüßung bekenne ich, dass dieser Tag für mich sehr schwierig werden könnte. Schon fängt auch meine Stimme an zu zittern, und ich muss mich unterbrechen, um meine Fassung wiederzugewinnen.

»Aber keine Bange, ich habe für Notfallausrüstung gesorgt«, witzele ich und zeige auf den Tisch neben mir, auf dem zwei große Boxen mit Papiertaschentüchern stehen. »Die eine ist für mich, die andere für euch.«

Ein Lachen geht durch den Raum.

»Möglicherweise könnt ihr heute Krafttiere direkt bei der Arbeit erleben«, erkläre ich, »denn heute brauche ich selbst sehr viel Unterstützung durch meine tierischen Freunde und habe deswegen viele von ihnen mitgebracht.«

Ich rede von den Fotos von Katzen, Hunden und Casper, dem Löwen, die ich auf meinem Tisch aufgestellt habe und die als energetische Verbindung zu deren wahrer Essenz dienen sollen. Ich habe auch ein Bild von Morgan dabei, glaube aber nicht, dass er sich zeigen wird, da er sich erst an seine neue körperlose, energetische Form gewöhnen muss.

Die Teilnehmer sind während des Kurses sehr lieb und verständnisvoll, und ich bin einfach überwältigt von der Aktivität der Tiere. Sie führen uns augenscheinlich vor, wie viel Unterstützung, Führung und Mut wir von ihnen als »Krafttiere«, als energetische Helfer, empfangen können.

Da nur fünf der ursprünglich angemeldeten sechs Teilnehmer gekommen sind, muss ich bei den Partnerübungen mitmachen. Ich frage mich, wie Morgan diese Situation gehandhabt hätte. Denn bei den Übungen mitzumachen bedeutet für mich, dass ich mich darauf konzentrieren muss, den Rat und die Energie der Tiere zu empfangen, und mich nicht meiner Trauer überlassen kann.

Zu einer der Übungen dieses Workshops gehört es, dass man seinem Übungspartner etwas schenkt. Ich hatte die Teilnehmer schon vor dem Kurs gebeten, ein kleines, nicht zu teures Geschenk mitzubringen. Normalerweise hätte ich die

Frage, wer mit wem zusammengehen soll, einem Tier oder dem göttlichen Geist, gestellt, doch bei dieser Übung riet mir meine Intuition, ein visuelles Hilfsmittel zu wählen. Ich nahm sechs Kärtchen, schrieb darauf drei Paare von Zahlen und ließ die Teilnehmer ein Kärtchen ziehen. Die letzte Karte bleibt für mich, und sie bringt mich mit Cathy zusammen. Mein Geschenk an Cathy ist eine Feder von Lucy, einer höchst eigensinnigen Gans und hervorragenden Lehrerin für Tierkommunikation. Cathy hat ihr Präsent in einer mit Watte ausgepolsterten Tupperschüssel aus Newcastle upon Tyne mitgebracht. Sie schenkt mir eine gelbe Rose, deren Blütenblätter nach innen zartrosa werden. Mir geht das Herz auf, und ein warmes Gefühl durchströmt mich.

»Ich habe mich schon gefragt, ob mir heute jemand eine Rose schenken würde«, erzähle ich ihr dankbar lächelnd.

»Zu dieser Rose gibt es eine Geschichte«, erfahre ich von ihr. »Als du uns gebeten hast, ein Geschenk mitzubringen, mit dem wir eine besondere Bedeutung verbinden, konnte ich mich für nichts entscheiden. Doch später, als ich auf dem Fußboden ein paar echt üble Dehnübungen machte und einmal nicht an die ganze Sache dachte, kam mir plötzlich die Idee mit der Blüte. Wenn ich darüber nachdenke, kann ich mir nicht erklären, woher diese Eingebung kam, doch hatte ich irgendwie das Gefühl, als könnte unser Hund Max dahinterstecken, der jetzt auf der geistigen Ebene ist. Ich fragte meine Partnerin Ali, ob sie einverstanden sei, wenn ich eine von ihren Rosen nähme. Ali meinte darauf, sie hätte schon so etwas geahnt und schon über eine Woche immer ein Auge auf die Sache gehabt wegen einer Art von ›innerem Wissen‹, das, wie sie glaubte, auch von Max kam. Sogar die Rose schien mitzuspielen, denn sie blühte wundervoll auf, obwohl wir in dieser Woche schreckliches Wetter hatten, nass und windig, was Rosen überhaupt nicht mögen. Ali schenkte mir eine einzelne, perfekte Blüte. Auf der Fahrt hierher hatte ich die ganze Zeit das Gefühl, dass die Rose eher für dich bestimmt war als für einen anderen Kursteilnehmer. Ich wusste nur nicht, wie das funktionieren sollte.«

Cathys Geschenk kommt mir vor wie ein weiterer »Gruß aus dem Himmel«. Es schenkt mir großen Trost.

Die nächste Übung mache ich mit einer Kursteilnehmerin namens Amanda, die sich mit Casper verbindet.

Ich stelle meine Frage: »Wen schickt Morgan zu mir?«

Casper zeigt Amanda ein Bild. »Ich kann einen schwarzen Hund sehen, Pea«, sagt sie. »Das Bild ist farbig, aber verschwommen. Ein schwarzer Hund ist auf dem Weg zu dir.«

Dasselbe Bild, das ich schon früher empfangen habe: ein schwarzer Hund von nicht erkennbarer Rasse.

»Möglicherweise hat Morgan sich mit Casper zusammengetan, um mir diesen Eindruck zu schicken«, vertraut Amanda mir an.

Ich habe den schwarzen Hund niemandem gegenüber erwähnt, doch das Bild, das Amanda empfangen hat, passt zu dem, was ich gesehen habe. Dies ist das zweite Zeichen, das mich auf einen schwarzen Hund aufmerksam macht.

9. August

Jo war so lieb, mich heute nach Glastonbury zu chauffieren, damit ich meine schamanische Heilerin besuchen kann. Sie hatte mich gefragt, was ich gern machen wollte, und ich hatte das Gefühl, dass Glastonbury mich rief.

Ich verliere meine Verbindung zu meinem physischen Körper, mein Geerdetsein, und mir wird klar, dass ich mir von außen Hilfe holen muss. Ich habe das Gefühl, dass ich in lauter kleine Teile zerbrösle und meine Energie nach allen Richtungen abfließt. Vermutlich ist dieses Gefühl das, was viele als »sich auflösen« bezeichnen.

Meiner Schamanin sage ich nur, dass Morgan seinen Aufstieg vollzogen hat und ich mehr Kraft brauche – sonst nichts. Am Ende einer sehr kraftvollen Sitzung ist eines der ersten Dinge, die sie zu mir sagt: »Weißt du etwas über einen schwarzen Hund? Arbeitest du mit einem schwarzen Hund?«

Ich verkneife mir das Lachen und sage dann grinsend: »Das ist ja interessant. Recht kurz nachdem Morgan seinen Aufstieg vollzogen hatte, zeigte er mir ganz in der Ferne das Bild eines schwarzen Hundes. Und gestern sagte mir eine meiner Kursteilnehmerinnen, dass ein schwarzer Hund auf dem Weg zu mir sei.«

»Ich spüre, dass der schwarze Hund schon bei dir ist«, versichert mir die Schamanin. »Er hat eine sehr mächtige Präsenz. Ich habe den Eindruck, dass er eher gedrungen und sehr dickköpfig ist.«

»Morgan war gedrungen und dickköpfig«, bemerke ich. »Ich mag eigensinnige Hunde.«

Die Schamanin erzählt weiter: »Ich spüre, dass er zur selben Gruppe Seelen wie Morgan gehört. Ich nehme Morgan als großes, machtvolles Licht über deinem Kopf und über deiner Herzregion wahr, und dieser schwarze Hund scheint energetisch mit Morgan verbunden zu sein.«

Es tut so gut zu hören, dass Morgan als goldenes Licht bei mir ist. Und wieder wird mir bestätigt, dass ein schwarzer Hund unterwegs zu mir ist. Dies ist mittlerweile das dritte Signal.

Während meiner Heilbehandlung macht Jo eine Tour durch die Geschäfte der Stadt. Als sie mich von der Schamanin abholt, meint sie: »Ich hab was für dich.« Allerdings muss ich meine Neugier bezähmen, bis wir wieder in unserem Hotel sind. »Als ich vor dem Regal stand, fiel mir der Rücken des Buches ins Auge«, sagt sie. »Ich zog es heraus, las, was auf der Umschlagrückseite stand, blätterte darin herum, wollte es aber dann wieder zurückstellen, weil ich das Gefühl hatte, es sei doch nicht das Richtige für dich. Doch als ich das Buch umdrehte und die Abbildung auf der Vorderseite sah, glaubte ich, meinen Augen nicht trauen zu können.«

Mit diesen Worten reicht sie mir das Buch. Vom vorderen Einband blicken mir die sanften weißen Augen eines Hundes entgegen. Sein Blick ist nach rechts gerichtet, und er zieht ein Gesicht, wie auch Morgan es oft gemacht hat. Ich habe ein Foto von ihm, auf dem er exakt so daliegt. Seine Ohren sind geformt wie die von Morgan und sehen genauso weich aus, doch dieser Hund ist von reinstem Schwarz. Und in dem Buch geht es darum, dass wir sehr wohl trauern dürfen, wenn ein Tier stirbt.

Dies ist das vierte Zeichen.

Morgan: Über Beagles,
schwarze Hunde und die Asche

14. August 2011

Ich bin jetzt so weit, dass ich Jo auf unsere Meinungsver-
schiedenheiten wegen Morgans Übergang ansprechen kann.
Sie erklärt mir, ihre größte Sorge sei gewesen, dass ich
Morgans Botschaften falsch interpretierte, weil ich seinen
Wunsch, den Aufstieg zu vollziehen, nicht akzeptieren wollte.
Sie habe das Gefühl gehabt, dass er nur noch leide und dass
es Zeit wäre, ihm bei seinem Übergang zu helfen.

Auch ich glaube, dass die Konfrontation mit Endlichkeit
und Tod für manche Menschen so schwer ist, dass sie die Tatsachen schlichtweg leugnen und dadurch ihr Tier länger festhalten, als es eigentlich hierbleiben möchte. Deswegen habe
ich auch Morgan regelmäßig gefragt, ob er bereit sei für den
Aufstieg – vielleicht ein wenig zu oft, wie mir jetzt manchmal
scheint. Selbst damals gab es schon Momente, in denen ich
mich fragte, ob er dieses ständige Nachfragen nicht so empfand, dass ich ihn in Wirklichkeit loswerden wollte. Darum
habe ich ihm unmissverständlich kommuniziert, dass es allein
seine Entscheidung wäre, wann er gehen wolle, und dass ich
jeden Moment, den wir zusammen sein konnten, genoss.

Durch unsere innere Verbindung wusste ich, dass es ihm sehr schlecht ging, er aber andererseits noch nicht gehen wollte und sein Leben immer noch liebte. Ein Teil von mir fragte sich in dieser Situation immer wieder:»Vertraut Jo etwa meinem Urteilsvermögen nicht? Hält sie vielleicht alles, was ich mache, für Humbug?«

Sie erklärt mir, dass sie erst ab dem Moment, als sie mehr Zeit zu Hause verbrachte als die ein oder zwei Tage, die sie sich mal zwischen zwei Jobs abzwackt, so richtig begriffen habe, wie sehr Morgan das Leben noch liebte. Wie er alles an Kraft aufbot, um jeden Moment seines Daseins ganz in sich aufzunehmen.

Sie fragt mich:»Kannst du mir verzeihen?«

Ich werfe einen kurzen Blick auf Morgans Foto und höre ihn sagen:»Verzeih ihr.«

Bevor sie aufbricht, um ihren Zug nach Cardiff noch zu erreichen, sage ich ihr, dass all das jetzt Schnee von gestern sei. Wir lernen also immer noch beide von Morgan.

Jo und ich sind Passagiere im Morgan-Express zur Erleuchtung!

15. August

Ich schreibe Lynne, dass Morgan mir das Bild eines neuen Hundes gezeigt habe, den er mir schicken wolle. Sie antwortet mir:

Seltsam, dass Du gerade heute Deinen neuen Hund erwähnst. Morgan hat heute früh zu mir Kontakt aufgenommen und mich gebeten, Dir zu sagen, dass Du Dich für seinen Schüler bereit machen sollst. Also nahm ich an, dass da irgendwo ein Tier auf Dich wartet. Ich denke, dass

Du jetzt einfach nach Zeichen und Hinweisen Ausschau halten musst.

16.32 Uhr. Mir kommt plötzlich die Idee, mir die Website des Mayhew-Tierheims anzusehen. Ich öffne die Seite »Hunde suchen ein neues Zuhause«. Eines der kleinen Bildchen spricht mich an. Ich klicke es an, und seitenfüllend baut sich das Bild eines großen schwarzen Hundes auf: Es ist ein Schäferhund mit einem offenen, fröhlichen und intelligenten Gesichtsausdruck. Unter seinem Bild steht: »Im Mayhew-Tierheim haben wir es uns zur Aufgabe gemacht, den richtigen Hund für den richtigen Besitzer zu finden.«

Mit Sicherheit will Morgan mir sagen, dass ein schwarzer Hund auf dem Weg zu mir ist. Ein Rettungshund. Der richtige Hund.

Dies ist das fünfte Zeichen von einem schwarzen Hund.

16. August

Jemand fragt mich: »Wirst du dir einen neuen Hund zulegen?«

Diese Frage macht mich ein wenig bestürzt. Es sind noch keine vier Wochen seit Morgans Übergang vergangen. Wäre es mein Vater, der von mir gegangen ist, würde man mich dann fragen: »Und? Legst du dir jetzt einen neuen Papa zu?«? Oder sagen: »Du kannst dir ja eine neue Mutter besorgen«, nachdem meine Mutter gestorben ist? Morgan war für mich Familie.

Ich beschließe, etwas zu tun, das mich aufheitert, und sehe mir den »König der Löwen« auf DVD an, was meine Stimmung beträchtlich hebt.

Heute Nacht träume ich von Morgan. Ich bin bei ihm und

er bei mir, und der Traum ist so real, dass ich sein Rückenfell wie in Wirklichkeit spüren kann, während ich darüberstreiche. Tatsächlich ist alles so viel plastischer als ein Traum. Ich kann seine Augen sehen, und wir sind einen glückseligen Augenblick lang wieder vereint. Vielleicht ist er zu mir gekommen, vielleicht bin ich zu ihm gegangen, aber was spielt das schon für eine Rolle. Ich bin bei ihm, berühre ihn, streiche über sein Fell, das sich so real anfühlt wie vor seinem Tod. Dies ist der schönste Traum, den ich jemals hatte. Mein Herz platzt gleich vor Freude.

17. August

Jo hat jetzt einen Job beim Edinburgh Festival. Es ist das erste Mal seit Morgans Übergang, dass sie von zu Hause weg ist, und es fiel ihr sehr schwer zu fahren.

Das Kreativteam wurde festivaltypisch untergebracht: in einer großen Wohnung mit fünf oder sechs Schlafzimmern. Jo und der Bühnenbildner, der reizende Tom, treffen als Erste ein und haben die freie Auswahl bei den Zimmern. Am Abend ruft Jo mich an und erzählt mir, dass sie etwas Merkwürdiges erlebt hat.

Bei ihrem Rundgang durch die Wohnung betrat Jo ein riesiges Schlafzimmer. Und was ihr dort als Erstes ins Auge stach, war ein überdimensionales Gemälde, das ein französisches Straßencafé zeigte. Vor dem Café standen eine Menge leerer Tische. Und was stand in der Eingangstür? Richtig! Ein schwarzer Hund.

Dann beschreibt sie mir das Tier näher: »Der Hund ist sehr groß, vermutlich soll er einen Labrador darstellen, aber das Bild ist ziemlich grob gemalt. Die Beine sind ein wenig zu lang, der Rumpf zu dünn und nicht massiv genug. Auch die

Ohren stimmen nicht. Er sieht ziemlich nach Promenaden-mischung aus, doch mir war sofort klar, dass das mein Zimmer wird und dass ich unter dem Bild des schwarzen Hundes schlafen werde, während er über mich wacht.«

Als sie Tom das Bild zeigte und erklärte, warum sie hier schlafen müsse, war Tom, der selbst ein Hundenarr ist, sofort damit einverstanden, dass sie das Zimmer bekam.

Dies ist das sechste Zeichen des schwarzen Hundes.

18. August

Heute Abend ist ein Besuch bei ein paar Freundinnen geplant, Belinda, Laura und ihren entzückenden Katzen Gypsy, Max, Beau und Herbert-George. Ich vermisse Morgan ganz schrecklich und überlege mir schon, ob ich nicht wieder absage. Doch dann schaue ich Morgans Foto auf dem Kaminsims an und höre ihn sagen:»Es wird dir guttun.« Und so steige ich ins Auto und mache mich trotz sintflutartiger Regenfälle auf den Weg nach Battersea.

Meine Freundinnen verhalten sich sehr freundlich und verständnisvoll und stellen mir keinerlei Fragen. Sie lassen mich einfach nur sein. Als ich in ihre Küche trete, sticht mir sofort eine einzelne rosafarbene Rose ins Auge. Allmählich entspanne ich mich und erzähle ihnen von meinen wunderbaren Erlebnissen mit dem schwarzen Hund und den rosafarbenen Rosen.

Wieder zu Hause, erhalte ich eine SMS von Laura mit einem Foto ihrer rosafarbenen Rose:»Hast Du gesehen, was da auf unserer Arbeitsplatte in der Küche steht? Steht schon eine Woche da. Hatte nicht das Herz, sie wegzuwerfen.«

Jetzt ist auch klar, warum.

19. August

Jo ist immer noch weg, aber sie hat mir einen sagenhaften Strauß Rosen geschickt – natürlich rosa. Erst gestern habe ich mich mit dem Gedanken getragen, eine rosafarbene Rose für Morgan zu pflanzen.

Die Türglocke läutet ein zweites Mal. Ich wickle das Paket aus und halte eine gerahmte Urkunde in Händen: Ein Stern im Sternbild des Großen Hundes ist nach Morgan benannt worden. Morgan wäre sicher höchst erfreut zu hören, dass besagter Stern zum Großen Hund gehört und nicht etwa zum Kleinen Hund. Obwohl als Vierbeiner eher klein geraten, betrachtete Morgan sich stets als Vertreter der groß gewachsenen Rassen. Meine so überaus aufmerksame Freundin Sandra gab dem Stern den Namen »Morgan Meisterlehrer und vierbeiniger Freund«. Perfekt.

20. August

Ich gebe Teil 2 meines Workshops »Tiere geben uns Kraft«. Als der Kurs vorüber ist, gehen meine Freundin und Schülerin Amanda und ich in Morgans Pub. Direkt hinter der Tür sehe ich mich vis-à-vis einem riesigen, langhaarigen schwarzen Schäferhund gegenüber, der genauso aussieht wie der auf der Website des Mayhew-Tierheims. Der Name dieses sanften Riesen ist Wuffie, aber er kommuniziert mir, dass er nichts gegen seinen Namen hat. Auch ein rein schwarzer Labrador streicht an mir vorbei. Später sehe ich draußen vor dem Pub einen schwarzen Staffordshire-Bullterrier mit einer leicht grauen Schnauze, der neben zwei älteren Bier trinkenden Männern sitzt. Drei Sichtungen von schwarzen Hunden innerhalb weniger Minuten: das siebte, achte und neunte Zeichen.

Der Staffordshire begrüßt mich enthusiastisch. Ich beschäftige mich ausführlich mit ihm, worauf sein Herrchen meint:»Hätten Sie nicht gern einen eigenen Hund? Im Battersea-Tierheim haben sie viele Hunde und auch Katzen.« Einen Moment lang verschlägt es mir die Sprache. Ich stehe wie angewurzelt da und starre den Mann an. Erst nach ein paar Sekunden gelingt es mir, mich wieder zu fassen, und ich kann mit ruhiger Stimme sagen:»Mein Hund ist vor drei Wochen gestorben. Ich hatte ihn aus dem Mayhew-Tierheim.«

Einen Moment lang herrscht Schweigen. Doch dann findet der Mann einige aufrichtige Worte des Verständnisses, und an seinen Augen ist zu sehen, dass er mir meinen Verlust nachfühlen kann.

»Ich denke, es ist jetzt noch zu früh«, sage ich.»Wenn ich so weit bin, dann werde ich mir einen Mischling zulegen, eine Promenadenmischung.«

»Sie werden den richtigen Hund finden«, meint er.

Ich nicke lächelnd.

Wir gehen weiter, und Amanda wiederholt seinen Satz: »Sie werden den richtigen Hund finden ... Er weiß gar nicht, wie recht er hat!«

Es war, als hätte Morgan mir bestätigt, dass ich den *richtigen* schwarzen Hund erkennen werde, sobald unsere Wege sich kreuzen. Ich muss mir keine Sorgen machen, dass ich mich vielleicht falsch entscheiden könnte.

21. August

Kummer ist wie die Oberfläche des Meeres, in einem Augenblick ruhig und friedlich, im nächsten wild und aufgewühlt. Mein Kummer kommt und geht wie die Wogen der See.

1. September

Heute erziele ich einen persönlichen Durchbruch. Ich schaffe es, zum Yoga zu gehen, zum ersten Mal seit Monaten. Das mag sich banal anhören, aber für mich ist es eine echte Leistung. Ich verlasse den Kurs mit dem befriedigenden Gefühl, etwas geschafft zu haben. Ich schaue nach vorn und nehme wieder teil am Leben. Vielleicht ist es nur ein winziger Schritt nach vorn, aber immerhin ein Schritt.

Eine weitere Beileidskarte trifft ein. Auf ihr prangt dieselbe Abbildung von Blauglöckchen unter Bäumen wie auf Morgans biologisch abbaubarer Urne. Ein weiterer Zahn im Räderwerk der Synchronizität.

2. September

Ich erwidere den Anruf eines Mannes, dessen Hund vor zwei Wochen gestorben ist. Ich kann seinen Schmerz fühlen – und wie er versucht, sich zusammenzunehmen. Ich frage ihn nach dem Namen des Hundes und sehe sofort das Bild eines schwarz-weißen Collies. Der Mann bestätigt die Richtigkeit des Bildes, ohne dass ich ihn darum gebeten habe. Er erzählt mir, dass er mit dem Tod seines Hundes überhaupt nicht fertigwerde, aber immerhin hat er zum Telefon gegriffen und bittet um Hilfe, was ein sehr positiver Schritt ist. Ich rede mit ihm und versichere ihm immer wieder, dass seine Gefühle vollkommen natürlich sind, bis er sich deutlich besser fühlt und das Gespräch beenden will. Eventuell wird er mich später einmal anrufen, um mit seinem Hund zu kommunizieren.

Nachdem ich den Hörer aufgelegt habe, merke ich, dass ich mich viel stärker fühle. Nächste Woche werde ich wieder arbeiten können.

6. September

Heute will ich Morgans Bettzeug waschen. Ich stecke das Kissen in die Waschmaschine, doch weiter komme ich nicht. Ich rieche am Bezug des Stoffovals, sein Geruch ist immer noch da. Und so hole ich das Kissen wieder aus der Maschine und stelle sein Bett an seinen alten Platz in meinem Büro.

13. Oktober

Ich höre »Chasing Cars« von Snow Patrol. Das ist eins von unseren Liedern. Ich denke zurück daran, wie Morgan und ich immer im Gras lagen. Das waren himmlische Momente für uns, der Himmel auf Erden im wahrsten Sinne des Wortes. Wir lagen einfach da, schauten einander in die Augen und vergaßen den Rest der Welt. Da war so viel Erkennen und so viel tiefe Liebe in diesem Blick. Ich fühlte mich gänzlich eingetaucht in seine Huld.

1. November

Heute verspüre ich Frieden. Die Verzweiflung, die ich über Morgans physische Abwesenheit gefühlt habe, ist erträglicher geworden, und ich begrüße diese Veränderung. Am 1.11. um 11.11 Uhr war es, als würde ein Schalter umgelegt. Ein Numerologe hätte zu diesem Thema vermutlich einiges zu sagen.

Ich spüre jetzt ein Gefühl von Harmonie und Verständnis in mir und komme mir nicht mehr so vor, als hätte ich völlig den Boden unter den Füßen verloren. Ich kann mittlerweile akzeptieren, dass Morgan seine leibliche Hülle abgelegt hat, und fühle mich in dem Gefühl bedingungsloser Liebe aufgehoben – Morgans Liebe.

8. Dezember

Nachdem ich lange nachgedacht habe, fühle ich mich bereit, Morgans Asche zu verstreuen. Morgen soll es passieren. Ich habe Morgan deshalb gefragt, und er meinte:»Es wird dir guttun – es wird euch beiden guttun.«

Jo wollte die Asche noch unbedingt vor Jahresende verstreuen, um den Weg frei zu machen für einen»Neuanfang«.

»Sollen wir deine Asche dann morgen verstreuen?«, fragte ich Morgan.

»Ja«, erklärte er sich einverstanden.

Fast fünf Monate nachdem sein Körper verbrannt worden war, bin ich nun an den Punkt gelangt, dass ich seine sterblichen Überreste der Erde übergeben kann. Ich habe akzeptiert, was geschehen ist, und bin so weit, dass ich loslassen kann.

9. Dezember

Die Sonne steht rund und strahlend am zartblauen Winterhimmel. Der Winter ist dieses Jahr spät gekommen, und so tragen die Bäume noch ihr prächtiges herbstliches Blattkleid, das in allen Brauntönen leuchtet. Wir kehren an den Ort zurück, wo wir immer so viel Spaß hatten, wo Morgan mit strahlenden Augen und breitem Lächeln voll Freude herumtollte – in seinen Park.

Seine Asche ruht noch in der kompostierbaren Urne mit den Blauglöckchen und den Bäumen. Wir transportieren die Urne in einem Rucksack zusammen mit einer Thermoskanne voll Kaffee, einer Grabegabel und einer herzförmigen Gedenkkarte aus Samenpapier, aus der, wenn wir Glück haben, im Frühling Vergissmeinnicht sprießen werden.

Als wir den Parkplatz verlassen, ist der erste Hund, der

uns über den Weg läuft, ein Beagle. Als Erstes machen wir einen langen Spaziergang an einem der alten Pfade entlang, die wir so gern miteinander gegangen sind. Dabei rufen wir uns Episoden aus Morgans Leben ins Gedächtnis und wie er uns immer auf Trab gehalten hat. Wir begegnen vielen Golfern und noch mehr Leuten, die ihren Hund ausführen. Bei so schönem Wetter ist dies auch nicht weiter überraschend. Nach etwa einer halben Stunde kommen wir zu einem ganz besonderen Baum. Seit Morgans Schlaganfall hatte für uns festgestanden, dass wir hier einmal Morgans Asche verstreuen würden. Morgan selbst wollte es so, und auch für uns ist klar, dass dies »der Ort« ist.

Jo umarmt und küsst den Baum. Ohne dass ich es mitbekomme, sagt sie leise:»Pass auf ihn auf.«

Ich stehe auf der anderen Seite des Baums, lege die Hand auf die Rinde, lasse meiner Liebe und Dankbarkeit freien Lauf und bitte ihn:»Bitte pass auf ihn auf.«

Und ich bekomme die Antwort:»Ich werde auf ihn aufpassen.«

Ich habe diesen Baum immer als sehr mütterlich empfunden, als Baum mit einer starken weiblichen, sowohl liebevollen als auch schützenden Energie.

Wir lassen uns Zeit. Wir setzen uns zwischen die Wurzeln des Baumes und warten, bis die Golfer weg sind. Es wird langsam still, und wir holen die Urne hervor. Jo nimmt meine Hand und beginnt, Morgans Asche zu verstreuen. Lange Streifen Sonnenlicht erhellen auf unserer Seite das tiefgrüne Gras. Und plötzlich haben wir beide die gleiche Idee: Wäre es nicht schön, Morgans Asche in einem Kreis um den Baum herum zu verstreuen und den Rest in die Löcher im Baumstamm zu füllen?

Gesagt, getan. Abwechselnd verstreuen wir die Asche, die grau ist und ein wenig an feinen Kies erinnert. Der Boden ist dicht von abgeworfenem Laub bedeckt, und die Aschekörner sehen darauf aus wie eine dünne Schicht Schnee.

Nachdem wir beide einen Kreis mit Morgans Asche um den Baum gezogen haben, geben wir, was übrig geblieben ist, in die Ritzen des Baumes. Dann nehmen wir ein paar abgefallene Zweige und streichen damit über das Laub am Boden, damit die Aschekörner besser zur Erde rieseln.

Die Sonne strahlt noch immer hell, die Vögel schweigen, und während der ganzen Zeit, in der wir die Asche der Erde zurückgeben, lässt sich in der Nähe des Baumes und in der Umgebung nicht ein Mensch blicken. Es ist, als wären wir in dieser Viertelstunde in eine Blase in der Zeit eingetreten, einen stillen, heiligen Bereich, der sich nur für uns geöffnet hatte. Golfer, Jogger, Spaziergänger und Hunde waren einfach von der Bildfläche verschwunden. Es gibt nur uns beide, Mutter Baum und unseren geliebten Morgan.

Nachdem wir unser Ritual beendet haben, stecken wir die leere Urne zurück in den Rucksack, und just in diesem Moment kommt ein schwarzer Hund auf uns zu, dem wenig später ein zweiter schwarzer Hund folgt und dann noch ein dritter kohlrabenschwarzer. Drei schwarze Hunde kurz hintereinander. Zeichen zehn, elf, zwölf.

Schlagartig füllt sich die Szenerie nun wieder mit Golfern, gefolgt von Spaziergängern mit Hunden in allen Farben. Wir holen unsere Thermoskanne heraus, lassen uns wieder auf den Baumwurzeln nieder und schlürfen Kaffee, während Golfbälle an uns vorbeischwirren und wir von einem uns völlig fremden Hund nach dem anderen begrüßt werden. Schließlich bringen wir noch die Vergissmeinnichtsamen aus, streichen die Erde glatt und beschließen dann, den Rückweg anzutreten.

Als wir zum Parkplatz kommen, fällt unser Blick auf ein bestimmtes Auto. Drinnen sitzt ein Hund und wartet auf sein Herrchen. Wir gehen näher ran und erkennen einen weiteren Beagle.

Bei unserer Ankunft waren wir von einem Beagle begrüßt worden, wie Morgan es gewesen war. Nachdem wir seine Asche verstreut hatten, haben uns nacheinander drei schwarze Hunde ihre Aufwartung gemacht. Dann, unmittelbar vor der Abfahrt, wurden wir wieder von einem Beagle verabschiedet.

Botschaften von jenseits des Grabes

»Die besten und schönsten Dinge auf dieser Welt
kann man weder sehen noch berühren,
sondern nur im Herzen spüren.«

Helen Keller

Der immertreue
Barni Bear

»Die Seele lernt durch Erfahrung. Der Verstand verengt diese Erfahrung, doch das Herz weiß. Höre stärker auf dein Herz. Dort liegt die Wahrheit – in den Gefühlen.«

Barni

Was tun, wenn Ihr Tier entlaufen ist und Sie sich nicht von ihm verabschieden konnten? Wie können Sie Frieden finden und sich wieder dem Leben zuwenden? In diesem Kapitel beschreibt uns Barni seine Sicht auf Verlusterfahrungen und das Leben nach dem physischen Tod.

Barnis Frauchen Jacqui war eine Psychotherapeutin in mittleren Jahren und eine große Katzennärrin. Sie rief mich an, weil ihr sieben Jahre alter Kater Barni spurlos verschwunden war. Barni war schon mal einmal für zehn Tage weg und dann abgemagert und verstört wieder nach Hause gekommen. Diesmal verschwand er, kurz bevor Jacqui in Urlaub ging, und war nach ihrer Rückkehr vierzehn Tage später immer noch fort.

Von dem Foto, das ich in Händen hielt, sah eine liegende,

fotogene Norwegische Waldkatze zu mir herauf. Ich war sofort hingerissen von dem intensiven Blick der goldbraunen Augen, die geradewegs in die Kamera schauten. Den Kopf nach rechts, die Hüfte nach links gewandt und den buschigen Schweif vor den Körper gelegt, bot Barni einen imposanten Anblick.

Das Nächste, was mir auffiel, war seine hellgraue elisabethanische Halskrause, die sein kräftiges, löwengleiches Gesicht und die großen, ausgeprägten Ohren umrahmte. Barni war eine ausgesprochen schöne Katze. Tupfen von leuchtendem Hellgrau verteilten sich über den ganzen Körper und betonten die hoheitsvolle, zartgraue Halskrause und die dunkleren Streifen, die sich in exakt parallelen Linien über seinen Rücken zogen. Schönere *shades of grey* hat es jedenfalls nie gegeben.

Jacqui schrieb:

Wir haben uns Barni ausgesucht, nachdem unsere wunderbare Maine-Coon-Katze Jasper an Nierenkrebs gestorben war. Norwegische Waldkatzen sehen Maine Coons ein bisschen ähnlich. Obwohl sie sehr groß sind, sind sie gewöhnlich unkomplizierte, freundliche Tiere. Über den Norwegian Forest Cat Club lernte ich eine Frau kennen, die »Healing« hieß, was mich irgendwie ansprach. Diese Frau schickte mir Fotos vom letzten Wurf ihrer Katze, und ich suchte mir Barni aus, oder Barni Rubble, wie er damals hieß. Als Barni zwölf Wochen alt war, konnten Jess, meine sechsjährige Tochter, und ich ihn abholen. Nach umfangreichen Diskussionen auf der Heimfahrt einigten wir uns schließlich darauf, ihn künftig Barni zu nennen, aber für mich wird er immer Barni Bear sein.

Es war einer dieser blaugrauen Tage, für die England so berühmt ist, als ich in meinem Büro saß und zum ersten Mal versuchte, eine Verbindung zu Barni herzustellen. Er machte auf mich den Eindruck einer weisen Seele, und er besaß ein reifes, majestätisches Auftreten. Von gemessener, ausgeglichener Wesensart, konnte er gar nicht böse sein. Um zu prüfen, ob wir eine gute Verbindung hatten, fragte ich ihn als Erstes, wann er denn verschwunden sei. Ich gewann den Eindruck, es müsse am späten Nachmittag gewesen sein, was Jacqui bestätigte.

Ich spürte, dass Barni gern auf Bäume kletterte und ein mutiges, abenteuerlustiges Naturell besaß. Er zeigte mir, wie gelenkig und sprungstark er war. In den nächsten Bildern, die ich empfing, sah ich ihn vor raumhohen Fenstern liegen und ein Sonnenbad nehmen. Er bekam eine spezielle Diät, ein verschreibungspflichtiges Trockenfutter. Als er mir zeigte, wie er nach Wasser pfotelte, das aus dem Hahn lief, nach Schmetterlingen haschte und Mäuse jagte, wirkte er überaus glücklich. Jacqui bestätigte die Richtigkeit dieser Impressionen sowie meinen Eindruck, dass Barni kastriert und gechippt war, aber kein Halsband trug.

»Wir haben ihm zwar immer wieder ein Halsband mit Marke umgelegt, aber nachdem er jedes Mal ohne nach Hause kam, haben wir es irgendwann aufgegeben.«

Barni berichtete mir dann weiter, dass er seinen Freund Sacha, einen Kater, vermisse. Sacha war überfahren worden. Ich konnte spüren, dass die beiden sich sehr nahestanden und Barni nicht akzeptieren konnte, dass sein Freund nicht mehr da war. Jacqui sagte, sie hätte diesen Eindruck auch gehabt.

Dann schickte mir Barni das unbestimmte Bild eines

kleinen Spaniels beziehungsweise eines Hundes von der Größe eines Jack-Russell-Terriers, der sehr laut und lebhaft war.

»Wir haben einen King-Charles-Spaniel, der sehr lebhaft ist«, berichtete Jacqui. »Vielleicht meint er ihn mit dem kleinen, lauten und lebhaften Hund.«

Als Nächstes zeigte mir Barni ein sehr süßes Bild, wie er seine Pfoten um Jacquis Hals legt und sie »umarmt«.

»Barni ist eine überaus sanfte Katze«, erzählte mir Jacqui. »Er legte mir immer seine großen Samtpfoten ins Gesicht und drehte dann meinen Kopf so, dass wir uns direkt in die Augen schauten. So etwas habe ich noch bei keinem anderen Haustier erlebt. Und manchmal legte er mir einfach seine Pfoten um den Hals und ließ sich so richtig fallen.«

Ich bekam den Eindruck, dass Barni gegangen war, weil er ohne Sacha nicht zurechtkam. Ich konnte fühlen, dass er unglücklich war und trauerte. Ich spürte, dass er noch in seinem physischen Körper war. Und ich hatte den Eindruck, dass er gern nach Hause kommen wollte.

Als ich ihn fragte, wo er denn jetzt sei, zeigte er mir den Weg, den er genommen hatte: hinaus zum Garten, dann nach rechts, wie es seine übliche Route zu sein schien. Dabei musste er den Weg über die Bäume nehmen, denn rechts gab es Hunde, und er konnte nicht einfach so durch deren Garten marschieren. Dann zeigte er ein Wäldchen oder ein mit Bäumen bestandenes Gelände, wo er sich gern aufhielt. Ich empfing Bilder, wie er unter einem sehr großen Gatter durchging und über ein Feld, um zu diesem Wäldchen zu gelangen. An dieses Feld grenzten ein weiteres Feld und eine sehr regelmäßig angelegte Wohnsiedlung. Dort gab es eine Frau, die ihn fütterte.

Jacqui sagte, dies könne sehr wohl zutreffen. Zwar wusste sie nicht, ob irgendwelche Nachbarn Barni tatsächlich fütterten, doch sie halte das durchaus für möglich, da Barni es ausgezeichnet verstehe, die Leute um den Finger zu wickeln. Als letztes Bild zeigte mir Barni etwas, was irgendwie wie ein Propeller aussah, doch ich hatte den Eindruck, es verkehrt herum anzuschauen. Später lieferte mir Jacqui die folgende Information nach:

Als Barni das erste Mal verschwunden war, erzählte mir meine Nachbarin, dass eines Tages ein Bauer aus der Umgebung mit Barni vor ihrer Tür gestanden sei und gefragt habe, ob das ihre Katze sei. Sie sagte ihm, wo ich wohne, doch der Mann ließ sich niemals blicken. Leider habe ich damals von diesem Vorfall überhaupt nichts gewusst. Gott sei Dank kam Barni dann aber wieder nach Hause.

Sie haben ein Objekt mit einem Propeller erwähnt, das auf dem Kopf steht. So ein Ding habe ich auf einem Stück Land entdeckt, das dem Bauern gehört, von dem meine Nachbarin mir erzählt hatte. Es ist ein Gerät, das zum Messen der Luftverschmutzung dient. Ich habe bei dem Bauernhof nachgefragt, doch man behauptete dort, Barni nicht gesehen zu haben. Sie behaupteten auch, dass niemand von ihnen mit meiner Nachbarin gesprochen habe, als Barni das erste Mal verschwunden war. Mir schien, dass das nicht stimmte, und ich hatte ein schlechtes Gefühl.

Jacqui stellte weiter ihre Nachforschungen nach Barni an, fragte die Leute, ob sie ihn gesehen hätten, und sorgte dafür, dass ihre »Vermisst«-Plakate hängen blieben. Doch allen Bemühungen zum Trotz gelang es uns nicht, ihn ausfindig zu machen. Dennoch blieb Jacqui optimistisch:»Sowohl Jess als auch ich hatten Träume, dass er zu Hause war oder wieder nach Hause kam, und wir nehmen das als gutes Zeichen.«

Im April des folgenden Jahres meldete Jacqui sich noch einmal bei mir.»Ich hatte den massiven Drang, Sie anzurufen«, schrieb sie.»Ich habe so ein Gefühl, als würde Barni mich brauchen, als hätte er sich verlaufen oder sei krank. Vielleicht findet er nicht mehr nach Hause.«

In der Zeit zwischen ihrer E-Mail und meinem Rückruf (der sich etwas verzögerte, da ich noch mit Verpflichtungen anderen Klienten gegenüber beschäftigt war) hatte sie noch einmal und viel intensiver den Eindruck, dass Barni nach einer Kontaktaufnahme verlangte. Als ich dann mit ihm kommunizierte, spürte ich ihn als sehr ruhige, kraftvolle Präsenz. Ich konnte auch fühlen, dass er seinen Aufstieg vollzogen hatte.

Ich hatte den Eindruck, dass Barni eingeschläfert worden war. Um sicherzustellen, dass diese Botschaft auch tatsächlich ihn betraf, beschrieb ich Jacqui zur Kontrolle ein paar neue Impressionen, die ich empfangen hatte. So zeigte er mir ein Bild, wie er auf jemandes Schoß saß und sich genüsslich das Fell bürsten ließ.

»O ja, sagen Sie ›Bürsten‹, kommt er schon angewetzt«, bestätigte Jacqui.

Dann zeigte er mir, wie er Jacqui immer im Garten begleitete. Bis auf seine Vorliebe für das Erklettern von Bäumen hatte er mehr von einem Hund als von einer Katze – diese Fertigkeit müssen Hunde erst noch meistern! Es war zu spüren, dass zwischen ihm und Jacqui eine enge Herzensbeziehung bestand.

Nachdem Jacqui diese und andere Einzelheiten bestätigt hatte, hatte ich die wenig beneidenswerte Aufgabe, ihr so einfühlsam wie möglich zu vermitteln, dass ich das Gefühl hätte, Barni habe sich mittlerweile von seinem physischen Körper gelöst.

»Ich wusste, dass Sie so etwas sagen würden«, gestand sie mir. »Tief in meinem Herzen habe ich schon gewusst, dass er gestorben ist.« Trotzdem fragte sie mich – wohl in der Hoffnung, dass ihre Intuition falsch sei und Barni noch lebe – gleich darauf: »Kann er uns irgendwelche Hinweise geben, wo oder wie wir ihn finden können?«

»In diesem Leben wird es keine Begegnung mehr geben«, war Barnis Antwort. »Du musst mich jetzt gehen lassen.«

»Weiß er, dass wir ihn lieben und vermissen und oft an ihn denken?«

»Ich kann das jeden Tag in meinem Herzen spüren. Wir zwei haben etwas ganz Besonderes. Ich werde das nie vergessen.«

»Weiß er, dass er, gerade in meinem Leben, eine große Leere hinterlassen hat und ich ihn nie vergessen werde?«

»Ja, aber ich bin immer noch bei dir, in einer subtileren Art und Weise als früher, doch immer noch da. Du vermisst meine physische Präsenz, mein Naturell, doch ich bin nach wie vor bei dir, liege auf deinem Bett und schaue dir bei der Gartenarbeit zu. Für immer treu.«

Nun sind ja Katzen in den Augen mancher Menschen alles andere als treue Gefährten, doch ich habe mit Katzen kommuniziert, die ihren Herrchen beziehungsweise Frauchen überaus treu ergeben waren. Sie brauchen nur einmal in das Buch *Bob der Streuner* von James Bowen hineinzulesen, um zu sehen, wie eine unglaublich treue Katze das Leben eines Menschen komplett umkrempeln kann.

»Hat Barni eine Botschaft für uns oder eines unserer anderen Tiere?«, wollte Jacqui wissen.

»Sei ganz ruhig und still, meine Liebe, und du wirst mich spüren, mich fühlen, mich sehen und hören können. Ich bin um dich und in dir. Energetisch sind wir eins.«

Zum Schluss sagte Jacqui noch: »In meinem Leben gab es so viele Verlusterfahrungen. Jasper und zwei andere ganz liebe Katzen starben an Krebs, drei andere Katzen wurden überfahren, Sacha II. und Barni verschwanden zu einer Zeit, als es in unserer Gegend viele Tierdiebstähle gab. Nach so vielen schmerzlichen Verlusten stellt sich mir die Frage: Welchen *Sinn* haben diese Verluste?«

Barni antwortete ihr: »Verlusterfahrungen haben immer denselben Sinn: inneres Wachstum. Die Seele soll an ihnen wachsen und das Göttliche erkennen. Loslassen ist schmerzhaft, weil die Seele noch nicht erkannt hat, dass das Leben nicht endet. Die Seele lernt durch Erfahrung. Der Verstand verengt diese Erfahrung, doch das Herz weiß. Höre stärker auf dein Herz. In den Gefühlen – dort ist die Wahrheit zu finden.«

In Jacquis Schmerz, Barni loslassen zu müssen, mischte sich aber auch die Freude, von ihm gehört zu haben. Später schrieb sie mir:

Nach der Kommunikation stellte sich so etwas wie ein Gefühl der Erleichterung und auch der Befreiung ein, dass er nun endlich Frieden hat. Auch wenn ich mich nicht selbst von ihm verabschieden konnte, so hat mir unsere Kommunikation doch sehr geholfen. Seine Nachricht, sein Tod sei

»friedvoller gewesen, als ich mir je vorstellen könnte« –
und wir hatten ja beide das Gefühl, jemand habe ihn ein-
schläfern lassen –, gab mir das tröstliche Gefühl, dass ein
mitfühlender Mensch ihn zu einem Tierarzt gebracht hat.
Dass ich keine Abschiedszeremonie für ihn in unserem
Garten halten konnte, war sehr bitter. Barni war ein wich-
tiger Teil meines Lebens gewesen, und ich habe nicht das
Gefühl, dass ich schon inneren Frieden gefunden habe.
Irgendwann wollen wir noch eine Gedenkfeier für ihn ver-
anstalten. Dennoch habe ich das Gefühl, er teilt mir – wäh-
rend ich diese Zeilen schreibe – mit, dass er quicklebendig
ist und es ihm gut geht. Schönen Dank, aber Trauerfei-
ern sind nicht vonnöten! Tatsächlich habe ich häufig das
Gefühl, dass er höchst lebendig ist. Und manchmal, wenn
ich seine Gegenwart spüre, muss ich einfach loslachen.
Ich erkenne jetzt, dass Barni mir bei meiner Seelenreise
geholfen hat. Durch ihn habe ich ein Stück mehr gelernt zu
sein. Ich habe immer einen guten Draht zu Tieren gehabt,
und ich denke, dass ich auf sie eine beruhigende Wirkung
habe, so, als fühlten sie sich verstanden. Dass ich eine so
gute Verbindung zu Tieren habe, hat mir aber anderer-
seits auch geholfen, ein bisschen mehr an mich selbst zu
glauben.
Ich bin jetzt überzeugt davon, dass wir unsere Lieben
durch den Tod nicht verlieren. Mag auch kein physisches
Band mehr bestehen, so sind sie doch in unserem Herzen
und in unseren Gedanken.

Tröstlich war auch, was Barni am Ende unserer Kommunikation sagte. Aus den Worten, mit denen er sein Leben nach
dem physischen Tod beschrieb, sprach ein tiefes Gefühl

von Frieden: »Es ist, als würde ich schweben, wie Luft, wie Äther, frei und grenzenlos.«

Im nächsten Kapitel lernen Sie Boo Boo kennen, einen Wellensittich, der bei einem Unfall ganz plötzlich den Tod fand, aber in seiner neuen geistigen Gestalt sein Frauchen lehrte, wie es sein gebrochenes Herz heilen konnte.

Sittich Boo Boo

»Glaube an das Gute im Menschen,
und du wirst es anziehen.«
Boo Boo

Boo Boo vollzog seinen Übergang am 6. Mai 2006, als er zwölfeinhalb Jahre alt war. Sein Frauchen Roz war eine hochgewachsene Frau von 45 Jahren und lebte in London. Sie hatte sich von ihm nicht verabschieden können, denn Boo Boo starb einen ebenso plötzlichen wie tragischen Tod. Es war ein Unfall gewesen, doch Roz fühlte sich dafür verantwortlich und war krank vor Schuldgefühlen, die tagtäglich an ihr nagten.

Roz war die Entscheidung, ihr Leben mit einem anderen fühlenden Wesen zu teilen, nicht leichtgefallen, hieß dies doch, dass sie sich nun nicht mehr zum x-ten Mal einfach in eine Klinik zurückziehen konnte, um ihre Essstörungen und diversen Süchte behandeln zu lassen. »Es war höchste Zeit für mich, erwachsen zu werden und Verantwortung – nicht nur für mich, sondern auch für ein anderes Wesen – zu übernehmen«, wie sie bekannte.

Als sie noch klein war, hatte ihre Familie Wellensittiche

gehalten. Sie wusste also, dass dies ganz besondere kleine Tiere waren, doch auf einen so einzigartigen Vertreter dieser Spezies wie Boo Boo war sie dennoch nicht im Mindesten vorbereitet gewesen.

Roz hatte unbedingt ein blaues Sittichmännchen gewollt, und der Züchter, an den sie sich wandte, versicherte ihr, dass er Sittiche in allen Farben habe. Doch als sie dort eintraf, musste sie zu ihrer großen Enttäuschung erfahren, dass blaue Sittiche gerade aus waren. Stattdessen zeigte ihr der Züchter ein mehrfarbiges Brüderpaar. Er setzte die beiden in einen Schaukäfig, und als Roz ihren Finger durch das Gitter steckte, kam der Frechere der beiden, der ihr eigentlich weniger gut gefiel, heranspaziert und umschloss die Spitze ihres Fingers mit seiner Kralle.

»Es war, als hätte er mich ausgesucht«, erzählte sie, »und ich wusste, dass ich es immer bereuen würde, wenn ich ihn nicht nähme.«

Roz und Boo wurden unzertrennlich, sie aßen sogar von einem Teller. Boo mochte gern Gemüse, Obst, Vollreis und Toast. Und zwischen zwei Bissen streckte er Roz sein ernstes kleines Gesicht für ein zärtliches Küsschen entgegen.

Nachdem Boo ein Jahr alt war, fing er an, viele Wörter zu lernen und sie schließlich zu ganzen Sätzen zusammenzubauen, wobei Substantiv und Verb immer an der richtigen Stelle standen: »Wer ist mein Schatz? Bist du mein süüüüßer Knirps? Ich mag dich! Alles gut? Haaaaaaaaallo! Schlimmer, schlimmer Finger! Bist du ein schöööner kleiner Vogel, gell? Baby Boo! So ein toller Boo! Bist du aber hübsch! So ein lieber kleiner Schlingel!«

Wenn Roz wollte, dass Boo in seinen Käfig ging, musste sie nur sagen »Rrrein mit dir!«, und schon »flitzte« er los über das Käfigdach – genauer gesagt handelte es sich dabei eher um eine Art Hochgeschwindigkeitswatscheln –, rutschte zur äußeren Sitzstange hinunter, hüpfte in den Käfig und zog das Türchen hinter sich zu.

Boo verbrachte viel Zeit auf dem Dach seines Käfigs und vertrieb sich die Zeit mit Bällen, Glöckchen und anderem hängendem Spielzeug, das ihn wie ein Punchingball am Schnabel traf, wenn er es bearbeitete. Ganz besonders lustig fand er es, sein Spielzeug auf den Boden zu werfen und Roz dazu zu bringen, es wieder aufzuheben. Irgendwie hatte er auch besonderen Gefallen an roten Stiften gefunden und jagte eifrig der Spitze des Kugelschreibers hinterher. Das Höchste der Gefühle war für ihn, sich in einem riesigen Bund nasser Petersilie zu wälzen, bis sein Gefieder völlig durchweicht war.

Zwischen Boo und Roz entwickelte sich ein tiefes Vertrauensverhältnis. Roz war es schließlich sogar gewöhnt, dass er ihr das Gesicht und sogar die Wimpern putzte. Oft presste Boo seinen Kopf unter ihre Nase oder kletterte auf ihre Schulter, kuschelte sich an ihren Hals und schlief ein. Er konnte auch Fremden gegenüber sehr liebenswürdig sein, doch wenn er sich mit Besuch unbehaglich fühlte, kletterte er in seinen Käfig und zog die Tür hinter sich zu. Erst wenn er sich einigermaßen sicher fühlte, kam er wieder heraus und sagte: »Hallo.«

Roz ging mittlerweile wieder an die Uni, studierte Gartenbau und machte ihren Abschluss. Zwei Jahre später bekam sie eine Teilzeitstelle an dem College, an dem sie studiert hatte, und betrieb daneben ihr eigenes Büro für Gartengestaltung. Boo akzeptierte all das ohne Murren und begrüßte sie abends, wenn sie heimkam, mit Kopfnicken, wobei er den Schnabel gegen ihre Nase und ihre Lippen stupste.

Im April 2004 zogen die beiden um, und kurz darauf wurde Boo krank. Roz dachte, der Umzugsstress habe sein Immunsystem geschwächt:

Ich machte mir ziemliche Sorgen, weil Vögel erst dann Krankheitssymptome zeigen, wenn die Krankheit schon weit fortgeschritten ist. Es war ein Sonntag, und ich war noch beim Tierarzt mit ihm. Ich vereinbarte einen Termin beim tierärztlichen Notdienst, doch wie sich herausstellte, wusste man dort so gut wie gar nicht Bescheid über Vögel. Der Tierarzt verabreichte Boo ein Antibiotikum und gab mir die Telefonnummern der beiden einzigen Tierärzte in London, die sich auf Vögel spezialisiert hatten. Tags darauf ging ich mit Boo zu einem von ihnen, und er diagnostizierte die Papageienkrankheit.

Die Papageienkrankheit oder Psittakose wird durch ein Bakterium namens Chlamydophila psittaci ausgelöst. Es handelt sich um eine schwere, grippeartige Allgemeinerkrankung, die sich auch auf den Menschen übertragen kann.

»Ich dachte schon, ich würde ihn verlieren«, erzählte Roz, »aber er hat sich wieder aufgerappelt. Trotzdem war er danach nie mehr ganz der Alte.«

Boo bekam Arthritis und tat sich immer schwerer mit dem Fliegen. Irgendwann fing er an, ohne erkennbaren Grund von seinem Käfig auf den harten Fußboden zu springen. Roz bemerkte, dass das neue Haus seltsam knackte und knarrte. Dies schien Boo zu beunruhigen. Nach einer dieser Sprungaktionen stellte sie fest, dass sein Fußgelenk geschwollen war. Das war das erste Anzeichen seiner sich entwickelnden Gicht, daher ließ sie ihm den Fußring entfernen, ehe er ihm

Probleme verursachte. Beim Röntgen zeigte sich, dass seine Knochen sehr dünn und porös waren.

»Ich wusste einfach nicht, dass ich ihm Kalzium und Vitamin D hätte zufüttern müssen, um den Mangel an Sonnenlicht auszugleichen«, gestand Roz.

Roz legte den Boden unter Boos Käfig mit Badvorlegern und Teppichen aus, damit er nicht so hart auf dem Boden aufprallte, doch eines unglücklichen Tages sprang er weiter als gedacht und landete außerhalb der Teppiche. Dabei brach er sich einen Flügel und die Hüfte. Bis dahin hatte Boo bereits täglich Medikamente gegen seine Gicht und auch Schmerzmittel bekommen, aber bald schon brauchte er zweimal täglich Medikamente. Allerdings war er bei der Arzneigabe immer sehr kooperativ, hüpfte brav auf Roz' Hand, wenn sie ihn rief, und ließ sich widerstandslos seine Medizin mit einer Spritze in den Schnabel geben.

Ein Schwarzohrpapagei namens Kobe

Roz beschloss, sich einen zweiten Vogel anzuschaffen, und so trat direkt zum Ende der Brutperiode ein vier Monate alter Schwarzohrpapagei mit leuchtend blauem Köpfchen in ihr und Boos Leben. Das war kurz nach Boos elftem Geburtstag.

Kobe mochte Boo gut leiden, sobald er seinen Papageienfuß in unser neues Domizil gesetzt hatte. Er machte alles nach, was Boo tat: Putzte sich Boo, dann putzte sich auch Kobe. Wenn Boo sich den Bauch vollschlug, speiste auch Kobe. Boo brachte Kobe sogar bei, »Hallo« zu sagen.

Doch Kobes Gesellschaft bedeutete nicht nur eitel Son-

nenschein. Er war ein noch sehr verspielter Jungvogel, und manchmal rückte er Boo so dicht auf den Pelz oder besser gesagt aufs Gefieder, dass Boo erschrocken aus seinem Käfig hüpfte.

Roz versuchte, Boo dazu zu bringen, dass er sich mehr in seinem Käfig aufhielt, aber er wollte obendrauf sitzen, wie er es immer getan hatte. Wenn Roz die Käfigtür verschlossen hielt, provozierte sie damit einen regelrechten Sittichkoller: Mithilfe seines gesunden Beins und des Schnabels kraxelte er im Käfig herum und zeterte dabei lautstark, bis Roz das Türchen freiwillig wieder aufmachte.

Wegen seiner Gicht konnte sich Boo nicht mehr am Käfig hinunterlassen und bald auch das Kletterseil nicht mehr benutzen. So verlegte er sich aufs Springen, wenn er in seinen Käfig wollte und Roz nicht zugegen war. Vorsichtshalber legte Roz noch mehr Badematten aus. War sie zu Hause, so achtete sie mit ausgefahrenen Antennen darauf, ob er vielleicht wieder zu einem seiner Sprünge ansetzen wollte, um sofort loszurennen und ihn aufzufangen.

Eines Abends, es war so gegen zehn, hatte es Boo plötzlich ganz eilig, in seinen Käfig zu kommen. Roz sah, wie er schon in Sprungposition ging, und schaffte es gerade noch rechtzeitig, ihn zu erwischen. Die Erleichterung sollte aber nur von kurzer Dauer sein. Kobe, neugierig, was hier abging, kam plötzlich wie aus dem Nichts angeflogen und landete auf Roz' Handgelenk. Vor Schreck ließ sie Boo aus der Hand fallen, und er prallte auf den harten Steinboden:

Wie habe ich mir da gewünscht, die Zeit nur um ein paar Sekunden zurückdrehen zu können, doch vergebens. Boo lag mit gebrochenem Bein auf dem Steinboden. Ich hob ihn vorsichtig auf und bettete ihn in einen improvisierten Krankenkäfig, eine Schachtel, die ich mit Noppenfolie und Handtüchern ausgepolstert hatte. Der Tierarzt war um diese Zeit nicht mehr zu erreichen, also konnte ich ihm erst am nächsten Tag Hilfe zukommen lassen. Ich konnte ihm nur Schmerzmittel geben und ihn mit seinem Lieblingsglöckchen ablenken. Das war die längste und schlimmste Nacht unseres Lebens. Sobald die Tierarztpraxis aufmachte, brachte ich Boo hin, während Kobe noch in seinem abgedeckten Käfig schlief.

Der Stoßverkehr war an diesem Morgen besonders schrecklich, und die Fahrt dauerte doppelt so lange wie sonst. Während der ganzen Fahrt liefen mir die Tränen über die Wangen. Boo lag in seiner Schachtel, die ich auf dem Beifahrersitz platziert hatte, und versuchte, mit seinem Glöckchen zu spielen.

In der Praxis angekommen, mussten wir erst mal warten, bis wir drankamen. Als der Tierarzt uns dann aufrief, motzte er erst einmal herum, warum ich Boo morgens kein Schmerzmittel gegeben hätte. Ich war viel zu aufgeregt, um ihm zu erklären, dass ich ja schließlich nicht wissen konnte, ob ich ihm ein Schmerzmittel geben durfte oder nicht, schließlich hätte es ja Probleme mit dem Narkosemittel geben können. Der Tierarzt sagte, sie würden später operieren, und Boo wurde nach hinten in einen anderen Raum gebracht.

Eine der Tierarzthelferinnen gab mir Boos leeren Käfig zurück und erklärte mir, dass ich nicht bei ihm bleiben könne. Schluchzend verließ ich die Praxis. Irgendwie ahnte ich schon, dass ich ihn nicht mehr lebend wiedersehen würde.

Ich brauchte eine halbe Stunde, bis ich mich wieder so weit im Griff hatte, dass ich mit dem Auto nach Hause fahren konnte.

Roz saß den ganzen Vormittag mit Kobe zu Hause und wartete auf eine Nachricht. Endlich läutete um 12.28 Uhr das Telefon.

»Wir haben ihn eben verloren«, sagte die Stimme am anderen Ende. »Wir konnten zwar sein Bein schienen, und er ist auch aus der Narkose wieder aufgewacht, aber dann schien er plötzlich aufzugeben.«

Roz dankte dem Tierarzt für seine Bemühungen und sagte, dass ihn keine Schuld treffe. Er bot ihr an, Boo im Park zu beerdigen, da Roz keinen Garten hatte, was sie jedoch ablehnte. Mit einer Einäscherung war sie jedoch einverstanden.

Mein Seelengefährte, der mich fast dreizehn Jahre lang begleitet hatte, war fort. Ich weinte und weinte. Und bald schon ging mir nur noch eines durch den Kopf: »Was, wenn …«, »Wenn doch nur …«, »Hätte ich bloß nicht …«, »Und wenn ich ihm am Morgen ein Schmerzmittel gegeben hätte?«, »Wenn ich ihn doch nur nicht hätte fallen lassen …«, »Hätte ich doch bloß Kobe nicht ins Haus genommen« …

Ohne Boo war meine Welt leer. Ich fühlte mich völlig verloren. Ich war wie gelähmt von Schuldgefühlen und blieb den Rest der Woche zu Hause.

Zwiesprache mit Boo Boo

Roz war durch mein Buch auf mich aufmerksam geworden. Sie ging auf meine Website und schickte mir eine Liste von Fragen und Botschaften für Boo.

»Ich habe mich nie von ihm verabschiedet«, schrieb sie. »Es gibt noch so viele ungesagte Dinge, und ich habe starke Schuldgefühle. Und mehr alles andere würde ich ihm gern sagen, wie leid mir alles tut.«

Unter meinen Klienten sind sehr viel weniger Vögel als Hunde, Katzen und Pferde, daher freue ich mich jedes Mal sehr, wenn sich mir Gelegenheit bietet, mit einem Vertreter der flügeltragenden Spezies zu kommunizieren. Mein erster Kontakt zu Boo fand ein Jahr nach seinem Übergang statt, in einem der kältesten Augustmonate seit siebzehn Jahren. London war von einer grauen Wolkendecke verhangen, und heftige Regenschauer führten zu sintflutartigen Überschwemmungen in vielen Teilen des Landes. Boo auf seinem Foto hingegen sah aus wie der strahlende Sonnenschein. Türkis ist eine meiner Lieblingsfarben, und er war damit aufs Prächtigste geschmückt. Roz hatte mir ein Foto geschickt, das ihn von der Brust aufwärts im Profil zeigte. Seine Stirn war weiß gefiedert, Kehle und Nacken zierten weiße und schwarze Federbänder, die an Zebrastreifen erinnerten. Darüber verstreut leuchteten türkisfarbene Flecken. Sein Bartfleck strahlte in lebhaftem Königsblau. Die türkisfarbene Wachshaut, welche die Nasenlöcher oberhalb des grünlich gelben Schnabels umschloss, verriet, dass Boo ein Wellensittichhahn und keine Henne war.

Ich hatte sofort die Empfindung, dass Boo eine außergewöhnliche Seele mit einem klugen Zug in seinem Wesen

war. Ich konnte fühlen, dass dies nicht sein erster »Ausflug«
in die materielle Welt war – dieses Leben war bereits eine
Reinkarnation. Als ich mich von dem Weisheitsanteil seines
Wesens weitertastete, spürte ich allerdings, dass sein übriges Naturell weniger sanftmütig war. Gerade was Menschen
anging, hatte Boo starke Vorurteile. Roz aber war er sehr
zugetan und hatte auch gern Körperkontakt mit ihr gehabt.
Eindeutig war er ihr weiser Lehrmeister.

Im Laufe der weiteren Kommunikation erfuhr ich,
dass Boo gern mit Glöckchen spielte, sich großer Freiheit
erfreute und dass es einen zweiten Vogel gab, der in etwa
so groß war wie er und dessen Gesellschaft er nicht besonders schätzte. Außerdem zeigte er mir ein orangefarbenes
Objekt. Die Beziehung zwischen Boo und Roz machte den
Eindruck, sie sei gleichberechtigt, und wenn Roz ihm etwas
zurief, dann antwortete er sofort.

Ich schilderte Roz meine ersten Eindrücke, die sie bestätigte. Das orangefarbene Objekt entpuppte sich als Schau-
felrad in seinem Bad, das er herumdrehen musste, um
tropfenweise Wasser zum Trinken zu bekommen. Tatsächlich trank er nur auf diese Weise. Was Roz jedoch überhaupt nicht überraschte, war, dass er zuerst sein Glöckchen
erwähnt hatte:

Er war ganz verrückt nach seinem Lieblingsglöckchen. Es
war ein Maschenball in Form einer Katze, in dem sich ein
Glöckchen befand. Unten dran hing ein zweites Glöckchen.
Eines Tages kam ich heim, und er saß ganz still und traurig
in seinem Käfig. Ich bemerkte, dass sein Glöckchen auf dem
Käfigboden lag und entzwei war. Als ich es repariert und
ihm wieder hingehängt hatte, war er ganz aus dem Häus-

chen vor Begeisterung. Er musste es immer in der Nähe haben, und wenn er in seinem Käfig saß, hielt er sich oft mit einem Fuß daran fest.

Zufrieden mit dem, was diese erste Kontaktaufnahme enthüllt hatte, vereinbarten Roz und ich eine telefonische Sitzung für eine Kommunikation mit Boo.

Ihre erste Frage lautete:»Bist du jetzt glücklich?«

Boos Antwort war aufrichtig und direkt:»Mit dir wäre ich glücklicher. Seelengefährten. Du hast mich wirklich verstanden.«

Ich fügte hinzu:»Ich habe das Gefühl, dass er ein wenig schwierig sein konnte – dass er sich nicht immer an die Regeln hielt.«

Roz stimmte bereitwillig zu, dann fragte sie ihn:»Wie fühlst du dich jetzt körperlich?«

»Frei und unbeschwert«, gab Boo zurück.»So unbeschwert, wie ich mich noch nie gefühlt habe. Es ist ein sehr freudvolles Gefühl.«

Aus meiner Sicht war diese Frage ein wenig seltsam, da Boo ja keinen Körper mehr hatte, andererseits war es ganz interessant, einmal zu hören, wie eine Seele es empfindet, als reine Energie ohne materielle Form zu existieren.

Roz wurde sehr still, als ich ihre nächste Botschaft für Boo vorlas:»Ich vermisse dich und ich habe dich von Herzen gern.«

»Ich weiß. Ich kann es spüren. Wir haben eine starke Verbindung«, lautete seine Antwort.

Dann kam die Sprache auf das Thema, warum sie überhaupt die Kommunikation mit ihm gesucht hatte:»Es tut mir so leid, dass ich dich im Stich gelassen habe.«

»Das darfst du nicht einmal denken«, antwortete Boo schneller als der Blitz. »Wir stecken da gemeinsam drin. Auf immer und ewig. Kumpel.«

Roz schwieg. Ich fragte mich, ob sie das alles verinnerlichen konnte, was Boo ihr übermittelte. Behutsam machte ich weiter und las ihre nächste Botschaft vor: »Es tut mir leid, dass du so starke Schmerzen hattest.«

»Mit Schmerz kann man zurechtkommen«, meinte Boo. »Besser, als du glaubst. Eines Tages wirst du verstehen, welche Kraft darin liegt, frei und unbeschwert zu sein. Fliegen zu können ist in vielerlei Hinsicht ein Segen.«

Dann wollte Roz wissen: »Bist du noch bei mir?«

»Manchmal. Doch die meiste Zeit bin ich irgendwo unterwegs. Du weißt, dass ich nicht lange auf einem Fleck sitzen kann. Ich sehe immer wieder mal nach dir und spüre, dass dein Herz sich einsam und unglücklich fühlt.«

»Wirst du dich reinkarnieren?«, fragte sie und fügte hinzu: »Es ist vermutlich müßig, aber irgendwie hoffe ich, dass er sich reinkarniert und wir wieder zusammen sein können.«

»Nicht jetzt. Ich bin einfach zu glücklich hier. Du musst dir einen neuen Seelengefährten auf Erden suchen«, sagte Boo voller Wärme.

»Willst du mich wiedersehen? Und wenn ja, wo kann ich dir begegnen?«

»In deinen Träumen. Das ist im Augenblick der beste Ort. Das Leben hat noch viele Aufgaben für dich bereit. Sprich zu mir im Schlaf.«

Tiere sagen mir immer wieder, dass es für sie leichter ist, zu geliebten Menschen Kontakt aufzunehmen, wenn diese schlafen, weil sie sich dann in einem anderen Bewusstseinszustand befinden. Manchmal hindert auch die Intensität, mit der die Menschen um ein Tier trauern, dieses Tier daran, den Kontakt herzustellen. Auch der starke Wunsch, Botschaften von dem Tier zu erhalten, kann das Zustandekommen einer Verbindung verhindern. Wenn Sie also wünschen, dass Ihr Tier zu Ihnen »durchkommt«, erreichen Sie das am ehesten, indem Sie sich entspannen und Ihr verzweifeltes Verlangen loslassen.

Schließlich kamen wir zu Roz' letzter Frage: »Gibt es etwas, was du mir sagen möchtest?«

»Ja. Öffne nun dein Herz und lass es offen. Glaub an das Gute im Menschen, und du wirst es anziehen. Schlaf nicht mehr auf der falschen Bettseite, leg dich auf die richtige. Lass Licht in dein Leben.«

Durch das Telefon konnte ich hören, wie Roz gegen die Tränen ankämpfte, doch konnte ich natürlich nicht sehen, was sie gerade tat, als ich ihr das Bild beschrieb, das Boo mir nun schickte: »Er zeigt mir, dass er über Ihrem Herzchakra liegt und Ihnen direkt in die Augen sieht.«

Roz war so perplex, dass es ihr die Sprache verschlug. Sie machte keinerlei Andeutung, was los war, und schickte mir erst tags darauf eine Mail mit einer Erklärung:

Einige wenige Augenblicke bevor Sie sagten, Boo läge über meinem Herzchakra, hatte ich meine geschlossene Hand auf die Brust gelegt, als würde ich darin etwas halten. Es muss Boo gewesen sein. Und noch etwas muss ich Ihnen berichten: Boo schlief immer neben mir im Bett, und ich legte mich so nah wie möglich an ihn. Selbst nachdem er gestorben war, schlief ich weiter auf meiner Seite des Bettes. Ich glaube, mit seiner Botschaft »Schlaf nicht mehr auf der falschen Bettseite, leg dich auf die richtige« wollte er mir sagen, dass es nun Zeit für mich wäre, loszulassen und ein neues Kapitel aufzuschlagen.

Ich hatte keine bestimmten Erwartungen an diese Kommunikation. Mir war nur klar, dass ich das tun musste. Was mich am meisten überrascht hat, war, dass das, was Sie über Boo gesagt haben, so typisch für ihn war. Es konnte gar keinen anderen Vogel betreffen. Während unseres Telefonats musste ich die ganze Zeit gegen die Tränen ankämpfen.

Ollie, Amazonenpapagei mit orangefarbenen Schwingen

Als Roz' Kommunikation mit Boo stattfand, hatte sie schon einen neuen Vogel aufgenommen: Ollie, einen Amazonenpapagei mit orangefarbenen Flügeln. Ollie war gut 30 Zentimeter groß, sein Gefieder hauptsächlich grün, nur auf dem Kopf hatte er blaue und gelbe Federn. Flügel und Schwanz zierten orange leuchtende Farbtupfer. Roz hatte sich nicht bewusst nach einem neuen Vogel umgesehen, vielmehr hatte eine Reihe von Umständen Ollie geradewegs in ihr Leben geführt.

In einem Papageienforum hatte Roz von Ollie und seiner misslichen Lage gelesen. Die Frau, die ihn ursprünglich aufgenommen hatte, suchte ein neues Zuhause für ihn, weil »er sich nicht so macht, wie ich mir das vorgestellt hatte«, doch niemand wollte ihn haben.

Ich dachte mir, wenn die Leute wüssten, was ihm fehlt, hätte er vielleicht bessere Chancen, ein neues Zuhause zu finden. Also erbot ich mich, die Kosten für einen auf Vögel spezialisierten Tierarzt zu übernehmen. Nun dachten aber

alle, dass jemand, der für ein Tier die Tierarztkosten über-
nimmt, auch daran interessiert sein muss. Das war ich, doch
ich fand, ich würde mir damit viel zu viel Arbeit aufhalsen.
Doch irgendetwas in mir sagte ständig:»Wenn du ihn nicht
nimmst, wirst du es für immer bedauern. Es wird Zeit, dass
du aufhörst, dich zu drücken.«

Ollie war größer als die Vögel, die Roz bisher gehalten hatte, und alles andere als handzahm. Seine Vorbesitzer hatten
Ollie stark vernachlässigt, und als er ihnen weggenom-
men wurde, war er schwer krank. Der Tierarzt endosko-
pierte ihn und diagnostizierte Aspergillose, eine Infektion
der Atemwege mit Schimmelpilzen. Da man ihn nur mit
Sonnenblumenkernen gefüttert hatte, litt er unter Vitamin-
A-Mangel, und als Folge seiner Vernachlässigung war sein
Immunsystem geschwächt. Dies wiederum führte dazu, dass
seine Schleimhäute ständig entzündet waren. Die Nasenlöcher waren geschwollen und verlegt, seine Augen sonderten
Schleim ab, und er litt unter Atemnot. Seine Krallen waren
nicht gestutzt, eine war sogar so lang, dass sie sich zu einem
Ring geschlossen hatte und sich von hinten in seinen Fuß
bohrte. Ollie hatte offensichtlich ganz dringend Fürsorge
und Zuwendung nötig – ebenso wie Roz, wie ihr Boo durchaus wusste. Bei ihrer zweiten Kommunikation teilte er ihr
mit:»Ich habe dir Ollie geschickt. Du brauchst was Wildes
in deinem Leben.«

Tiere kommen aus unterschiedlichen Gründen zu uns:
weil sie uns geschickt werden, weil sie von sich aus bei uns
sein wollen, damit wir mit ihrer Hilfe gesunden und wachsen
können oder weil sie wissen, dass wir sie ebenso sehr brauchen wie sie uns. Oder wie Roz schrieb:

Es sieht ganz so aus, als würde Ollie zu uns gehören. Boo hatte stets einen ausgesprochenen Sinn für Humor. Ich denke immer daran, wie er mich einen Käfigvogel nannte und wollte, dass ich ein wenig freier würde. Das ist für mich schwer zu machen, da ich Kobe und Ollie ungern länger allein lasse als unbedingt nötig, doch ich glaube, dass ich allmählich innerlich freier werde.

Jeder dieser drei Vögel hat mir geholfen, dahin zu kommen, wo ich jetzt bin. Meine Welt ist sehr viel größer geworden. Boo half mir, mein Leben wieder in die eigenen Hände zu nehmen, Kobe hat mich dazu gebracht, mich mit der richtigen Ernährung und dem Verhalten von Papageien zu beschäftigen (er hatte nämlich lange Zeit so seine Unarten), und dank Ollie vertiefe ich mein Wissen über das Verhalten von Vögeln weiter. Zudem beschäftige ich mich jetzt mit ganzheitlichen Behandlungsmethoden und behandle ihn damit auch praktisch.

Auf meinem Weg des Lernens mit Vögeln habe ich viele außergewöhnliche Menschen kennengelernt, die ihr Wissen und ihre Zeit großzügig mit mir geteilt haben. Und es ergaben sich ganz erstaunliche Gelegenheiten für mich, angefangen mit dem Schreiben von Artikeln für Papageienmagazine bis zur Betreuung der Onlinekurse »Living and Learning with Parrots« (Leben und Lernen mit Papageien) und »Parrot (Behaviour Analysis Solutions) Mini Lessons« (Kurzlektionen für Papageien – mit Lösungen aus der Verhaltensanalyse). Diese Kurse waren ursprünglich von Dr. Susan Friedman entwickelt und unterrichtet worden, einer Professorin der Psychologie, die die Grundsätze der angewandten Verhaltensanalyse in die Arbeit mit Haustieren und Tieren in Gefangenschaft eingeführt hat.

Boo möchte, dass ich an das Gute im Menschen glaube und es auf diese Weise anziehe, was mir jetzt sehr viel leichter fällt als früher, da ich es nun täglich vor Augen habe. Damit will ich sagen: »*Danke für alles, Boo. Ich werde dich immer in meinem Herzen behalten. Ich liebe dich, und es tut mir leid, was geschehen ist.*«

Durch ihre Kommunikation mit Boo wurde Roz fähig, ihre Schuldgefühle zu verarbeiten und eine positive Einstellung zu entwickeln, geprägt von Daseinsfreude, Lerneifer und dem Wunsch, anderen mit ihrem neu erworbenen Wissen über Papageien zu helfen. Wir sehen also: Selbst wenn ein absoluter Tiefpunkt erreicht scheint, kann plötzlich alles ins Gegenteil umschlagen, sodass daraus etwas Positives erwächst. Wo Verlust war, kann neues Leben werden. Wo Schuldgefühle sind, können Liebe und tiefes Verständnis wachsen. Zu vergeben ist eine der größten Gaben des Lebens, ganz besonders, wenn wir lernen, uns selbst zu vergeben.

Im nächsten Kapitel begegnen Sie einer gläubigen Christin, für die das Leben nach dem Tod stets eine Gewissheit war. Sie wollte sichergehen, dass es ihrer Katze Milka auch im Jenseits gut geht.

Meine kleine Milka

»Sei glücklich im Leben. Erfülle dein Leben mit Glück.
Erwarte nicht immer, dass andere dich glücklich machen.
Sei stolz auf dich. Sei stolz auf das, was du bist.«
Milka

Als Christin glaube ich fest daran, dass das Leben nach dem Tod weitergeht. Dennoch bitte ich Sie um Hilfe, weil ich sicher sein möchte, dass es meiner Milka ›da draußen‹ gut geht. Ich vermisse meinen Liebling so sehr. Sie ist mein Ein und Alles.«

Milka starb am 31. Januar 2010 mit dreizehneinhalb Jahren. Drei Wochen später meldete sich ihr Frauchen bei mir wegen einer Kommunikation.

Catherine ist Französin und lebte zu der Zeit, als sie Milka zu sich nahm, auch in Frankreich. Sie war damals gerade zwanzig und hatte ihre erste eigene Wohnung in Bayonne bezogen, fühlte sich dort aber sehr einsam. Daher beschloss sie, die Inserate in der Lokalzeitung durchzusehen, ob jemand junge Kätzchen abzugeben hätte, da sie mit Katzen groß geworden und eine ausgesprochene Katzennärrin war. Sie meldete sich auf eine Anzeige hin bei einer

Dame, die ihr zwei Kätzchen zeigte, eines pechschwarz und das andere schwarzweiß. Catherine, die schwarze Katzen sehr gern mochte, hatte ursprünglich auch vorgehabt, ein schwarzes Kätzchen zu nehmen, wenn ein solches im Wurf wäre, doch dann war es rettungslos um sie geschehen, als ihr Blick auf das schwarzweiße Geschwisterchen fiel. Sie nahm das Tierchen, ohne lange zu überlegen. Obwohl sie nicht einmal wusste, ob es ein Junge oder ein Mädchen war.

Der Start in die gemeinsame Beziehung erwies sich jedoch als schwierig. Catherine hatte weder Garten noch Balkon, und so verbrachte Milka die meiste Zeit allein in der Wohnung, während Catherine den ganzen Tag zum Arbeiten außer Haus war. Mit dem Umzug nach Toulouse änderte sich dann aber alles. Catherine ging wieder zur Uni, um zu studieren, und war nun häufiger zu Hause. Milka kam allmählich aus ihrem Schneckenhaus heraus und wurde immer zutraulicher. Irgendwann fing sie an, ihre Streicheleinheiten aktiv einzufordern. Sie kroch sogar zu Catherine unter die Bettdecke. An den Wochenenden nahm sie das Kätzchen zu ihren Eltern mit, die einen Garten hatten. Dort konnte sie frei herumstreifen und ihre Jagdkünste schulen.

Catherine machte ihren Abschluss in Anglistik, und das Band zwischen ihr und Milka wurde immer stärker. Eines Tages jedoch musste Catherine eine schwierige Entscheidung treffen: Sollte sie für ein Jahr in die USA gehen, um an einer Grundschule Französischunterricht zu geben? Dies würde bedeuten, dass sie Milka in dieser Zeit bei ihrer Patentante in Deutschland lassen müsste. Oder sollte sie doch besser in Frankreich bleiben? Von dieser Entscheidung hing ihre gesamte berufliche Zukunft als Auslandslehrerin für Französisch ab. Sie entschied sich für den Auslandsaufenthalt und flog mit Milka auf dem Nachbarsitz nach Mainz zu ihrer Patin, die mehr als glücklich darüber war, die hübsche Milka aufzunehmen, war ihre eigene Katze doch erst vor Kurzem gestorben.

Dennoch brach diese Entscheidung Catherine fast das Herz, und sie fragte sich, ob Milka sie wohl vergessen würde. Doch als sie elf Monate später zurückkam, um sie wieder zu holen, war die Katze vor Freude ganz aus dem Häuschen und konnte gar nicht genug gestreichelt und liebkost werden. Die beiden flogen zurück nach Toulouse und nahmen ihre Beziehung nahtlos wieder auf.

Ein Jahr darauf aber sollte Catherines Leben eine weitere einschneidende Wendung nehmen. Catherine flog nach London, um eine Freundin zu besuchen, und verliebte sich in den Mann, den sie später heiraten würde. Die beiden wollten sofort zusammenziehen, doch bevor Catherine Milka nachholen konnte, sollten ganze neun Monate mit Papierkrieg, Impfungen, Beantragung eines EU-Heimtierausweises und noch mehr Impfungen vergehen. Catherine beschloss, in dieser Zeit nicht nach Frankreich zu ihrer Katze zu fahren, da es für sie und Milka zu schmerzhaft gewesen wäre, sich kurz zu sehen und dann wieder trennen zu müssen. Catherine wollte Milka erst dann besuchen, wenn sie sie auch mit nach England nehmen und für immer behalten konnte.

Während der Zeit ihrer Trennung kümmerte sich Catherines Mutter um Milka. Milka bekam jedoch starke Depressionen, da sie sich mit den anderen Katzen im Haus überhaupt nicht verstand. Sie fing an, sich so stark zu kratzen, dass ihr ganze Fellbüschel einfach ausfielen. An dem Tag, als Catherine sie endlich abholen konnte, wich sie ihr nicht mehr von der Seite.

Catherines Freund Trevor mochte eigentlich keine Katzen, doch sie hatte ihm unmissverständlich klargemacht, dass er sie nur im Doppelpack mit Milka haben könne, und er war damit einverstanden gewesen. In den ersten paar Wochen ihres gemeinsamen Zusammenlebens weigerte er sich allerdings standhaft, Milka zu ihnen ins Bett zu lassen. »Am Ende«, verriet mir Catherine, »haben sich die beiden zwei Monate lang vorsichtig beäugt. Und irgendwann war Trevor von Milka völlig hingerissen.«

Eines schönen Tages lockte Trevor die Katze zu sich und Catherine aufs Bett. Von da an war die Angelegenheit besiegelt. Dieses Haus war jetzt *ihr* Haus und Trevor *ihr* Katzenpapa. Er behauptete zwar nach wie vor, keine Katzen zu mögen, aber: »Milka ist keine Katze, sie ist eher eine Persönlichkeit.«

Trevor und Milka entwickelten eine sehr enge Verbindung zueinander. Oft führte er in der Küche lange Zwiegespräche mit der Katze. Sie lernte sogar, Tischbillard zu spielen. Sie versenkte brav ihre Kugel in der Tasche und wartete dann, bis sie wieder an der Reihe war. Auch Fernsehen guckte sie gern, aber nur Tiersendungen. Sobald Menschen auf dem Bildschirm erschienen, verlor sie sofort jedes Interesse. Und wehe, Trevor oder Catherine wagten es umzuschalten! Die letzten sechseinhalb Jahre ihres Lebens verbrachte Milka in einer ruhigen, glücklichen Umgebung, wo sie sehr geliebt und verwöhnt wurde.

Catherine, die zu regelmäßigen Familienbesuchen nach Frankreich fuhr, bemerkte irgendwann, dass Milka ihre Abwesenheit übel zu nehmen schien. Sie fing an, ihr großes und kleines Geschäft nicht in ihrem Kistchen, sondern auf dem Fußboden und sogar in Catherines Schuhen zu erledigen. Wohl als Ausdruck ihres Protests, wie Catherine meinte.

Milka war, wie Catherine es höflich beschrieb, eine »ziemlich pummelige Katze«, daher hatte der Tierarzt ihr Diätfutter verordnet. Als Catherine 2009 wieder nach England zurückkam, nachdem sie Weihnachten drei Wochen lang ihre Familie besucht hatte, fiel ihr auf, dass Milka abgenommen hatte. Sie nahm das zunächst nicht weiter tragisch, doch als sie ihr zwei Wochen später übers Fell strich, konnte sie deutlich die Wirbelsäule spüren.

Es wurden verschiedene Untersuchungen durchgeführt, und schließlich stellte sich heraus, dass Milka unter fortgeschrittenem Diabetes und Nierenversagen litt. Milka blieb eine Woche in der Tierklinik, wo Ärzte und Pfleger alles taten, um ihr Leben zu retten. So gaben sie ihr unter anderem auch Insulinspritzen. Catherine und Trevor besuchten sie täglich und blieben eine ganze Stunde lang bei ihr, wobei sie ihr unter Streicheln versicherten, wie gern sie sie hätten. Es war jedes Mal ein schmerzlicher Abschied, wenn sie nach einer Stunde gehen und in die leere Wohnung zurückkehren mussten.

Nach der Klinik verbrachte Milka noch eine Woche zu Hause und bekam weitere Insulinspritzen, doch die Behandlung schlug nicht an. Zwei Wochen nach der Diabetesdiagnose musste Milka eingeschläfert werden und starb am letzten Januartag in Catherines Armen. Catherine und Trevor waren am Boden zerstört.

Ich sah Milka zum ersten Mal auf einem Foto, das Catherine mir per E-Mail zusammen mit ihren Fragen und den Angaben zu Milkas Alter, Rasse, der Zeit, die sie gemeinsam verbracht hatten, und ihrer Todeszeit geschickt hatte.

Das Foto zeigte nur Milkas Köpfchen. Alles, was ich darüber hinaus erfahren habe, stammt unmittelbar von Milka selbst.

Ernst lag in Milkas grünen Augen, und ich spürte ein schweres Gefühl im Bauch, eine Art Niedergeschlagenheit, was oft ein Anzeichen für Krankheit und in manchen Fällen auch für ein emotionales Ungleichgewicht ist. Das Fell an den Ohren und um die Augen herum war pechschwarz, eine weiße Insel zog sich vom Hals hinauf über Backen und Nase. Auffällig an Milkas Gesichtszeichnung war der schwarze Fleck auf ihrer ansonsten rosafarbenen Nase. Er saß genau zwischen den Schnurrhaarkissen.

Dann spürte ich hinter ihre äußerliche Anmut und konzentrierte mich darauf, mich mit ihrer Seelenessenz zu verbinden. Ich konnte eine starke mütterliche Präsenz spüren und ein sanftes, nachdenkliches Wesen, doch war auch klar zu merken, dass ihr Dummköpfe auf die Nerven gingen. Sie ließ mich ein Bild ihres übrigen Körpers sehen, und meine Aufmerksamkeit wurde auf ihre weißen Vorderpfoten und den weißen Bauch gelenkt. Als Nächstes sah ich, wie sie sich putzte, eine Tätigkeit, in die sie ihren ganzen Elan legte. Schließlich zeigte sie mir, wie sie auf Catherines Bett lag, wo sie allem Anschein nach gern schlief. Ich stellte ihr ein paar Fragen zu ihr selbst, um ein paar Eindrücke zu empfangen, die ich Catherine schicken könnte. Milka übermittelte mir Bilder von einem chenilleartigen weichen Material, von grünen oder blauen Schüsseln und einem Baum in einem Garten hinterm Haus, auf den sie gern kletterte.

Nach dieser ersten Kommunikation schickte ich Catherine meine gesammelten Impressionen und wartete auf Antwort.

Die sehr schnell kam, die Richtigkeit meiner Eindrücke

bestätigte und sie präzisierte. »Wir hatten einen burgunderroten Überwurf, auf dem sie gern lag, und grüne und blaue Schüsseln. Der Baum muss aus einer Zeit sein, als sie drei oder vier war, bevor sie nach England kam. In Frankreich gab es einen Kirschbaum, auf den sie gern kletterte.«

Catherine und ich vereinbarten eine telefonische Sitzung, um die Kommunikation mit Milka fortzusetzen. Ihre ersten Fragen waren: »Werde ich dich jemals wiedersehen und knuddeln können? Werden wir eines Tages wieder vereint sein, in diesem oder im nächsten Leben?«

Milka antwortete: »Nicht jetzt, mein Engel. Doch wir werden einander im nächsten Leben wiederbegegnen.«

»Es ist sehr tröstlich zu wissen, dass wir uns eines Tages wiedersehen werden«, meinte Catherine. »Aber war sie glücklich mit mir? Habe ich dir genug Liebe und ein schönes Leben gegeben, Milka?«

Und Milka erwiderte: »Zu jeder Zeit, meine Liebe. Ich war immer glücklich mit dir. Bitte mach dir keine Vorwürfe. Das Leben mit dir war einfach vollkommen.«

»Es ist eine große Erleichterung für mich, das zu hören«, sagte Catherine zu mir. »Ich habe mich immer gefragt, ob ich mich nicht zu wenig um sie gekümmert habe, besonders weil ich ihre gesundheitlichen Probleme erst so spät bemerkt hatte. Jetzt denke ich mir manchmal, dass sie sie vor mir verborgen hat, solange sie konnte. Wo ist sie jetzt? Wie geht es ihr ›da draußen‹? Hat sie jemanden, der sie liebt und sich um sie kümmert?«

»Ich habe Frieden, meine Liebe. Dahingleiten. Schlafen. Voller Seligkeit und Liebe. Es ist ein wunderbarer Ort, ein wunderbares Gefühl.«

Ein Moment des Schweigens trat ein, da Catherine

versuchte, sich Milka an dem Ort vorzustellen, den sie beschrieben hatte. Dann wollte sie von ihr wissen: »Bist du glücklich?«

Milkas einfache und erschöpfende Antwort auf diese Frage lautete: »Ja.«

In einer Mischung aus Freude darüber, dass es Milka gut ging, und Trauer, dass sie nicht länger bei ihr war, stellte Catherine ihre nächste Frage: »Vermisst du uns und dein altes Zuhause?«

»Ich bin öfter bei euch, als euch bewusst ist. Wenn ihr nachts schlaft, sitze ich da und schaue euch an. Ich schnurre euch beide in den Schlaf.«

»Ja, das hat sie immer getan«, bestätigte Catherine fröhlich. Dann sagte sie: »Du bist also immer noch bei mir, auch wenn ich dich nicht sehen kann?«

»Ja, sehr oft«, bestätigte ihr Milka tröstend.

Dann schickte sie mir ein Bild, das ich Catherine beschrieb: »Sie zeigt mir ihre Asche. Sie haben sie einäschern lassen und bewahren die Asche in etwas Sideboardartigem an der Wand auf. Es macht den Eindruck, als stünde sie im Flur.«

»Stimmt!« Catherine schnappte nach Luft. »Im Flur habe ich vor der Wand einen kleinen Gedenkaltar für sie eingerichtet, ein Tischchen mit einer Decke, auf dem ihre Urne steht. Jeden Tag gehe ich daran vorbei. Es steht dort, wo früher ihr Kratzbaum war.«

Milka fuhr fort: »Ich bin für immer in deinem Herzen. Dort kannst du mit mir sprechen.«

»Wenn ich mit dir rede, kannst du mich dann hören?«, wollte Catherine wissen. »Und wenn ich von dir träume, kommunizierst du dann mit mir?«

»Ich höre dich«, versicherte ihr Milka. »Du weißt, dass ich da bin.«

Dann sah ich ein anderes Bild. »Sie zeigt mir, wie sie auf halber Höhe der Treppe sitzt«, erklärte ich Catherine.

Sie war völlig verblüfft. »Manchmal denke ich, dass ich jetzt bald überschnappe«, gestand sie, »weil ich sie genau dort habe sitzen sehen, auf halber Treppe. Ganz sicher. Ich habe gesehen, wie sie dort saß und darauf wartete, dass wir beide zu Bett gingen. Als sie noch lebte, hat sie dort außerdem immer mit meinem Mann gespielt.«

Milka merkte dazu an: »Es ist leichter, zu dir zu kommen, wenn du träumst.«

»Ich empfange von Milka den Eindruck, dass Sie oft von ihr träumen, wie sie draußen ist und die freie Natur genießt«, berichtete ich Catherine weiter.

»Ich träume tatsächlich recht oft von ihr«, gab Catherine zur Antwort. »Einmal hatte ich einen Traum, der sich absolut real anfühlte. In diesem Traum habe ich mit ihr gesprochen, und es war so, als würde ich mit ihr reden wie früher. Doch das war nur ein einziges Mal.«

Sie hielt einen Moment inne.

»Gibt es etwas, was sie mir noch sagen möchte?«

»Mach dir nicht immer so viele Gedanken«, gab Milka zurück. »Du neigst ein wenig dazu, deine Emotionen zu wichtig zu nehmen. Hör auf deine Gefühle, denn sie sagen dir, was richtig ist, aber mach nicht mehr draus, als sie sind. Du wirst mich immer im Herzen tragen.«

Ich fügte hinzu: »Milka signalisiert mir, dass Sie sich Sorgen machen, Sie könnten sie vielleicht vergessen.«

»Woher weiß sie das?«, fragte Catherine völlig perplex. »Ja, es stimmt, ich habe mir deswegen Sorgen gemacht. Und manchmal kann ich mich in bestimmte Dinge wirklich reinsteigern.«

Als Nächstes sprach sie eine Frage an, die viele Tierhalter beschäftigt: »Würdest du dich ärgern oder kämst du dir verraten vor, wenn ich mir irgendwann wieder eine Katze nähme? Würdest du mir erlauben, meine Liebe einer neuen Katze zu schenken?«

»Aber ja. Lass dich ganz darauf ein, mit all deiner Liebe«, versicherte Milka ihr.

»Ich bin jetzt noch nicht bereit für eine neue Katze«, sagte Catherine, »aber ich finde wirklich lieb, was sie gesagt hat. Der Gedanke, später wieder einmal eine Katze im Haus zu haben, macht mir Freude. Aber gibt es jetzt irgendetwas, was ich tun kann, damit sie glücklich oder glücklicher ist?«

»Sorge einfach für dich selbst. Für deinen Körper, deinen Geist und deine Seele«, riet Milka ihr. »So wie ich es dich immer lehren wollte.«

Worauf Catherine mir verriet: »Diese letzte Mitteilung ist besonders wichtig für mich. 2008 wurde bei mir nämlich multiple Sklerose festgestellt, doch unter den Symptomen litt ich anscheinend schon seit dem Jahr 2000. Ich bin überzeugt, dass Milka mir da durchgeholfen hat, und zwar gleichermaßen vor wie nach der Diagnose.«

Ich dankte Catherine für ihre Offenheit und übermittelte ihr den Rest von Milkas Botschaft: »Sei glücklich im Leben. Erfülle dein Leben mit Glück. Erwarte nicht immer, dass andere dich glücklich machen. Sei stolz auf dich. Sei stolz auf das, was du bist.«

Durch die Kommunikation mit unseren geliebten Tieren erhalten wir die tröstende Gewissheit, dass sie nach ihrem physischen Tod weiterleben und ihre Liebe zu uns niemals endet. Es bestätigt sich immer wieder, dass sie sich auch nach ihrem Tod weiter um uns kümmern.

Catherine fasste nach dieser Kommunikation ihre Gedanken noch einmal schriftlich zusammen:

Ich habe Milka immer als mein kleines Baby betrachtet, doch in Wirklichkeit war sie es, die mir durch die schweren Zeiten in meinem Leben geholfen hat. Sie hat mich durch viele Umzüge, mein Studium, durch viele Jobs und die unterschiedlichsten und manchmal komplizierten Beziehungen begleitet und war mir stets eine unglaubliche Stütze. Sie hat mir geholfen, erwachsen und zu dem Menschen zu werden, der ich heute bin. Sie hat mich gelehrt, verantwortungsvoll und fürsorglich zu sein. Ich hing so sehr an ihr und habe immer gescherzt, dass ich sie irgendwann chirurgisch mit mir verbinden lassen würde, damit sie immer bei mir wäre. Alles in allem war Milka die erste wahre Liebe meines Lebens. Damit meine ich, dass sie das erste lebende Geschöpf in meinem Leben war, für das ich Verantwortung übernahm und um das ich mich kümmern musste.

Seit unserer Kommunikation bin ich so glücklich und zum ersten Mal seit Milkas Tod wieder von innerem Frieden erfüllt. Ich »lächle innerlich«, spüre die Wärme von Milkas Liebe und weiß, dass sie Glück und Frieden gefunden hat. Ich bin jetzt bereit weiterzugehen, in dem Bewusstsein, dass sie für immer an meiner Seite und in meinem Herzen sein wird.

Später schrieb Catherine mir noch einmal:

Mit Milkas begeistertem Einverständnis haben wir im Mai 2010 – vier Monate nach ihrem Tod – ein hinreißendes kleines Katzenmädchen, eine Ragdoll, zu uns genommen. Wir haben sie ›Mousse‹ getauft – die Mousse au chocolat stand Patin. Ich habe mich für eine Ragdoll-Katze entschieden, weil ich erstens eine Katze haben wollte, die ganz anders aussieht als Milka, und weil ich zweitens gelesen hatte, dass Ragdolls sehr anhänglich und gesellig sind.

Ich konnte mir zwar nicht vorstellen, dass ich Mousse je so gern haben würde wie Milka, denn wir beide hatten ein sehr inniges Verhältnis. Andererseits konnte ich mir ein Leben ohne Katze nicht vorstellen. Wie sich schnell herausstellte, habe ich mich ohnehin geirrt: Ich kann eine andere Katze lieben, und ich liebe Mousse von ganzem Herzen. Sie ist eine wunderbare Katze, lieb, geduldig, lustig und so ganz anders als Milka. Sowohl Trevor (der nach wie vor behauptet, keine Katzen zu mögen, was aber keine Rolle spiele, da Mousse keine Katze sei, sondern eine Person) als auch ich sind sehr glücklich mit ihr.

Doch Milka ist und bleibt für immer in meinem Herzen. Ich liebe sie immer noch so sehr, wie ich sie stets geliebt habe. Wir haben sie immer »unsere Kleine« genannt, aber das einzig Kleine an ihr war ihre körperliche Statur.

Im nächsten Kapitel werden Sie mit dem Kaninchen Alfie Bekanntschaft schließen, das jetzt auf der Geistebene lebt. Alfie hat das Lebens seines Frauchens total umgekrempelt und besaß eine fein ausgebildete Begabung zur Voraussicht.

Alfie: bester Junge, bestes Kaninchen und bester Kumpel

*»Du gibst zu viel auf die Meinung anderer. Vertraue
deinen eigenen Gefühlen und lass dich von ihnen leiten.
So wirst du dein Glück finden.«*
Alfie

D as erste Tier, mit dem ich in meinem Leben bewusst
kommuniziert habe, war ein Kaninchen. Das war im
Jahr 2004 gewesen. Und da saß ich nun wieder, Jahre und
unzählige Schwätzchen mit Langohren später, um auf Bitten
Deborahs mit ihrem Kaninchen Alfie Zwiesprache zu halten.

Anfang 2010 meldete sich Deborah aus ihrem Wohnort
in Mittelengland bei mir. Zu jener Zeit war sie bei einer großen Firma für die Kundenbetreuung zuständig. Sie schrieb:

*Ich möchte Sie bitten, zu Alfie Kontakt aufzunehmen. Als
er starb, war er vier Jahre und knapp sieben Monate alt. Von
dieser Zeit haben wir vier Jahre und sechs Wochen gemeinsam verbracht.*

Bitte sagen Sie meinem Schnuckelchen, dass ich ihn

immer noch so liebe, wie ich ihn stets geliebt habe, und dass ich ihn stärker vermisse, als ich in Worte fassen kann. Ich muss den ganzen Tag an ihn denken und hoffe, dass es ihm gut geht und ihm nichts fehlt.

Bitte sagen Sie meinem kleinen Liebling auch, dass kein anderes Kaninchen je seinen Platz einnehmen wird. Wenn ich einen Wunsch frei hätte, dann würde ich mir wünschen, dass er wieder bei mir sein kann. Es gibt keine Worte, die ausdrücken können, wie sehr ich ihn vermisse und wie gern ich ihn habe. Alles, was ich für ihn getan habe, ist aus Liebe geschehen. Sein Wohlergehen ging mir stets über alles. Ich hoffe, ich habe am Schluss das Richtige für ihn getan.

Er soll auch wissen, dass er ein bemerkenswerter Lehrer war und ich es ihm verdanke, dass ich mich als Mensch weiterentwickelt habe. Meine Liebe zu ihm ist so tief wie eh und je, und ich hoffe sehr, dass wir uns eines Tages wiederbegegnen.

Deborah hatte Alfie im Oktober 2004 in einer Tierhandlung gesehen. Sie nahm ihn auf den Schoß. Die beiden sahen sich ein paar Sekunden lang in die Augen.

Er muss gemerkt haben, dass ich in Sachen Kaninchen eine blutige Anfängerin war. Er zwackte mich leicht, machte einen Satz in die Luft und hoppelte, so schnell er konnte, weg, um beherzt seinen Weg in die Freiheit zu suchen.

Das war der Moment, in dem ich mich sagen hörte: »Ich nehme ihn.«

Ich weiß nicht genau, warum ich das gesagt habe. Mit Sicherheit habe ich damals nicht vorausgeahnt, welch massiven Einfluss dieses Karnickel auf mein Leben haben wür-

de. Doch ich hatte meine Entscheidung getroffen, und tags darauf ging Alfie als mein künftiger Haushase mit mir nach Hause.

Deborah hatte schon zuvor versucht, über eine Tierkommunikatorin Kontakt zu Alfie zu bekommen, doch es hatte nicht geklappt, wie sie mir berichtete:»Ich hatte nicht das Gefühl, dass sie tatsächlich Kontakt zu ihm hatte. Was sie mir erzählte, ergab einfach keinen Sinn.« Trotz dieser negativen Erfahrung beschloss sie, der Tierkommunikation eine zweite Chance zu geben. Mir war bewusst, dass ich ihr konkrete Eindrücke »liefern« musste, deren Richtigkeit sie überprüfen konnte, um ihr Vertrauen in die Tierkommunikation nicht vollends zu erschüttern.

Ich betrachtete Alfies Bild: ein hübscher weiß-braun gescheckter Kleinwidder mit langen, weichen Schlappohren, wie sie für diese Rasse typisch sind.

Mein erster Eindruck war, dass es sich bei ihm um ein Kaninchen von sehr freundlichem Naturell und großem seelischen Tiefgang handelte. Obwohl er klein und gedrungen von Statur war, hatte er etwas Raumgreifendes an sich. Seine Aura war sehr weit, und ich hatte das deutliche Gefühl, dass er schon einmal hier gewesen, dies also nicht seine erste Inkarnation war. Ich spürte, wie er sich mit meinem Solarplexus verbinden und mich sehr genau wahrnehmen konnte. Er war lustig, ja schelmisch, und es war zu spüren, dass er Deborah gegenüber immer sehr sanft und einfühlsam gewesen war, solange er sich noch in seinem physischen Körper aufgehalten hatte. Ganz offensichtlich trieb er gern seine Späßchen.

Ich schickte Deborah einige meiner ersten Eindrücke per Mail:

Ich spürte, dass er einen schmerzenden Knoten in der lin-
ken Gesichtshälfte im Bereich des Oberkiefers hatte. Er
mochte es gern, wenn Sie seine Ohren hielten und bewun-
derten. Er war ein Haustier im wahrsten Sinne des Wor-
tes, das sich lieber in der warmen Stube als draußen im
Freien aufhielt. Er hatte einen gesegneten Appetit und
konnte nicht genug bekommen von den Pellets, mit denen
Sie ihn fütterten. Er mochte es, auf Ihrem Schoß zu sitzen
und geknuddelt zu werden, ließ sich aber ansonsten nicht
von jedem anfassen. Er beschrieb einen im Haus befind-
lichen »großen Käfig aus Draht« mit »behaglicher Unter-
lage«, in dem er gern herumhing.

»Es stimmt alles, was Sie sagen«, bestätigte mir Deborah
und fügte hinzu: »Ich habe für ihn einen großen Hundekä-
fig gekauft und mit Decken ausgelegt. Er konnte rein und
raus, wann es ihm passte, aber das war seine Höhle, die nur
ihm gehörte.«
»Wenn Sie ihn riefen, kam er.«
»Absolut«, bejahte sie.
Unter den anderen Eindrücken, die ich Deborah
beschrieb, war ein Detail, welches Alfies Frauchen endgültig
davon überzeugte, dass ich tatsächlich eine Verbindung zu
ihrem Kaninchen hatte herstellen können. »Wenn es an seinem Charakter einen Makel gab«, sagte ich, »dann, dass er
wie ein Besessener die Fußbodenleisten anknabberte, wenn
seine Zähne zu lang wurden.«
»Das ist nur allzu wahr«, bestätigte Deborah. »Und er hatte bestimmte Stellen, an denen er mit besonderer Vorliebe
herumkaute. Keines der Kaninchen, die ich nach ihm hatte,
hat das je getan. Das war ein reines Alfie-Ding.«

Dieser erste Kontakt mit Alfie hatte Deborahs Erwartungen erfüllt, und so vereinbarten wir eine telefonische Sitzung, um die Kommunikation mit ihm weiterzuführen.

Deborah stellte ihre erste Frage: »Besucht er mich? Gibt es Zeichen, auf die ich achten sollte?«

Alfies Antwort kam postwendend: »Ja. Spüre, wie ich auf deiner Brust sitze.«

»Ich habe mir immer vorgestellt, dass er auf meiner Brust sitzt!«, rief Deborah aus. »Als er starb, dachte ich anfangs die ganze Zeit an ihn und habe ihn schrecklich vermisst. Ich lag auf dem Sofa und stellte mir vor, dass er noch hier bei mir wäre, auf meiner Brust saß und ich ihn streichelte. Ich habe mich so danach gesehnt, wieder mit ihm vereint zu sein, darum ist das so tröstlich. Aber wo ist er jetzt?«

»Im Himmel natürlich«, gab er spitzbübisch zurück. »Wo sollte ich deiner Meinung nach denn sonst sein? Doch ich bin auch hier und ganz nah bei dir. Und an jedem Ort, an dem du mich haben möchtest.«

»Ist Alfie glücklich dort, wo er jetzt ist?«

»Ja, sehr glücklich sogar«, kam Alfies Antwort. »Keine Schmerzen mehr im Mund. Ich fühle mich leichter und freier. Unbeschwert, so wie du es für mich wolltest.«

Deborah erläuterte mir diese letzte Aussage: »Er hatte viele Probleme in der Mundregion. Seine Zähne waren teils nicht richtig durchgebrochen und wuchsen schief und quer. Der Tierarzt musste ihm die Backenzähne unter Narkose kürzen. Seine Antwort gibt mir die Gewissheit, dass es ihm jetzt gut geht.«

Wir machten mit den Fragen weiter.

»Wie war es für ihn zu sterben?«

»Nicht so schlimm, wie das für dich war. Ich habe mich

einfach entspannt und bin eingeschlafen. Das ist es im besten Fall. Kein Herzanfall. Ich bin jetzt von Frieden erfüllt, also mach dir keine Sorgen.«

Deborah erzählte: »Ich war bei ihm, als er bei uns zu Hause eingeschläfert wurde, aber es war grauenhaft für mich. Ich hatte massive Schuldgefühle. Diese Entscheidung ist mir so ungeheuer schwergefallen, schwerer als jede andere, die ich in meinem Leben treffen musste. Er war mein kleiner Junge. Ich konnte es einfach nicht fassen, andererseits wusste ich, dass es das Beste war.

Ich wollte noch wissen, ob er mich auch besuchen wird, wenn ich umziehe. Ich kann den Gedanken kaum ertragen, den Ort zu verlassen, an dem wir gemeinsam gelebt haben, aber mir bleibt keine andere Wahl. Das macht mich traurig, denn mit dieser Wohnung sind so viele Erinnerungen an ihn verbunden. Gerade dort fühle ich mich ihm besonders nah.«

Tierhalter haben oft Bedenken, aus einem Haus oder einer Wohnung auszuziehen, wenn ihr Tier gestorben ist. Ihre Hauptsorge ist, dass sie den Geist ihres Tiers dort zurücklassen müssen, sei es in Form ihrer Erinnerungen, der energetischen Präsenz ihres Gefährten oder einfach deswegen, weil es dort begraben ist.

Doch Alfie konnte Deborah beruhigen: »Mach dir deshalb keine Sorgen. Unsere Herzen sind der Ort, an dem wir unsere Erinnerungen bewahren. Wohin du gehst, dort gehe auch ich hin. Nimm mein Bild mit, um dich an mich zu erinnern. Wir werden immer in Liebe miteinander verbunden sein.«

»Sein Bild hängt an der Wand in meinem Schlafzimmer«, erklärte mir Deborah, »und wenn ich umziehe, nehme ich es mit mir. Aber werden wir uns in diesem Leben noch einmal begegnen? Und falls ja, wird er wieder als Kaninchen geboren? Und wie kann ich ihn dann erkennen?«

»Nicht in diesem Leben, aber mit Sicherheit im nächsten«, erwiderte er. »Du wirst mich erkennen. Ich werde der große, dunkle Fremde sein. Wir werden uns ineinander verlieben und zusammen sein.«

»Er wird ein Mensch sein?«, hakte Deborah nach.

»Ja«, erwiderte ich, »ich glaube, er sagt mir, dass er als Mensch wiedergeboren wird.«

Schweigen in der Leitung, während Deborah diese überraschende Botschaft verarbeitete. Es ist eine verbreitete Ansicht, dass Tiere als Tiere und Menschen als Menschen wiedergeboren werden. Doch ich persönlich denke, dass die Pforten in alle Richtungen offenstehen und dass es im Himmel keine ehernen Regeln gibt, was die Art und Weise unserer Reinkarnation angeht.

»Ich würde gern wissen, was Alfie über sein Zuhause und mich denkt«, fragte Deborah weiter. »Woran erinnert er sich am liebsten?«

»Du bist eine überaus gütige und sanftmütige Seele und sensitiv veranlagt. Doch du gibst zu viel auf die Meinung anderer. Vertraue deinen eigenen Gefühlen und lass dich von ihnen leiten. So wirst du dein Glück finden«, erwiderte Alfie.

Dann schickte er mir ein Bild, wie er auf etwas hockte, das aussah wie die Arm- oder Rückenlehne eines Sessels, und mit Deborah fernsah. Ich fragte ihn, was sie anschauten, und hörte die Titelmelodie von »Hollyoaks«. Ich persönlich sehe mir diese Serie zwar nie an (ich bin mehr der »Neighbours«-Fan), doch da ich beim Zappen manchmal beim Vorspann der Serie lande, kenne ich die Melodie.

Wieder wurde es am anderen Ende der Leitung still. Dann gab Deborah ziemlich perplex zu: »›Hollyoaks‹ gucken war und ist mein heimliches Laster. Ich war so Ende dreißig, als ich die Serie immer zusammen mit Alfie anschaute. Außer meinem Mann wusste das niemand. Alfie saß auf der Sessellehne oder lag auf dem Teppich, und wir haben so gelacht, weil er dabei immer seine Hinterbeine ausstreckte. Da lag er dann mit Poppy, unserem zweiten Kaninchen, das wir uns 2006, zwei Jahre nach Alfie, angeschafft hatten. Wenn man die beiden so sah, hätte man meinen können, sie sehen gemeinsam fern.«

Als Abschluss seiner Kommunikation schickte Alfie noch einmal eine kurze Botschaft: »Mein Engel, sei immer aufrechten Herzens. Horche auf dein inneres Sein, deine innere Stimme, und ich werde dort mit dir sprechen. Sei freundlich, gütig und aufrichtig, und du wirst deine Sache gut machen. Und ich werde auch weiter stolz auf dich sein.«

»Das klingt hundert Prozent nach Alfie«, meinte daraufhin Deborah. »Bevor ich Sie angeschrieben habe, träumte ich, dass ich mit Alfie zusammen bin und er gesund und wohlbehalten ist. Dieser Traum war es, der mich dazu gebracht hat, Ihnen eine Mail zu schicken, denn im Traum war es so, als wäre ich zum ersten Mal nach seinem Tod wieder richtig mit Alfie zusammen. Ich hatte das Gefühl, er wollte mir mit diesem Traum zeigen, dass er noch immer da war und es ihm gut ging. Ich hatte schon vorher von ihm geträumt, doch wenn ich dann im Traum genauer hinsah, war es doch nicht Alfie, sondern ein anderes Kaninchen. Jener Traum war der einzige, in dem er so ganz und gar er selber schien, und wir haben uns gegenseitig erkannt. Wir befanden uns in der Nähe eines Hauses, und er spielte mit mir Verstecken. Ich lief ihm nach, und als ich ihn eingeholt hatte, fragte ich ihn: ›Alfie, bist das wirklich du?‹ Die Fellzeichnung stimmte, und seine kleinen hellbraunen Streifen schimmerten. Er sah so gesund und makellos aus.«

Nach dieser Kommunikation erhielt ich von Deborah eine lange Mail:

Ich musste andauernd weinen, denn was Sie gesagt haben, klang nicht nur ganz nach Alfie. Auch die Informationen, die Sie mir gegeben haben, konnten nicht von irgendeinem anderen Kaninchen stammen, es konnte einfach nur er sein.

Dass Sie für mich mit Alfie kommuniziert haben, hat mir geholfen, mein Leben wiederaufzunehmen. Ich fühlte, dass es über unser Alltagsleben hinaus noch etwas geben musste, wenn Sie solche Details wie seinen Käfig oder »Hollyoaks« herausfinden konnten. Und als Sie den Knoten in seiner linken Gesichtshälfte erwähnten, hat es mich glatt umgehauen. Die Tierärzte hielten ihn zunächst für einen Abszess, doch später stellte sich heraus, dass es Krebs war. Dass Sie das richtig gesehen haben, war schier unglaublich.

Alfies starke Persönlichkeit hat mir überhaupt erst die Augen dafür geöffnet, was für wunderbare, lustige und intelligente Tiere Kaninchen tatsächlich sind. Er kam, wenn ich nach ihm rief. Er signalisierte mir, wenn er nach draußen oder Futter haben wollte. Er war ein echter Schlingel und ein wahrer Meister darin, überall dort zu sein, wo er normalerweise nichts zu suchen hatte. Eigentlich war unser Haus sein Revier, in dem er nach Belieben herumhoppelte, auf Möbel sprang, über das Sofa oder die Fensterbänke preschte. Er rannte zur Tür, um mich zu begrüßen, wenn ich nach Hause kam, und strich mir um die Beine als Zei-

chen seiner Zuneigung. Wenn ich ehrlich bin, hatte ich vor Alfie keine Ahnung, dass Kaninchen so viel Persönlichkeit und Charakter besitzen. Diese Vorstellung hat Alfie gründlich korrigiert. Wir waren »Hundemenschen« in unserer Familie, und ich habe mich allen Ernstes gefragt, ob Alfie meinen Ansprüchen an ein Haustier genügen würde. Er hat meinen Ansprüchen mehr als genügt, er war das lebendige Herz unseres Zuhauses. Er hat mir jeden Tag Momente des Glücks beschert einfach dadurch, dass er war, was er war. Er brachte mich zum Lachen, hoppelte mir wie ein kleiner Hund überallhin nach, leckte meine Füße, wenn ich neben ihm stand, und setzte sich auf seinen Hinterläufen auf wie ein Erdmännchen. Wenn ich mit ihm redete, leckte er sich vergnügt das Kinn. Er raste die Treppen hinauf und hinunter und stand plötzlich in der Tür, sodass man schnell zur Seite springen musste. Dann bremste er, schaute mich einen Augenblick lang an, um dann mit großem Tamtam davonzuspringen. Oft lag er mit mir auf dem Bett und streckte seine kurzen Hinterbeinchen aus. Oder wir lagen beide mit ausgestreckten Beinen auf dem Boden, Nase an Nase und Stirn an Stirn, und ich sagte ihm, dass er mein bester Junge, mein bestes Kaninchen und mein bester Kumpel sei. Und er leckte mir die Hand oder das Gesicht als Ausdruck seiner Zuneigung.

Alfie hat mich gelehrt, ganz im Hier und Jetzt zu leben, und ich schwärmte allen von ihm vor. Während einer schwierigen Phase des Umbruchs in meinem Leben – eine Beziehung, in der ich mich sehr einsam fühlte, Trennung und die Begegnung mit meinem wundervollen Partner Lee – war er mein Fels in der Brandung. Alfie war da, als ich feststellte, dass ich schwanger war und daran fast starb, da es sich um eine Eileiterschwangerschaft handelte. Alfie war da, als sich herausstellte, dass ich nur noch durch künstliche Befruchtung schwanger werden konnte. Er half mir, während all der zermürbenden Prozeduren nicht den Mut zu verlieren. Es war in der sechsten Woche meiner In-vitro-Fertilisation, als Alfie plötzlich anfing, wie wild zu treten und zu beißen, was er sonst nie tat. Irgendwie war es, als wollte er uns etwas sagen, und dann fiel Lee und mir plötzlich ein, dass er sich nur ein einziges Mal ähnlich verhalten hatte – nämlich damals, als ich das erste Mal schwanger gewesen war. Wir glaubten, dass dies nur eines bedeuten konnte, und hofften und beteten, dass er recht behalten würde. Einige Tage später bestätigte ein Klinikbesuch, was Alfie bereits wusste: Ich war guter Hoffnung. Wir schwebten auf Wolke sieben. Nicht einmal, nein zweimal hatte mein kleines Kaninchen gewusst und uns signalisiert, dass ich schwanger war.

Alfie war auch der tiefere Grund dafür, dass ich anfing, mir über all die Kaninchen Gedanken zu machen, die es weniger gut getroffen hatten. Das brachte Lee und mich dazu, Poppy aufzunehmen, einen wunderschönen weiß-silbergrauen Kleinwidder. Alfie und Poppy verstanden sich prächtig, doch das änderte nichts an der besonderen Beziehung zwischen Alfie und mir. Nach wie vor kuschelten wir stundenlang miteinander.

Man sagt, dass, wo Leben ist, auch Tod ist. Unser wunderbarer Sohn wurde im Juli 2008 geboren, und nach all den Schwierigkeiten, schwanger zu werden, schien nun alles in Ordnung zu sein. Nur zwei Monate danach wurde bei Alfie an der Nase Knochenkrebs in seiner aggressivsten Form diagnostiziert. Der Tierarzt, der das Geschwür zunächst für einen Abszess gehalten hatte, gab ihm im günstigsten Fall noch einige wenige Wochen. Dieser Befund änderte alles.

Zu sagen, dass mir das Herz zersprang, wäre eine Untertreibung. Ich konnte nicht mehr aufhören zu weinen, und Alfie leckte mir buchstäblich die Tränen aus dem Gesicht. Er war nie schlechter Laune und ließ sich auch nicht anmerken, wie viel Schmerzen ihm sein Geschwür verursachte, das mit jedem Tag größer wurde. Er zeigte mir, was es heißt, tapfer zu sein, und ich liebte ihn umso mehr wegen seines wahrhaft erstaunlichen Charakters. Er war mir eine tiefe Inspiration.

Die Tage eilten wie im Flug vorüber, und ich wollte jeden glücklichen Moment einfangen und für die Ewigkeit bewahren. Ich kann mich noch erinnern, wie ich an einem Herbstabend mit den Kaninchen, meinem Sohn und Lee dasaß und sagte: »Das ist das Glück – mit seiner Familie zusammen zu sein.«

Alfies Zustand verschlechterte sich jedoch unaufhaltsam, und ich musste die schwerste Entscheidung meines Lebens treffen: ihm beim Übergang auf die andere Seite zu helfen.

An unserem letzten Abend war es, als wüsste Alfie, was geschehen würde, und wolle sich verabschieden. Wir sind wohl zwei Stunden miteinander dagesessen und haben gekuschelt, während mir unaufhörlich die Tränen übers Gesicht liefen und Alfie sie aufschleckte und mir mit seiner Liebe Kraft gab.

Alfie starb am 6. Dezember 2008 umgeben von allen, die ihn liebten. Selbst noch als er starb, lenkte er meine Aufmerksamkeit auf Pea und die Kommunikation mit Tieren. Immer wieder war ich in Büchern auf das Phänomen der Tierkommunikation gestoßen, mein Mann hörte darüber

im Radio und erzählte mir davon … Es war, als würde ich
lauter kleine Hinweise bekommen. Diese Konsultation hat
mir nicht nur eine wunderbare neue Welt eröffnet, sondern
mir auch die Gewissheit gegeben, dass es Alfie gut geht,
dass es ein Leben nach dem Tod gibt und wir eines Tages
wiedervereint sein werden.

Irgendwie habe ich immer gewusst, wenn auch mehr
aus dem Bauch heraus, dass Alfie geschickt wurde, um mir
in einer Phase meines Lebens beizustehen, in der ich sei-
ne Hilfe dringend brauchte, doch dass dann, wenn mein
Leben wieder in geordneten Bahnen verlaufen würde,
unsere gemeinsame Zeit abgelaufen wäre und er mich ver-
lassen müsse.

Ich vermisse ihn mehr, als ich in Worten auszudrücken
vermag. Dieses außergewöhnliche Kaninchen hat mich so
viel über Kaninchen gelehrt und auch, dass sie ein besseres
Leben verdient haben als das, das sie häufig führen müs-
sen. Durch Alfie habe ich erkannt, dass Kaninchen ebenso
viel Persönlichkeit besitzen wie andere Tiere. Durch ihn
bin ich weniger selbstsüchtig geworden und habe auch
mehr Einfühlungsvermögen und Mitgefühl für alle Tiere
entwickelt.

Ich habe gelernt, dass Liebe und Freundschaft nicht nur
mit Menschen möglich ist – sie kann auch auf vier Pfoten
und mit einem Fell zu uns kommen. Aus meiner Liebe zu
Alfie – und seiner zu mir – wurde eine lebenslange Begeis-
terung für Kaninchen, sodass ich sogar angefangen habe,
meine Einsichten zu Papier zu bringen. Meine Zuneigung
zu Alfie und Poppy hatte auch zur Folge, dass ich mich jetzt
vermehrt um andere Kaninchen kümmere, Tierheime und
Gnadenhöfe unterstütze, mit interessanten gleichgesinn-

ten Menschen zusammenkomme und allenthalben predige,
welch wunderbare Tiere Kaninchen sind.«

Synchronizitäten

Es kommt immer auf den richtigen Zeitpunkt an. Ehe ich
mich daranmachte, das Kapitel über Alfie zu schreiben,
wollte ich mich Deborah gegenüber noch einmal versichern,
ob sie nach wie vor damit einverstanden wäre, dass ich ihre
Geschichte in diesem Buch erzähle. Sie schrieb zurück:

*Es war schon komisch, als ich gestern Abend Ihre Mail
bekam. In den vergangenen Tagen habe ich sehr viel an
Alfie gedacht. Letzte Woche habe ich sogar ein entlaufe-
nes Kaninchen in meiner Einfahrt gerettet, und raten Sie
mal, wie es hieß: Alfie! Ich glaube wirklich, dies war ein
Zeichen von meinem Kleinen, dass er immer noch in meiner Nähe ist …*

*Durch Alfie habe ich gelernt, dass unser Leben jederzeit
enden kann und wir daher ganz im gegenwärtigen Moment
leben und jeden Augenblick schätzen sollten, den wir mit
unseren Lieben – ob zwei- oder mehrbeinig – zusammen
sein können. Seit ich mir dieser Dinge bewusster geworden
bin, esse ich auch kein Fleisch mehr. Ich kann mittlerweile
gar nicht mehr begreifen, dass ich das einmal getan habe.
Dieses fürwitzige Kaninchen war der wunderbarste und lie-
bevollste Gefährte, den man sich nur wünschen kann, und
das, was uns verband, war so ganz anders als alles, was ich
zuvor gekannt hatte. Bin ich durch meine Beziehung mit
Alfie ein besserer Mensch geworden? Absolut.*

Die wachen Sinne der Tiere

Tiere registrieren Veränderungen in unserem Körper viel schneller und besser, als wir das können. Deborah war zweimal schwanger, und Alfie wusste das in beiden Fällen vor ihr. Es ist erwiesen, dass Hunde mit ihrem Geruchssinn Krankheiten wie Krebs, Epilepsie und Diabetes erschnuppern und vor drohendem Blutzuckerabfall, Herzinfarkten und epileptischen Anfällen warnen können. Es heißt sogar, dass Hunde hier in 97 Prozent der Fälle richtigliegen, während die Zuverlässigkeit teuerster medizinischer Apparaturen nur bei 90 Prozent liegt. Doch nicht nur Hunde, auch Katzen können Krankheiten erkennen. Ein berühmter Fall ist der von Oscar, einem Kater in einem Pflegeheim in Providence, Rhode Island, der den Tod von Patienten vorausahnte. Er setzt sich zu ihnen aufs Bett und bleibt an ihrer Seite, bis sie sterben. Er hat den Tod von 25 Heimpatienten »korrekt vorausgesagt«.

Wenn Tiere schon eine so feine Wahrnehmung dessen besitzen, was mit einem Menschen geschehen wird, ist es doch nur logisch anzunehmen, dass sie sich noch in viel größerem Ausmaß dessen bewusst sind, was mit ihnen selbst geschieht. Ich spreche hier von der Wahrnehmung ihrer eigenen Körperlichkeit. Die Tiere, von denen in den vorausgegangenen Kapiteln die Rede war, haben nicht nur gewusst, dass sie krank waren, sie konnten ihre Krankheit auch beschreiben. Manche von ihnen wussten sogar, dass sie wieder genesen würden und es noch nicht Zeit war für ihren Übergang. Andererseits habe ich erst vor Kurzem mit einem Eulenmännchen kommuniziert, das einen gebrochenen Flügel hatte und wusste, dass es zu krank war, um es zu schaffen. Der Vogel wollte schnell sterben, um auf der anderen Seite wieder seine Schwingen ausbreiten und fliegen zu können. Die Menschen versuchten alles in ihrer Macht Stehende, um sein Leben zu retten, doch er wusste, dass ihre Bemühungen vergeblich sein würden. Das war tatsächlich so. Am nächsten Tag erlösten sie ihn von seinem Leiden und schläferten ihn ein.

Solche Fälle sollten uns Anlass sein, unser Bild über Tiere und ihr Erkenntnisvermögen ein für alle Mal zu korrigieren. Sie verstehen weit mehr, als wir glauben. Wir sollten unsere Augen dafür öffnen, wie klug unsere Mitbewohner auf dieser Erde – unsere tierischen Brüder und Schwestern – tatsächlich sind.

Im nächsten Kapitel machen wir einen riesigen Sprung nach Ägypten und hören eine Geschichte über eine außergewöhnliche Katze namens Zanzoun und ihre einzigartige Beziehung zu ihrem Frauchen, deren Schmerz über ihren Tod sie durch klare Zeichen linderte, mit denen sie signalisierte, dass ihre Seele weiterlebte.

Zanzoun, die Ägypterin

»Ich habe mich sehr bald von meinem Körper gelöst.
Ich schwebte über ihm und schaute zu.
Dann trat ich wieder in ihn ein
und wartete auf das Licht.«
Zanzoun

Melissa meldete sich das erste Mal im Februar 2009 per E-Mail aus Kairo bei mir. Ihre Muttersprache war ägyptisches Arabisch, doch beherrschte sie auch Englisch fließend.

Können Sie meinen Schmerz lindern, indem Sie mir Nachricht von meiner geliebten Katze Zanzoun geben? Sie starb in meiner Abwesenheit an den Folgen eines Schlangenbisses. Ihr Todeskampf hat wahrscheinlich zwei oder drei Stunden gedauert. Sie war eine bildschöne ägyptische Mau und nur zwei Jahre bei uns. In dieser Zeit wurde sie Mutter von zwei Kätzchen und Großmutter von zwei weiteren. Ich bin so traurig, dass ich ausgerechnet in dem Moment, da sie mich am meisten gebraucht hätte, nicht bei ihr war.

Wenig später saß ich schon da, hielt das Bild einer pech-schwarzen Katze in der Hand und versenkte mich in ihre leb-haft hellgrünen Augen mit den dunklen Irisschlitzen. Man hätte sie wegen ihrer zierlichen Gestalt noch für ein Kätz-chen halten können, doch irgendetwas an ihr war anders: Sie fühlte sich nicht so an wie viele der britischen oder ame-rikanischen Katzen, mit denen ich kommuniziere. Zanzoun hatte etwas leicht Distanziertes, ja Überweltliches.

Ich schnappte mir meinen Stift, verband mich mit ihr und brachte meine ersten Eindrücke für Melissa zu Papier:

Zanzoun vermittelt mir den Eindruck von Kraft, Beweglich-keit und Schnelligkeit.

Sie war eine wunderbare Mutter, die ihre Jungen auf-merksam umsorgte – sie putzte, sie säugte und sie lehrte, selbstständig zu werden.

Sie war eine geschickte Jägerin, die sogar Eidechsen fing.

Sie hat zwei Heimstätten: eine in einem Wohnblock in der Stadt, die andere liegt auf dem Land und ist offen.

Die Wohnung ist sehr elegant, ein großes Einzimmer-apartment, weiß oder gebrochen weiß gestrichen, der Boden ist mit großen quadratischen Fliesen ausgelegt. Von einem Balkon mit Metallgeländer kann man die Stadt übersehen.

Zanzoun war sehr anhänglich. Sie hat Sie sehr gern gehabt und respektiert. Sie hat gern ihr Köpfchen an Ihnen gerieben und sagte, dass Sie nur ihr gehören.

Sie sah Ihnen gern zu, wenn Sie etwas taten. Sie hat Ihnen absolut vertraut.

Ihre Abenteuerlust war größer, als ihr guttat. Sie brachte sich dadurch mehr als einmal in Schwierigkeiten.

Wenn Sie aus dem Haus waren, schlief sie gern auf Ihrem
Bett, weil es nach Ihnen roch.
Sie konnte sehr komisch sein und hatte auch eine schel-
mische Seite.

Ich war ziemlich erstaunt, dass Melissa noch am selben Tag antwortete, bedenkt man die schlechten Verbindungen, die in Ägypten im ländlichen Raum bestehen. Die meisten, wenn auch nicht alle Eindrücke, die ich Melissa beschrieben hatte, stimmten, sodass ich für ihr Gefühl tatsächlich eine Verbindung zu Zanzoun hergestellt hatte.

Es interessiert mich immer, etwas über die Vorgeschichte der Tiere zu erfahren, mit denen ich kommuniziere, und die Umstände, wie sie zu ihrem Herrchen oder Frauchen gekommen sind. Doch auf die Geschichte, die mir Melissa – gut vier Jahre nachdem ich ihr meinen Bericht über die Kommunikation mit Zanzoun geschickt hatte – in den komfortablen Räumlichkeiten eines Clubs in der Londoner City erzählen sollte, war ich nicht im Mindesten vorbereitet.

»Ich bat Gott um eine schwarze Katze, weil ich noch nie eine schwarze Katze gehabt hatte«, erzählte Melissa. »Eigentlich hatte ich Angst vor schwarzen Katzen, weil man mir immer erzählt hatte, dass sie für schwarze Magie verwendet würden. Anders als im alten Ägypten, wo sie als heilig verehrt wurden, sind heutzutage schwarze Katzen bei uns nicht sonderlich beliebt. Eine vollkommen schwarze Katze ist sehr ägyptisch.«

Sie erzählte weiter, dass Zanzouns Mutter Zanzoun und ihr Geschwisterchen über die metallene Wendeltreppe bis hinauf in den siebten Stock des Kairoer Wohnblocks geschleppt und sie Melissa buchstäblich vor die Tür gesetzt hatte. Sie hätte ihre Jungen vor jede andere Tür legen können, hatte sich aber ausgerechnet die von Melissa ausgesucht.

Vorsorglich stellte Melissa einen Karton vor die Tür, damit die Kleinen nicht die Treppe hinunterfallen konnten.

Ich stand kurz vor der Abreise nach England, darum bat ich unsere Haushälterin, sich um die beiden Kätzchen zu kümmern. Sie wollte gern das andere Kätzchen haben, worüber ich sehr froh war, denn so konnte ich sicher sein, dass sie sich während meiner Abwesenheit gut um die Kleinen kümmern würde. Doch natürlich konnte sie nicht über Nacht in meiner Wohnung bleiben, und ich konnte die Kätzchen auch nicht hereinholen. Sie waren noch zu klein und ihre Mutter total wild. Damit hätte ich meine eigenen Katzen gefährdet. Und so reiste ich ab und hoffte und betete, dass Gott sie schützen möge.

Gegen Ende der Woche hatte ich das beklemmende Gefühl, dass Tutsi, meinem Bengalkater, etwas zugestoßen sein musste.

Melissa rief ihre Haushälterin an und erkundigte sich, ob mit ihm alles in Ordnung sei.

»Nein, es geht ihm gut«, sagte ihr die Haushälterin, »alles bestens.«

»Und was ist mit Lady, meiner Siam?«

»Nichts, ihr fehlt auch nichts.«

»Und was ist mit den kleinen Kätzchen vor der Tür und mit ihrer Mutter?«

»Hm, ich denke, dass ihre Mutter sie weggebracht hat. Die Schachtel ist auch nicht mehr da.«

Als Melissa drei Tage nach diesem Telefonat wieder nach Ägypten zurückkehrte, war tatsächlich alles verschwunden: Kätzchen, Katzenmutter und Schachtel.

Nach meiner Rückkehr aus London war ich vollkommen erschöpft und auch am nächsten Vormittag noch so müde, dass ich beschloss, mich noch einmal hinzulegen und ein kleines Nickerchen zu machen. Und da hatte ich einen überaus merkwürdigen Traum. Mir träumte, dass die Mutter ihre Jungen weggebracht hatte und sie am Ertrinken waren. Eines der Jungen lag im schwarzen Sand, und ich hob es auf. Das Einzige, was ich danach noch sehen konnte, war ein blaues Luftballonherz oder ein kissenartiger Gegenstand, der auf dem Wasser trieb. Trauer befiel mich, und irgendwo erklang eine sehr eigenartige Musik, die ich nicht zu beschreiben vermag. Ich wachte völlig verstört auf und sagte mir: »Ich muss sofort nach unten gehen.«

Melissa ging also nach unten und fragte den Portier: »Wissen Sie etwas über die Kätzchen?« Da sie ein Geräusch hörte, fügte sie hinzu: »Irgendwo miaut doch da eine Katze.«

Er meinte: »Ach ja, die miaut da schon seit drei Tagen.«

Melissa rief aus: »Wirklich? Warum denn?«, doch ehe er noch antworten konnte, war sie schon zu dem Platz hinuntergelaufen, wo die Leute ihren Müll zur Abholung deponierten. Doch der Müll war schon abgeholt worden, nur ein einzelnes Brett lehnte noch an der Wand. Darunter lag Zanzoun. Ihre hintere Körperhälfte lag ganz schlaff da – sie war von der Hüfte abwärts gelähmt.

*Ich hob sie auf. Ich war total aufgeregt. Ich hielt sie ganz
eng an meine Brust gedrückt und sagte zu ihr:»Hab keine
Angst. Ich werde auf dich aufpassen.«
Meine Haushälterin fand dann später auch noch ihr
Geschwisterchen. Was aus der Mutter geworden ist, weiß
ich nicht.*

Der Tierarzt, der Zanzoun danach untersuchte, meinte:
»Also, ich möchte nicht, dass Sie sich irgendwelche fal-
schen Hoffnungen machen, denn wie ich das sehe, wird die-
se Katze die nächsten zwei Wochen nicht überleben. Ich rate
Ihnen, sie hier bei mir zu lassen, weil diese zwei Wochen für
Sie alles andere als schön sein werden.«

Worauf Melissa erwiderte:»Diese kleine Katze wurde mir
von Gott geschickt, und ich bin für sie verantwortlich.«

Sie nahm Zanzoun mit nach Hause und kümmerte sich
um die Kleine. Zanzoun bekam Pillen, die das Zusammen-
wachsen der durchtrennten Nervenfasern anregten. Und
Zanzoun starb nicht, sondern gedieh prächtig.

*Ich gab ihr Heilbehandlungen, ohne zu wissen, ob es funk-
tionieren würde oder nicht. Ich legte ihr die Hände auf
und betete:»Gott, bitte lass Energie in sie fließen.« Und
am Ende konnte sie ihre Hinterbeine wieder bewegen, was
einem Wunder gleichkam. Und sie konnte sich sogar auf
ihre Hinterbeine erheben. Was sie nicht konnte, war gera-
deaus gehen. Ihre Bewegungen erinnerten eher an die einer
Seitenwinder-Klapperschlange.*

Zanzoun war um die neun Monate alt und vollständig
geimpft, als Melissa sie zum ersten Mal in ihr Landhaus in

Siwa mitnahm. Lady, ihre Siamkatze, ignorierte sie schlicht, die anderen Katzen jedoch akzeptierten sie, weil sie noch klein war.

Als sie circa ein Jahr alt war, machte ihr ein Dorfkater die Aufwartung.

»So etwas hatte ich zuvor noch nie gesehen«, berichtete Melissa weiter. »Ich will sagen, das, was sich da an Liebeswerben zwischen den beiden abspielte, war wirklich unglaublich.«

Der Dorfkater war etwa so alt wie Zanzoun, und sein rechtes Vorderbein war nach innen verdreht, weil man es nach einem Bruch nicht richtig eingerichtet hatte. Zanzoun schenkte dem keine Beachtung – in ihren Augen war er ein strahlender Kater –, und in seinem ganzen Verhalten war nichts von seinem Handikap zu merken.

»Er sprang vom Hausdach aus sechs Meter nach unten. Das habe ich bei keiner anderen Katze je beobachtet. Eine echte Superman-Katze«, stellte Melissa fest. »Und er landete immer auf seinen vier Pfoten.«

Eine Bedeutung von »Zanzoun« ist »ätherische Schönheit«, und unser Dorf-Romeo war damit sicher einverstanden. Von jenseits des hölzernen Tores sang er ihr in reinstem Katzendiskant glühende Liebesarien, auf die Zanzoun von der anderen Seite antwortete.

Melissa besprach sich mit ihrer Haushälterin: »Wir müssen sehr vorsichtig sein, weil ich nicht weiß, ob es für Zanzoun gut ist, wenn sie Junge bekommt. Vielleicht schadet ihr das.«

Sie fragte ihren Tierarzt um Rat, der meinte: »Ich denke schon, dass sie Junge haben kann.«

Melissa wollte wissen, ob eine Trächtigkeit Zanzouns Wirbelsäule strecken würde, sodass die Nerven wieder in die richtige Position gezogen würden.

Der Tierarzt riet ihr: »Tun Sie einfach, was Sie für richtig halten, und schauen Sie, was passiert. Es sollte keine Probleme geben. Sie hat schon so viel überstanden, auch das hier wird gut gehen.«

Und Melissa erzählte weiter:

Ich denke, ich hätte diese Romanze sowieso nicht beenden können, selbst wenn ich es gewollt hätte. Der Kater schaffte es, Zanzoun ausfindig zu machen, egal, wo sie sich aufhielt. Er kletterte auf alles, nur um in ihre Nähe zu kommen. Einmal hat er es sogar aufs Dach geschafft. Schließlich musste ich Zanzoun zurück nach Kairo holen, weil es mit diesem liebestollen Kater, der ständig um sie herumstrich, allmählich ziemlich anstrengend wurde. Doch offensichtlich hatten sie die Hochzeit schon vollzogen.

Ich hatte für sie da sein wollen, als sie trächtig wurde, aber ich war nicht da. Ich hatte für sie da sein wollen, als sie ihre Jungen bekam, doch auch da war ich nicht verfügbar, weil ich mich um meine Tiere auf dem Hof kümmern musste. Ich sagte meinen Angestellten, sie sollten mir Bescheid geben, wenn es so weit wäre, und schärfte meiner Haushälterin ein, sie solle auf keinen Fall Zanzouns Junge mit der bloßen Hand anfassen, sondern vorher unbedingt Handschuhe anziehen, weil sie sonst ihren Geruch annehmen würden und Zanzoun sie dann möglicherweise verstoßen könnte. Bevor ich nach Siwa abfuhr, bereitete ich alles vor, einschließlich eines großen Korbes, in dem sie ihre Jungen zur Welt bringen konnte. Ich hatte mir sämtliche Merkblätter über Trächtigkeit und Geburt bei Katzen besorgt und war bestens informiert.

Allem Anschein nach brachte Zanzoun ihr erstes Junges auf dem Boden von Melissas Schlafzimmer zur Welt, während sie zum Korb gehen wollte. Das zweite Junge wurde im Korb geboren. Da das Erstgeborene sich nicht bewegte, dachte Melissas Mann, es sei tot, und befahl der Haushälterin, es wegzuschaffen.

Die Haushälterin meinte nur: »Wie? Die gnädige Frau würde so etwas nie sagen. Das können Sie unmöglich verlangen!«

Stattdessen hob sie den reglosen kleinen Körper auf und legte ihn zu Zanzoun in den Korb, und tatsächlich: Das Kleine überlebte. Als Dank für diesen Akt der Güte gab Melissa diesem schwarzen Kätzchen den Namen der Haushälterin: Safa. Das zweite Kätzchen, das die typische Fellzeichnung der Mau hatte, wurde nach dem Bruder der Haushälterin Rafa genannt, obwohl es ebenfalls ein Mädchen war.

Die Trächtigkeit hatte keinerlei Einfluss auf Zanzouns Handikap, weder im positiven noch im negativen Sinne. Sie war danach einfach wieder die Alte. Doch sie war eine wunderbare Mutter, die ihren Kleinen keine Sekunde von der Seite wich.

Als die Jungen alt genug waren und alle erforderlichen Impfungen einschließlich der gegen Tollwut bekommen hatten, bat Melissa ihren Mann, Zanzoun mitsamt ihrem Nachwuchs hinaus in ihr Haus auf dem Land zu bringen, das die drei spinnenfrei halten sollten.

In einem Jahr hatten wir 36 Spinnen in unserem Haus draußen auf dem Land, und sie waren so groß wie Vogelspinnen. Einmal wollte ich eine von ihnen erschlagen, weil ich Angst um die Katzenbabys hatte. Während mir dieser Gedanke durch den Kopf ging, sah ich die Spinne an, und plötzlich hatte ich das Gefühl, sie könne meine Gedanken lesen, weil sie sich plötzlich ganz klein machte, und ich hörte die Worte: »Bitte bring mich nicht um, bitte bring mich nicht um.« Es war entsetzlich. Ich ließ die Spinne am Leben. Ich fing sie mit einem Glas und brachte sie in den Garten und sagte zu ihr: »Komm nicht mehr hierher zurück. Hier bist du in Gefahr. Geh weg von hier.«

Ich glaube, dass alles, was lebt, eine Seele besitzt, und dass man zur Verständigung mit Tieren keine Worte braucht – sie können unsere Gedanken lesen. Sogar Insekten können das, selbst die kleinsten Ameisen. Es ist wirklich kaum zu fassen.

Als ihr Mann in Siwa eintraf, spürte Melissa, dass irgendetwas nicht stimmte.

»Zanzoun ist nicht mit dir im Auto?«, fragte sie ihn.

»Doch. Sie ist unter dem Autositz«, gab er zurück. »Die Haushälterin hat sie dort sitzen sehen.«

»Ich weiß, dass sie nicht da ist«, beharrte Melissa.

»Na, dann muss sie wohl ausgebüxt sein, als wir die Tür aufgemacht haben«, meinte die Haushälterin.

»Zanzoun, Zanzoun, Zanzoun«, rief Melissa, die sich Sorgen machte, weil die Dunkelheit hereinbrach. »Ich weiß genau, dass sie nicht da ist.«

Dann plötzlich überkam sie eine Ahnung. Sie wandte sich ihrem Mann zu.

»Wann habt ihr die Tür aufgemacht?«

»Als wir getankt haben.«

»An welcher Tankstelle war das?«

»Wir waren bei zwei. Einmal kurz hinter Kairo und das zweite Mal auf halber Strecke.«

Melissa wusste sofort: »Auf halber Strecke – dort ist sie!«

Mein Mann war sehr müde, und ich konnte von ihm nicht verlangen, sich noch mal ins Auto zu setzen. Doch ich konnte einfach keinen Schlaf finden und lag hellwach da. Ich machte mir Sorgen, denn je länger sie da draußen war, desto unwahrscheinlicher war es, dass wir sie wiederfinden würden.

Um zwei Uhr früh weckte ich unsere Haushälterin auf. Ich war ja auch ausgesprochen wütend auf sie. Schließlich war sie es gewesen, die zu meinem Mann gesagt hatte: »Ja, ich kann sie sehen, sie sitzt dort unterm Rücksitz.« Es war mir völlig egal, dass sie auch müde war, sie sollte gefälligst mit mir kommen. Es war ziemlich neblig, als wir ins Auto stiegen.

Die Haushälterin orakelte ständig vor sich hin: »Wir werden sie nie finden.«

Melissa fuhr sie an: »Reden Sie nicht solches Zeugs! Warten Sie, bis wir dort sind!«

Und als wäre nicht alles schon schlimm genug, kam unter der Fahrt auch noch ein fürchterlicher Sandsturm auf. Ich dachte bei mir: »O Gott, was ist da los? Alles hat sich gegen mich verschworen und will mich daran hindern, nach Zanzoun zu suchen. Doch das soll mir egal sein. Ich suche trotzdem nach ihr.« Ich wusste nur, dass ich so schnell wie möglich an Ort und Stelle sein musste.

Nach einer zackigen Autofahrt von ungefähr vier Stunden kamen wir endlich bei der Tankstelle an. Zwei Stunden lang suchten wir dort nach Zanzoun. Ich wollte nicht eher zurückfahren, bis wir sie gefunden hatten.

Was ich nicht mitbekommen hatte, war, dass der Tankstellenbesitzer zu seinen Angestellten gesagt hatte: »Die Frau ist komplett durchgeknallt. Sie ist extra hierhergekommen, um nach einer Katze zu suchen. Erzählt ihr einfach irgendwas.«

Also machten sie mir weis: »Na ja, da war eine Frau da, die hat sie mitgenommen, weil sie sie so süß fand.«

Melissa glaubte den Männern. Sie hielt dies für ein Zeichen Gottes, dass Zanzoun ein besseres Zuhause gefunden hatte, als sie ihr bieten konnte. Schweren Herzens machte sie sich für die Rückfahrt bereit, doch ehe sie losfuhr, sagte sie zu den Leuten von der Tankstelle: »Wenn Sie sie finden sollten, rufen Sie mich bitte an. Der Finder erhält auch eine Belohnung.«

Es war gegen Mitternacht, und sie saßen schon zwei Stunden im Auto, als Melissas Handy läutete und eine männliche Stimme sagte: »Wir haben Ihre Katze gefunden.«

»Wo ist sie jetzt?«

»Sie ist über die Straße gelaufen und ist dort, wo der Panzer ist.«

In der Nähe der Tankstelle stand auf dem Streifen Land, der die beiden Fahrbahnhälften trennte, ein alter Panzer, ein Relikt aus dem Zweiten Weltkrieg.

Nach weiteren zwei Stunden Fahrt waren sie zurück an der Tankstelle, und die Leute dort meinten: »Sehen Sie, sie ist da drüben bei dem Panzer. Wir holen sie.«

Zanzoun saß ruhig im Schatten des Panzers, doch als die Männer auf sie zugingen, wich sie ein Stück zurück.

Melissa rief ihnen zu: »Bleiben Sie stehen. Ich hole die Katze selbst. Bleiben Sie stehen.«

Trotzdem versuchte einer der Männer, sich Zanzoun zu nähern, weil er die Belohnung wollte.

Melissa bekam Angst, dass Zanzoun über die andere Fahrbahn laufen und von einem Auto überfahren werden könnte. Sie schrie: »Halt! Sie bringen meine Katze um. Wenn sie vor ein Auto läuft, bekommen Sie keine Belohnung. Kommen Sie augenblicklich zurück.«

Die Drohung zeigte sofortige Wirkung. Der Mann blieb wie zur Salzsäule erstarrt stehen.

Melissa ging hinüber zu Zanzoun, die ruhig dasaß und darauf wartete, dass man sie auf den Arm nahm wie früher, als sie noch ein kleines Kätzchen war. Sie nahm die Kleine auf, drückte sie eng gegen die Brust und ging mit ihr zurück zum Auto.

Ich brachte sie nach Hause, was noch einmal vier Stunden dauerte. Daheim angekommen, merkte ich, dass auf meiner weißen Bluse rote Flecken waren. Ich denke, dass die Männer, die sie fangen wollten, sie so hart gepackt hatten, dass sie blutete. Als ich sie gegen meine Brust gedrückt hielt, färbte ihr Blut meine Bluse.

Trotz alledem erholte Zanzoun sich von ihren Strapazen und genoss es, wieder zu Hause zu sein.

Alle hielten Melissa für verrückt und sagten, sie würden nur wegen einer Katze niemals so lang durch die Gegend fahren.

Worauf Melissa nur entgegnete: »Sie ist *meine* Katze.«

Es sollte nicht lange dauern, bis Zanzoun und ihre Jungen erwachsene Katzen wurden. Ihr erstes Töchterchen, Safa, war groß und sehr verständig, ihr zweites Töchterchen Rafa hingegen war ein ausgesprochener Wildfang. Nach kaum zwei Jahren beherbergte Melissa unter ihrem Dach drei Katzengenerationen:

Safa bekam zwei Junge, ein Weibchen namens Pandora und ein Männchen, das wir Zuka tauften. Der Kater verschwand an dem Tag, als wir beschlossen, ihn kastrieren zu lassen. Ich hörte ihn zu mir sagen:»Das könnt ihr mit mir nicht machen. Ich will lieber frei sein.«

Ich sagte zu ihm:»Nach dieser Operation wirst du es viel besser haben. Du wirst ein ruhiges Leben führen und nicht so viel kämpfen müssen. Sieh dir nur mal an, wie viele Katzen sich gegenseitig zerfleischen.« Doch allem Anschein nach konnte ich ihn damit nicht überzeugen. Unser Tierarzt auf dem Land behandelt Kühe, Ziegen und Pferde und ist der Ansicht, dass man Katzen sich selbst überlassen soll. Der nächste Tierarzt, der sich mit Hunden und Katzen auskennt, befindet sich acht Stunden entfernt in Kairo. Er kam zu uns heraus aufs Land, um ein paar von meinen anderen Tieren zu kastrieren, doch Zuka war untergetaucht und ließ sich nicht mehr blicken.

Auch nachdem der Tierarzt wieder weg war, blieb Zuka verschwunden, und ich hatte keine Ahnung, wo er sein konnte, doch ich schickte ihm folgende Botschaft:»Der Tierarzt ist weg, du bist ihm entkommen.«

Ich hörte nur, wie er seine Worte wiederholte:»Ich will lieber frei sein.«

Ich habe ihn nie wiedergesehen.

Ein Jahr nach diesem Ereignis reisten Melissa und ihr Mann wieder nach England.

»Vor unserer Abreise hatte ich der Haushälterin eingeschärft, Zanzoun unter keinen Umständen über Nacht draußen im Garten zu lassen«, erzählte Melissa weiter. »Sie sollte sie abends immer hereinholen.«

Leider Gottes war der Gang der Ereignisse dann ein anderer.

»Aber die Leute fürchteten sich davor, nach Einbruch der Dunkelheit in den Garten zu gehen und sie zu holen. Unsere einheimische Bevölkerung hat Angst vor Geistern, Teufeln und Dschinns«, erklärte Melissa mir.

Dschinns sind dämonenartige Wesen, die den Menschen Schaden zufügen, ihnen in manchen Fällen aber auch neutral gegenüberstehen oder sogar wohlwollend wie der Dschinn in Aladins Wunderlampe. Wie Menschen besitzen auch Dschinns einen freien Willen.

Wie auch immer, Melissa erinnerte sich weiter: »Die Wachmänner in unserem Block in Kairo haben solche Angst vor den Dschinns, dass sie lieber in unsere Einfahrt pinkeln, als ihr Geschäft zehn Meter weiter diskret zu erledigen. Sie hatten Angst, die Dschinns würden dann in ihren Körper schlüpfen und Besitz von ihnen ergreifen.«

Und so kam es, wie es kommen musste. Zanzoun saß draußen im Garten, die Nacht brach herein, und die Haushälterin fürchtete sich, hinauszugehen und sie hereinzuholen.

Zurück aus England, rief Melissa auf der Rückfahrt nach Kairo noch vom Auto aus ihre Haushälterin an.

»Wie geht es meinen Katzen?«

»Oh, den Katzen geht es gut.«

»Und wie geht es Zanzoun?«
»Auch gut. Hier sitzt sie, direkt vor mir.«

Aber das stimmte nicht. Die Haushälterin hatte sie die
ganze Nacht draußen gelassen. Sie dachte, sie würde damit
durchkommen und Zanzoun würde am nächsten Mor-
gen schon wieder vor der Tür sitzen und darauf warten,
hereingelassen zu werden. Doch im Garten wimmelt es von
Schlangen, und wenn eine Katze eine Schlange im Gras
hört, dann wird das immer ihre Neugier wecken. Aber Zan-
zoun war nun mal behindert und konnte ihre Bewegungen
nicht zu hundert Prozent kontrollieren.

Am nächsten Morgen fand man Zanzoun im Garten.
»Ich habe es in meiner Kaffeetasse gesehen, genau an
jenem Morgen«, berichtete Melissa. »So, wie manche aus
Teeblättern lesen, lese ich aus dem Kaffeesatz. Und dort sah
ich eine schwarze Katze und war sehr besorgt.«
Sie rief Siwa in ihrem Haus auf dem Land an.
»Wie geht es Zanzoun?«
Die Haushälterin schluchzte ins Telefon: »Sie ist tot. Der
Gärtner hat sie gefunden.«

Tags darauf fuhr ich aufs Land hinaus, früher hatte ich es
nicht ermöglichen können. Es war, als würde ich innerlich
von einem lodernden Feuer verbrannt, vollkommen ver-
brannt. Der Schmerz war so groß, dass ich nicht wusste,
was ich tun sollte. Es war, als würden Flammen aus mir
herausschlagen, ein brennender Schmerz. Ich weiß, ich rea-
gierte heftig, ja fast übersteigert, doch meine Liebe zu Tie-
ren kennt kein Maß.

Melissa hatte meine Kontaktdaten von einer Nichte erhalten, die mich wegen ihrer verschwundenen Katze um Hilfe gebeten hatte. Nachdem ich damals Melissa meine ersten Eindrücke zur Überprüfung zugemailt hatte, schickte ich ihr das vollständige »Gesprächsprotokoll« mit Zanzoun:

Die Kommunikation ist von einer stillen, überlegenen Weisheit getragen, als würde Zanzoun um viele Dinge wissen. Ich spüre, dass Sie und Zanzoun aus einem höheren Grund zusammen waren. Zanzoun macht auf mich den Eindruck eines magischen Tiers, das besondere Kräfte besitzt. Ich spüre auch, dass es ihr bestimmt war, nur ein kurzes Leben zu haben. Sie hat dies gewusst und daher ihr Leben voll und bewusst gelebt.

Zanzoun möchte, dass Sie sich keine Sorgen machen. Sie zeigt mir, wie sie im hohen Gras jagt. Sie sieht fast aus wie ein Panther. Sie ist sehr stark, schnell und mit einer weißen Katze, deren Fell etwas länger ist, zusammen.

Melissa schrieb zurück:

Alles, was Sie gesagt haben, brachte meinen Verstand ziemlich ins Schleudern. Zanzoun hat meine Wohnung in Kairo und meinen Garten auf dem Land zutreffend beschrieben, genauso wie ihren »Menschenpapa«, wie er im Anzug nach der Arbeit heimkam, und die großen Bodenfliesen. Sie hat Ihnen erzählt, dass ich einen Sohn und eine Tochter habe, die beide erwachsen sind und nicht mehr zu Hause wohnen, was zutrifft. Woher hat Zanzoun das alles gewusst? Oder sollte ich fragen: Woher konnten Sie das alles wissen? Wie haben Sie diese Informationen von der Katze erhalten? Ich

hatte erwartet, dass Sie – nachdem Sie mit Zanzoun kom-
muniziert haben würden – mir als Erstes sagen würden:
»Diese Katze hatte eine Behinderung.« Doch während ich
Ihr Protokoll las, erkannte ich, dass Zanzoun sich selbst nie
so gesehen hatte, als habe sie eine Behinderung. Das war
wie eine Offenbarung für mich. Sie empfand sich nicht im
Mindesten als behindert.

Ich hatte mir zuvor einmal gesagt, wenn Zanzoun tat-
sächlich eine magische Katze ist, wie ich von jeher das
Gefühl hatte, dann würde sie auf der anderen Seite von
jemandem empfangen werden, der das genaue Gegenteil zu
ihr ist und sie ergänzt, so wie Yin und Yang. Das war ein-
fach so ein Gedanke, der mir kam. Ich hielt das für komplett
verrückt, doch jetzt, da ich weiß, dass sie mit einer weißen
Katze zusammen ist, ergibt das plötzlich einen Sinn.

Der Arzt hatte Zanzoun obduziert, obwohl Melissa das
nicht verlangt hatte. Sie hatte den Eindruck, dass es ihm nur
darum ging, Geld zu machen. Dann berichtete Melissa mir,
was passierte, als sie in ihrem Haus auf dem Land eintraf:

Als ich ankam, hatten sie Zanzoun schon begraben, und
ich dachte mir, dass das wahrscheinlich das Beste war,
denn durch das Gift war ihr Körper grässlich aufgedunsen
gewesen.

Ich schaute mir die Stelle an, wo das Unglück passiert
war, und stellte fest, dass an bestimmten Stellen der Sand
anders aussah, so als wäre etwas hin und her gerollt. Das
brachte mich ziemlich aus der Fassung, weil ich glaubte, das
arme Tier müsse sich dort in fürchterlichen Krämpfen am
Boden gewunden haben. Was mir der Tierarzt bestätigte:

»*Ja, sie starb unter starken Schmerzen, weil das Gift Leber und Nieren zerstört hat.*«

Dann aber haben Sie geschrieben, dass Zanzoun mir sagen wolle, wie sie tatsächlich gestorben war.

Tatsächlich hatte Zanzoun mir die folgende Botschaft für Melissa geschickt:

Ich hatte nicht diese fürchterlichen Schmerzen, von denen er gesprochen hat. Das war nicht ich, was sich dort am Boden in Krämpfen wand, sondern nur mein Körper. Ich wartete währenddessen außerhalb. Ich habe mich sehr bald von meinem Körper gelöst. Ich schwebte über ihm und schaute zu. Dann trat ich wieder in ihn ein und wartete auf das Licht, das sehr schnell kam. Ein Mann kam auf mich zu und gab mir ein Zeichen, ihm zu folgen. Ich ging mit ihm. Er hatte eine gütige Energie.

Melissa antwortete:

Über die Dinge, die Sie gesagt haben, habe ich nachher noch viele Tränen vergossen. Jedes Mal, wenn ich die Geschichte erzählt habe, stand mir das Wasser in den Augen. Ich wusste, dass die Schlange sie in den Kopf gebissen hat, doch Sie sagten, die Schlange hätte sie noch ein zweites Mal in die linke Pfote gebissen, was der Tierarzt übersehen hatte. Doch sowohl der Gärtner wie auch meine Haushälterin sagten, dass sie in die linke Pfote gebissen worden war, und als sie Zanzoun fanden, hatte sie sich die linke Pfote in den Mund gesteckt.

Zanzoun hatte noch eine weitere Botschaft für Melissa:

Sag Melissa, dass ich sie liebe und dass sie sich keine Sorgen machen soll. Sag ihr, sie soll sich um die Kleinen kümmern, und ich werde kommen und schauen, wie sie sich machen. Sie werden zu mir emporsehen, auf einen Fleck ins Leere, und Melissa wird wissen, dass ich da bin.

Eine Botschaft, die Melissa bestätigte:

Genauso ist es gewesen. Ich lag mit den Kätzchen auf dem Bett, als sie beide plötzlich nach oben an einen bestimmten Punkt in der Luft schauten.
Diese Katze hat mir so viel gegeben, und ich habe sie absolut vergöttert.

Melissas Geschichte ist ein weiteres Beispiel dafür, was Menschen für ihre Tiere zu tun bereit sind. Sie belegt, dass die Bande bedingungsloser Liebe vom Tod nicht durchtrennt werden. Zanzoun lehrt uns, dass Tiere trotz körperlicher Handicaps ein erfülltes Leben führen können, dass Sterben und Tod nicht bloß im allmählichen Erliegen der körperlichen Funktionen bestehen, und sie lehrt uns, dass auch Katzen treue Tiere sind, da die Botschaften, die Zanzoun kommuniziert, nur den einen Zweck haben, den Schmerz ihres hingebungsvollen Frauchens zu lindern und ihr Liebe anstelle von Schmerz und Schuldgefühlen zu bringen.

Im letzten Teil des Buches werden wir der Frage nachgehen, was es heißt, das Leben mit Liebe zu leben. Das ist die eine Botschaft, die Tiere ihren Herrchen und Frauchen immer wieder schicken und die sie mit der ganzen Welt teilen möchten. Das erste Kapitel ist der Golden-Retriever-Hündin Geneviève gewidmet, doch spielen darin auch Borvis, die Krähe, und ein Wildkaninchen namens Pears eine Rolle.

Das Leben
mit Liebe leben

*»Um die Kunst des Sterbens lernen zu können,
müssen wir erst die Kunst des Lebens
vollständig beherrschen.«*

S. N. Goenka

Geneviève,
Königin der Herzen

*»Richte deinen Blick auf die Freude,
nicht auf den Verlust.«*
Geneviève

In Ballydehob, einem kleinen irischen Dorf im Westen der Grafschaft Cork, bin ich Jennifer zum ersten Mal begegnet, als ich dort einen Kurs über Tierkommunikation gab. In der Mittagspause saßen wir draußen, unterhielten uns über unsere betagten Hunde, und bei dieser Gelegenheit erzählte sie mir die Geschichte ihrer gelben Labradorhündin Geneviève. Das war im Jahr 2010 gewesen. Im Mai 2011 bat Jennifer mich, mit Geneviève zu kommunizieren, weil sie das Gefühl hatte, emotional nicht genug Abstand zu haben, um es selbst zu tun.

Doch bevor wir uns Geneviève und ihrer Seelenreise zuwenden, soll Jennifer uns noch erzählen, wie Geneviève zu ihr, ihrem Mann und den drei Kindern kam, die damals fünf, acht und neun Jahre alt waren:

Auf einem Hof außerhalb von Bandon stießen wir auf diesen Wurf von neun quiekenden, herumschnüffelnden Welpen – es war ein fröhliches Durcheinander. Gerade mal sechs Wochen waren die Kleinen alt. Eines der Hundemädchen tapste auf mich zu und setzte sich neben mich, ich schenkte ihr aber nur wenig Beachtung, da wir eigentlich einen Rüden haben wollten.

In einer anderen Ecke der Scheune veranstalteten meine Kinder ein ziemliches Hallo, anscheinend hatten sie irgendetwas Aufregendes entdeckt, und so ging ich nachsehen, was da los war – das kleine Hundemädchen folgte mir auf dem Fuß. Ich kauerte mich zwischen die Hundebabys, und wieder setzte sie sich neben mich, offensichtlich völlig unbeeindruckt von dem ganzen Tohuwabohu.

Wieder inspizierte ich neugierig die Scheune, und wieder folgte sie mir und setzte sich neben mich. Sie trabte mir die ganze Zeit hartnäckig nach, sah mich dabei aber nicht einmal an.

Und so rief ich meinen Kindern über das ganze Chaos hinweg zu: »Ich glaube, die hier will mit uns nach Hause kommen!«

Die Kinder nannten sie »Geneviève« nach dem gelben Hund aus dem Kinderbuch Madeline, der die ungebärdige Heldin vor dem Ertrinken rettet. Das war lustigerweise auch der Name, den meine Mutter mir ursprünglich hatte geben wollen, was sie dann aber doch nicht tat, weil die Leute meinten, er sei zu »ausländisch«. Und doch klingen unsere beiden Namen so verwandt, dass ich oft dachte, die Leute riefen mich, wenn sie in Wirklichkeit nach Geneviève riefen.

Wir lebten auf dem Land, und unsere Kinder wurden zu

Hause unterrichtet. Kein Wunder also, dass dieses Hunde-
mädchen schnell ein wichtiger Teil ihres Alltags wurde. Sie
waren ganz vernarrt in sie.

Wir verbrachten viel Zeit im Auto mit Fahrten zu Musik-
stunden, Proben und Aufführungen, und Geneviève war
regelmäßig mit von der Partie. Um uns die langen Fahrzei-
ten zu verkürzen, wenn es abends und besonders zur Win-
terzeit im Dunkeln wieder nach Hause ging, fing ich an,
mir Geschichten über Geneviève auszudenken. So lernten
die Kinder auf spielerische Weise, dass Geneviève mehr war
als bloß »unser Hund«. In diesen Geschichten erinnerte
Geneviève die Kinder beständig daran, dass sie kein Hund
war und dass sie, wie sie regelmäßig hinzufügte, nieman-
des Eigentum sei. Stattdessen war sie in diesen Geschichten
immer ein mächtiges, allwissendes Wesen.

Geneviève besaß auch einen ausgeprägten Sinn für
Humor – dieser Charakterzug findet sich häufig bei Lab-
radorhunden und ist ausnahmsweise nicht meiner Lust am
Geschichtenerfinden entsprungen. Die Kinder fanden das
total fesselnd. Ständig redeten sie mit ihr, krabbelten in
ihren Korb, um mit ihr zu spielen, Geneviève aber schloss
sich ihren wilden Wettläufen über die Felder hinunter ans
Meer oder quer durch den Garten an und jagte auch mal
dem Fußball hinterher. Sie gehörte mit zum Rudel.

Doch nicht alle Familienmitglieder freuten sich gleicher-
maßen über den Neuankömmling. Peter, der beruflich viel
im Ausland unterwegs war, war alles andere als erfreut
darüber, bei seiner Rückkehr Geneviève im Haus vorzufin-
den. Ich hatte schon oft mit ihm darüber gesprochen, dass
ich gern einen Hund hätte, doch als er weg war, hatte ich
plötzlich das Gefühl, jetzt sofort mit der Suche beginnen zu

müssen. Ich konnte ihm nicht erklären, warum, und Peter war verständlicherweise nicht gerade erbaut, dass er nicht gefragt beziehungsweise an der Auswahl des Hundes beteiligt worden war. Es sorgte für einige Missstimmung, dass ich auf seine Vorwürfe nur antwortete: »Aber die Kleine ist mir schließlich nachgelaufen.« Und: »Es war, als wäre sie dazu bestimmt, bei uns zu sein.«

Auch das Chaos, das das Leben mit einem Hundebaby mit sich bringt, war so ganz und gar nicht nach seinem Geschmack. Seiner Ansicht nach hatten wir mit dem Hausunterricht für die Kinder schon genug zu tun. Da war es doch reiner Irrsinn, sich auch noch einen kläffenden und alles anknabbernden jungen Hund aufzuhalsen. Vielleicht als Reaktion auf Peters Einstellung entwickelte Geneviève sich tatsächlich zum kleinen »Satansbraten«. Sie fetzte durchs Wohnzimmer wie der Wirbelwind und hinterließ mit ihren Krallen tiefe Kratzspuren in den alten Kieferndielen, die Peter liebevoll abgeschliffen und neu eingelassen hatte. Sie schnappte nach allem, was ihr vor die Nase kam, einschließlich der Kinder, sprang auf den Küchentisch und verschlang einen ganzen Laib frisch gebackenes Brot, nur um sich dann gleich wieder zu übergeben und ihren Mageninhalt im Wohnzimmer zu verteilen.

Kurz, Peter war alles andere als entzückt von ihr. Als sie ein halbes Jahr alt war, bat er mich, ein neues Zuhause für sie zu suchen, da sie einfach »zu wild« sei. Widerstrebend willigte ich ein unter einer Bedingung: Wenn es mir gelänge, in den kommenden drei Monaten bei Geneviève eine Verbesserung ihres Verhaltens zu bewirken, würde sie bleiben. Ich holte mir Rat und Hilfe bei einem Freund, der ein erfahrener Hundetrainer ist, und arbeitete fleißig mit Geneviève. Sie sprach schnell auf das Training an. Wir stellten ihre Ernährung auf rohes Fleisch, rohes Gemüse und Knochen um, und schon wurde sie viel ruhiger. Am Ende der dreimonatigen Probezeit war keine Rede mehr von Weggeben.

Wir nahmen Geneviève überallhin mit. Jeden Tag marschierte ich mit ihr über die Felder und zwischen den Hecken hindurch ans Meer, während die Kinder am Strand Zeichnungen von ihren Abenteuern in flache Steine ritzten.

Sie war nicht nur die unverzichtbare Vierte im Bunde meiner Hausschüler, sie wurde im Laufe der Jahre auch meine engste Gefährtin. Auf unseren täglichen Spaziergängen führten wir lange philosophische Gespräche. Und wenn ich sehr aufgeregt war, lehnte sie sich mit ihrem warmen Körper an mich und brachte mich mit ihren aussichtslosen Versuchen, Fliegen zu fangen, zum Lachen. Wenn wir im Auto unterwegs waren, legte sie ihren Kopf auf meine Hand auf dem Ganghebel, sodass ich nicht mehr schalten konnte.

Als sie fünf war, ging es mit ihr und EU-Heimtierausweis nach Italien, wo wir außerhalb von Florenz auf einem baufälligen, biodynamisch bewirtschafteten Hof aus dem 17. Jahrhundert leben würden. Geneviève wurde mit allen gut Freund.

Als sie neun war, lebten wir in einem portugiesischen Dorf, und dort machte Geneviève zum ersten Mal die Erfahrung, dass sie nicht nach Belieben frei herumlaufen konnte. Unsere Nachbarn hatten zwei aggressive Rhodesian Ridgebacks, welche die friedliche Geneviève terrorisierten und ihr ziemliche Angst einjagten. Zum Glück gab es oberhalb des Dorfes einen großen Staatsforst, in dem wir zwei unsere langen Spaziergänge wiederaufnehmen konnten.

Einmal, sie muss so zwölf Jahre alt gewesen sein, klopfte es an unserer Tür, doch statt sofort hinzulaufen und nachzusehen, wer es war, wie sie es sonst tat, kündigte sie den Besucher nur mit einem Bellen an. Ich fand sie mit weit abgespreizten Beinen auf dem Boden liegen. Sie konnte sich nicht bewegen und starrte mich hilflos an. Der örtliche Tierarzt vermutete Arthritis, doch unser homöopathischer Tierarzt drüben in Irland, Tom Farrington, der mit ihr eine Generaluntersuchung machte, sah dies als den Anfang eines Nierenleidens. Ich fütterte sie mit Sardinen wegen des Öls, gab ihr Hüftmassagen und verabreichte ihr eine Reihe homöopathischer Mittel. Dadurch ging es ihr zwar wieder ein bisschen besser, doch ins Auto zu steigen oder die Treppen hinauf- und hinunterzugehen fiel ihr zusehends schwer. Bei unseren Spaziergängen machte sie schnell schlapp, sodass wir sie beträchtlich kürzen mussten.

Als sie dreizehn wurde, kehrten Peter und ich nach Irland zurück. Die Kinder waren nun aus dem Haus und studierten. Geneviève war sichtlich erfreut, wieder zu Hause zu sein – in ihrer langsamen, bedächtigen Art, wie sie ging und sich verhielt, war etwas, was wohlige Vertrautheit ausdrückte. Mir fiel auf, dass ihr linkes Hüftgelenk ihr mehr Probleme bereitete. Sie verlor an Gewicht und schien des Öfteren zu frieren. Der Tierarzt bestätigte seine Diagnose: Nierenprobleme. Er gab ihr zusätzliche homöopathische Mittel. Trotzdem war nach ein paar Monaten zu Hause nicht mehr zu übersehen, dass ihr Gesundheitszustand sich rapide verschlechterte.

An einem Abend im Winter tappte sie langsam von der Küche zu ihrem Korb im Wintergarten. Da sah ich, wie sie auf halbem Weg plötzlich stehen blieb. Sie blickte

sich um, versuchte, rückwärts zu gehen, blieb wieder stehen. Sie wirkte völlig desorientiert und schaute abwesend.
Dann fing sie an, ganz schnell zu blinzeln. Ich redete mit
ihr, aber sie schien mich nicht zu hören. Der Tierarzt sagte, dies seien typische Symptome, wie sie bei einer akuten
Harnvergiftung aufträten. Ich gab ihr ein hochpotenziertes
homöopathisches Mittel, brachte sie zu ihrem Körbchen,
und sie schlief tief und fest. Am nächsten Tag war es, als
wäre nichts passiert – sie war in ausgezeichneter Verfas-
sung.

Peter hatte sich im Laufe der Jahre zwar mit ihr ange-
freundet, war aber immer noch der Erste, der an ihr etwas
auszusetzen fand. Dass zweimal im Jahr alles voller Haa-
re war, weil sie ihren Fellwechsel hatte, erboste ihn ohne
Ende. Wenn sie Besucher mit ihrem Bellen ankündigte, so
war es immer »zu laut«. Trotzdem verfehlte Genevièves
bedingungslose Liebe auf die Dauer auch auf Peter nicht
ihre Wirkung. Irgendwann hatte sich ihre Beziehung radi-
kal gewandelt. Je weiter er seine ablehnende Haltung ihr
gegenüber ablegte, desto hellsichtiger konnte er ihre Ausstrahlung wahrnehmen, jenen warmen, goldenen Glanz,
der ihrem Herzen entströmte. Als es ihr gesundheitlich
immer schlechter ging, kümmerte er sich sehr mitfühlend
und liebevoll um sie.

Ich selbst begann ebenfalls, mein Herz auf eine ganz
andere Art zu spüren, so als würde sich in seinem Inneren ein Zeitlupen-Tsunami aufbauen. Wenn ich Geneviève
fütterte, ausführte oder einfach neben ihr saß und mit ihr
redete, schien sich mein physisches Herz seitlich auszudeh-
nen und mehr Raum einzunehmen. Zwischen uns floss ein
Gefühl der Wärme hin und her, eine tiefe Verbundenheit

zwischen ihr und mir. Ich wusste, dass ich buchstäblich alles für sie tun würde – nicht im konkreten Sinn, aber auf eine umfassende, bedingungslose Art und Weise. Mein Herz war weit geöffnet.

Als sie dann den grauen Star bekam, stellten wir ihr ein hohes Glas mit einem Solarlicht neben ihren Korb, sodass sie ihn im Dunkeln mühelos wiederfand.

Unsere Spaziergänge beschränkten sich jetzt auf den Garten. Sehr viel mehr schien sie auch gar nicht zu interessieren, während sie dort herumhumpelte. Man hatte eher den Eindruck, als würde sie diese kurzen Ausflüge nur über sich ergehen lassen. Die meiste Zeit des Tages schlief sie.

Als jedoch die Kinder zu Weihnachten auf Besuch kamen, machte sie wahrhaft herkulische Anstrengungen, um die Familie auf ihrem langen Spaziergang durch den Schnee zu begleiten. Es war herzerwärmend und herzzerreißend zugleich, mit anzusehen, wie sie ihren Platz in ihrem geliebten Rudel einnahm. Als die Kinder fort waren, verfiel sie wieder in ihre ein wenig niedergeschlagene Routine zwischen Schlafen und einigen wenigen Schritten im Garten. Sie hatte wieder urämische Anfälle. Zwar brachten die homöopathischen Mittel jedes Mal Erleichterung, doch sie brauchte mit jedem Anfall länger, um sich zu erholen.

Eines Tages hatte ich die starke Empfindung, dass ich mit ihr zu Tom, unserem Tierarzt, fahren müsse, was eine gute Dreiviertelstunde dauern würde. Das war völlig irrational. Sie war alt, erschöpft, und das Autofahren machte ihr keinen Spaß mehr, denn auf den engen, kurvenreichen Straßen wurde sie ziemlich durchgeschüttelt. Unsere letzte Konsultation mit dem Tierarzt war telefonisch erfolgt. Der Gedanke, mit Geneviève zur Tierarztpraxis zu fahren – hin und zurück wären das immerhin eineinhalb Stunden im Auto –, hatte etwas Aberwitziges, trotzdem wusste ich, dass es so sein musste.

Als sie diesmal ins Auto stieg, wirkte sie nicht so unglücklich wie sonst. Und regte sie sich sonst in der Tierarztpraxis immer fürchterlich auf, keuchte und lief unruhig auf und ab, so rannte sie, kaum waren wir in der Praxis angekommen, auf Tom zu und stupste ihn zur Begrüßung an.

Er war so nett und freundlich wie immer, doch ging er schnell zum Tagesgeschäft über, zur medizinischen Behandlung von Geneviève. Er durchforstete zahllose Webseiten auf der Suche nach einem bestimmten Medikament. Währenddessen schnuffelte Geneviève ihn ständig an, weil sie unbedingt seine Aufmerksamkeit erregen wollte, doch Tom war völlig von seiner Recherche absorbiert. Schließlich wandte sie sich von ihm ab, ging durch die offene Tür zum Auto hinaus und legte sich hin. Ich sah sie an, sie erwiderte meinen Blick und ließ wie resigniert ihren Kopf sinken. Ich fragte mich, warum ich sie überhaupt hergebracht hatte.

In meiner ganzen Enttäuschung darüber, dass dieser Besuch völlig sinnlos gewesen war, hatte doch Tom selbst angedeutet, dass er für sie nicht mehr viel tun könne, sagte ich zu ihm, dass mein größter Wunsch eigentlich wäre zu wissen, wie es ihr geht und wie ich ihr die Zeit, die ihr noch bleibt, so angenehm wie möglich machen kann – dass es mich danach verlange, mit ihr zu kommunizieren.

Bei diesen Worten richtete sich Tom, der die ganze Zeit messerscharf konzentriert über seinen Computer gebeugt gesessen hatte, kerzengerade auf und meinte mit einem strahlenden Lächeln: »Sie sollten einen Tierkommunikator aufsuchen. Vor Kurzem habe ich einen Workshop mit

327

einer sehr guten Tierkommunikatorin gemacht. Sie heißt
Pea Horsley und lebt drüben in England. Sie wird in die-
sem Frühjahr wieder einen Workshop abhalten – und ich
glaube, sogar in Ihrem Ort.«

Jennifer kam in diesem Frühjahr zu meinem Workshop in
Ballydehob. Sie hatte Fotos von Geneviève mitgebracht
und wollte unbedingt lernen, wie sie Geneviève ihr Ohr lei-
hen konnte. Doch machte sie sich auch Sorgen, ob sie nicht
Genevièves Botschaften mit ihren eigenen Projektionen ver-
wechseln würde:

Mithilfe der Techniken, die wir im Workshop erlernt hat-
ten, stellte ich schnell fest, dass ich anscheinend ein gewis-
ses Talent hatte zu hören, was die Tiere anderer Leute
kommunizierten. Doch würde ich das genauso gut zu Hau-
se mit Geneviève können? Ich sehnte mich danach zu
erfahren, wie es Geneviève im Innersten ging, jenseits der
Leiden, die der körperliche Verfall unweigerlich mit sich
brachte. Ich wollte ihre letzten Wünsche erfahren und wis-
sen, ob sie bei ihrem Übergang Hilfe von unserem Tierarzt
haben wollte.

   Ich übte regelmäßig mit Wildtieren, deren Botschaften
stets kurz, aber äußerst klar waren. Sobald ich aber ver-
suchte, mit Geneviève zu kommunizieren, fing ich an, an
mir selbst zu zweifeln. Blockierte ich mich selbst, sodass
ich sie nicht hören konnte? Als ich vom Workshop zurück
war, konnte ich spüren, dass sie sich über meine Bemühun-
gen freute, doch als ich sie fragte, wie es ihr ging, erhielt ich
keine klare Antwort.

Mittlerweile konnte Geneviève kaum noch gehen. Doch es war ein herrlicher Frühling, und so konnte Jennifer sie hinaustragen, damit sie im Gras liegen konnte.

Meine Empfindungen in diesen Wochen kann ich nur so beschreiben: Ich hatte das Gefühl, mit ihr eins zu werden. Wo sie anfing, endete ich. Wo sie endete, fing ich an. Mein Herz weitete sich immer mehr. Ihr Augenlicht war schwach, doch ich wusste, dass sie mich immer noch sah. Manchmal ging ein leises Flackern durch ihre müden, schweren schwarzen Augen, und ihr Schwanz zuckte ein wenig, wenn ich mich ihr näherte.

Mit Genevièves Gesundheit ging es immer weiter bergab. Sie konnte ihre Blase und ihren Darm nicht mehr kontrollieren und wollte außer einem kleinen Happen Fleisch am Tag nichts mehr fressen. Sie trocknete regelrecht aus, die Haut um Augen und Nase wurde rissig, und sie bekam häufig Nasenbluten. Jennifer half ihr beim Trinken, machte sie sauber und legte ihr immer frische Decken unter.

Ich war einfach glücklich, dass ich mit Geneviève zusammen sein konnte, doch als mein Nachbar meinte: »Sie müssen etwas unternehmen, Jennifer, Sie können sie doch nicht so leiden lassen«, war ich verunsichert. Verlängerte ich vielleicht aus egoistischen Gründen ihr Leiden?
An diesem entscheidenden Punkt, als die »Stimme der Vernunft« sich lauthals meldete, habe ich Pea kontaktiert, weil ich Klarheit haben wollte bezüglich der letzten Wünsche von Geneviève.

Ich druckte mir die Fotos von Geneviève aus, die Jennifer mir zugemailt hatte. Auf einem war das sanftmütige Gesicht eines gelben Labradors zu sehen, auf einem zweiten Foto lag sie mit erhobenem Kopf in ihrem Weidenkorb und nahm ein Sonnenbad. Zu ihrer Linken kauerte eine Saatkrähe, die in dieselbe Richtung sah wie sie. Das dritte Bild zeigte die nämliche Krähe neben einer Wasserschüssel.

Jennifer erzählte mir, sie habe die Krähe nach ihrem Namen gefragt und »Fracks« verstanden. Doch dann begriff sie, dass sie »Frag sie« gesagt und damit Geneviève gemeint habe. Jennifer tat es und hörte klar den Namen »Borvis«. Aus Neugier recherchierte sie den Namen im Internet und fand heraus, dass er jiddisch war und »barfuß« bedeutete. Es gab auch einen Treffer, der auf ein ukrainisches Mineralwasser verwies, das ursprünglich unter dem Namen *borviz,* »Weinwasser«, vertrieben wurde, da es zum Spritzen von Wein verwendet wurde. Wasser wurde also zu Wein. Ein weiterer Treffer verwies auf das Adventure Game »Dark Refuge«, in dem die »Dragons of Borviz« gefährliche Gestaltwandler sind. Was Jennifer bereits wusste, war, dass die Krähe bei den amerikanischen Ureinwohnern über die Magie herrschte und den Menschen den Mut verlieh, sich auf die Finsternis der noch ungestalten Leere einzulassen.

Sie erzählte mir, dass zwei Wochen zuvor an einem wolkenlosen, sonnigen Tag sich eine große, alte Krähe auf dem niedrigen Steinmäuerchen vor ihrer Küche niedergelassen hatte. »Mit ihrem abgewetzten Schnabel und ihren zerzausten Federn sah sie reichlich komisch aus, wie ein alter Mann mit einer zerrissenen schwarzen Hose, aber Energie hatte sie. Sie schritt die Mauer auf und ab, blieb dann stehen und ließ sich nieder, um eine ganze Weile ruhig sitzen zu bleiben.

Tags darauf war sie wieder da. Sie hüpfte auf die Terrasse, stolzierte dort selbstbewusst herum und trank aus Genevièves Schüssel.

Von da an kam sie jeden Tag wieder, ohne sich von Jennifers Gegenwart stören zu lassen. Und mit jedem Tag schien sie sich heimischer zu fühlen und wagte sich ein Stück näher an Geneviève heran, wenn sie draußen auf dem Gras oder in ihrem Korb lag, bis sie schließlich wie auf dem Foto direkt neben ihr saß. Geneviève hob den Kopf und sah die Krähe direkt an. Es war, »als würden sie sich wiedererkennen«.

Ein andermal, es war ein warmer, sonniger Tag, lag Geneviève bei offener Tür auf dem Küchenboden. Und als Jennifer, die einen Moment hinausgegangen war, wieder in die Küche zurückkam, sah sie, wie die Krähe auf einer Stuhllehne saß, auf Geneviève hinuntersah und dabei leise, glucksende Laute von sich gab, die sich fast wie ein Schnurren anhörten.

»Geneviève sah zu Borvis hinauf«, erzählte Jennifer, »und legte dann wieder ihren Kopf auf die Pfoten, als wäre das die natürlichste Sache der Welt.«

Als ich mich in einem stillen Moment zum ersten Mal mit Geneviève verband, war der alles überlagernde Eindruck der von Anmut, gefolgt von Sanftheit, Bescheidenheit und liebender Güte. Ich konnte auch spüren, dass sie sehr großmütig und willensstark war. Geneviève vermittelte mir den Eindruck einer überaus glücklichen Seele, deren Erdenleben einem ganz bestimmten Zweck diente, und der war, Kraft zu spenden – nicht nur ihrer Familie, sondern allen Freunden. Auf meinen Notizblock schrieb ich: »Sie ist eine Königin.«

Es war zu spüren, dass Geneviève körperlich, emotional und spirituell sehr, sehr müde war und sie »durch den Tod«

neue Kraft schöpfen musste. Ich konnte fühlen, dass sie um die Kraft gebetet hatte, so lange wie möglich am Leben zu bleiben, und dass Borvis gekommen war, um ihr zu helfen. Doch ich wusste, dass sie nur noch darauf wartete, endlich zu sterben.

Als ich mich mit Borvis verband, spürte ich ganz deutlich, dass er als Helfer für Geneviève hier war und dass die beiden in einem früheren Leben zusammen gewesen waren. Er wachte nun über sie und sprach zu ihr über die »Lichtarbeit«, die auf der anderen Seite zu tun war.

Geneviève schaltete sich in unsere Kommunikation ein und sagte: »Alles in Ordnung.« Und: »Sag ihr, dass ich mich geliebt fühle. Ich habe mich immer geliebt gefühlt.«

Diese Eindrücke sandte ich an Jennifer, die sie bestätigte. Auch mit dem Bild, das ich von Geneviève gezeichnet hatte, war sie einverstanden. Dann wandten wir uns ihren Fragen zu.

»Hast du Schmerzen?«

»Nein. Bitte nimm das nicht so wichtig«, antwortete Geneviève.

»Möchtest du, dass unser Tierarzt Tom dich einschläfert, oder willst du allein gehen?«

»Lass mich auf natürliche Weise gehen«, gab sie zurück. »Das ist Teil unserer Reise von Leben und Tod. Alles geschieht zur rechten Zeit. Kein Schmerz. Kein Bedauern. Es wird alles stimmen.« Und dann fügte sie noch hinzu: »Sag Tom nein!«

Ich hatte keine Ahnung, was diese letzte Botschaft bedeuten sollte, gab sie aber an Jennifer weiter, damit sie sie entschlüsseln konnte.

»Können wir dir bei deinem Übergang beistehen? Sollen

wir dich nach draußen aufs Gras bringen? Oder möchtest du lieber allein sein, wenn du deinen Übergang vollziehst?«

»Ich möchte euch ganz nah bei mir haben. Es wird euch Frieden geben, wenn ihr miterlebt, wie mein Geist sich vom Körper löst. Kümmert euch nicht darum, was die Leute sagen. Unsere Herzen sagen einander die Wahrheit.«

Als ich Jennifer Genevièves Antworten wiederholte, erzählte sie, dass verschiedene Leute drängten, sie einschläfern zu lassen.

»Wenn du ohne Hilfe sterben willst, kannst du uns einen Hinweis geben, wann es so weit sein wird?«, wollte Jennifer wissen und fügte dann erklärend dazu: »Wir müssen drei Wochen verreisen, und wenn du noch hier bist, muss ich Vorkehrungen treffen.«

Genevièves Antwort war kurz: »Nein, kann ich nicht.«

Ich sagte Jennifer, mein Eindruck wäre, dass Geneviève ihren Übergang schon bald vollziehen würde, möglicherweise sogar im Laufe der kommenden Woche.

An diesem Punkt drängte es mich, Geneviève von mir aus eine Frage zu stellen: »Weißt du, was mit dir geschieht?«

Sie gab zurück: »Ich drifte allmählich weg. Es fühlt sich an wie ein Gleiten. Nichts kann das aufhalten.«

Ich konnte spüren, dass diese Erfahrung etwas Langsames hatte, nichts Schnelles oder Beängstigendes, sie war einfach nur unaufhaltsam.

Jennifer wollte noch einige weitere praktische Fragen stellen: »Wo möchtest du gern begraben werden? Im Obstgarten? In welcher Himmelsrichtung: Osten, Westen, Norden, Süden? In der Nähe des Hauses? Neben Borvis?«

Ich wollte wissen, wann und wie Borvis gestorben war, und Jennifer erzählte:

Eines Tages ging ich über die Terrasse und sah die Krähe auf dem Mäuerchen hocken, nicht unweit von der Stelle, wo Geneviève im Gras lag. Ich öffnete ihr mein Herz.

»Setzen!«, befahl Borvis mir.

Ziemlich perplex setzte ich mich hin.

»Schließ deine Augen. Konzentrier dich«, befahl er weiter.

Ich tat wie geheißen und fiel in einen Zustand tiefer Versenkung. Es war, als habe der Garten sich in grenzenlosen Raum verwandelt, und ein Gefühl der Allverbundenheit erfüllte mich.

Eine Viertelstunde mag so verstrichen sein, dennoch schien die Zeit aufgehoben zu sein. Als ich die Augen wieder aufmachte, hörte ich eine Stimme sagen: »Es wäre klug, wenn du ein wenig langsamer machen könntest.«

Ich starrte Borvis an. Er sah weit größer aus als eine normale Krähe. Es war, als wäre er von einer Energie umgeben, die ihn viel größer wirken ließ.

Ohne dass ich es wusste, hatte Peter einige Stunden zuvor nahezu exakt die gleiche Erfahrung mit Borvis gehabt. Wir staunten nicht schlecht, als wir später unsere Notizen verglichen, und waren uns einig, dass Borvis ohne Zweifel ein spiritueller Lehrer war.

Zwölf Tage hatte Borvis schon bei uns gewohnt und war immer neben Geneviève gesessen, mit der er offensichtlich einen innigen Austausch pflegte, als wir ihn auf der Seite liegend neben Genevièves Wasserschüssel fanden. Es war ein für die Jahreszeit sehr heißer Tag gewesen, und so nahmen wir an, dass er vielleicht einen Hitzschlag erlitten hatte, war er doch allem Anschein nach schon ziemlich alt.

Peter hob ihn hoch, dann bespritzten wir ihn mit Was-

ser, flößten ihm ein paar Tropfen Wasser ein und legten ihn unter unserem Kirschbaum in den Schatten. Er schloss seine Krallen um Peters Finger und senkte seinen Blick in Peters Augen, dann lockerte sich langsam sein Griff. Er war tot.

Wir hielten es für das Beste, ihn dort im Schatten eine Weile liegen zu lassen, damit er seinen Übergang ungestört vollziehen könne. Wir zündeten ein Räucherstäbchen an, legten ihm ein violettes Blümchen auf die Brust und schickten ihm unsere Liebe. Peter sah, wie sein Geist den leblosen Körper verließ, den gesamten Garten überstrahlte und sich mit Geneviève verband.

Ein paar Minuten später sahen wir zu unserem Erstaunen, wie Geneviève auf wackligen Beinen, aber höchst zielstrebig zum Kirschbaum hinüberging. Sie ließ sich darunter nieder und saß dort erhobenen Hauptes wie eine Sphinx. Vier Stunden verharrte sie, strahlend, als würde sie Totenwache halten. Dann hinkte sie zurück zu ihrem Korb. Das war das letzte Mal, dass sie sich bewegte.

Diese ergreifende Geschichte kann uns so vieles lehren. Ich hatte das Gefühl, dass Borvis gekommen war, um Geneviève zu lehren, was es mit dem Tod auf sich hatte, und um ihre Wünsche zu respektieren. Ich konnte spüren, dass die beiden miteinander über ihr nächstes Leben gesprochen hatten und darüber, wie es für Geneviève war, Jennifer verlassen zu müssen.

Ich wiederholte Jennifers Frage noch einmal: »Wo würdest du gern begraben werden?«

»Beim großen Apfelbaum – waagrechte Äste, sehr alt, mächtiger Stamm. Erdbaum, bewahrt Energie. Hat viel Sonne. Ist dort, wo der helle Stern ist.«

Sie zeigte mir das Bild eines strahlenden Sterns, und ich spürte eine Verbindung mit Jerusalem und Jesus. Ich hatte das Gefühl, der Baum stünde in südlicher Richtung.

Jennifer sagte: »Ich weiß, welchen Baum sie meint. Vor zehn Jahren fiel ein sehr alter Apfelbaum, ein Bramley, der in der Südostecke unseres Gartens stand, um. Wir dachten, er würde eingehen, doch er wuchs weiter, trieb waagrechte Äste und trägt jeden Sommer reichlich.«

Zum Abschluss unserer Kommunikation gab mir Geneviève noch für jeden in Jennifers Familie eine Botschaft.

»Ich kann meine Tränen einfach nicht zurückhalten«, gestand Jennifer. »Genevièves Botschaften passen so genau zum Charakter und zur Lebensgeschichte von jedem von uns.«

An Jennifer richtete Geneviève folgende Worte:

Wir sind eins und haben dieselbe Energie, wir gehören zur selben Seelengruppe. Wir helfen einander, uns weiterzuentwickeln und neue Ebenen unseres Geistes zu entdecken. Wir haben so viel voneinander gelernt und werden das weiter tun. Das hört nicht auf, schon gar nicht hier. Meine Liebe besteht weiter. Du wirst mich in deinem Herzen spüren können. Schau hinauf zu dem hellen Stern, und du wirst mich sehen. Alles, was ich dir sagen wollte, habe ich dir gesagt. Du konntest es in meinen Augen sehen ... Unsere Liebe zueinander war immer sehr rein, über viele Leben hinweg. Wisse, dass dein Herz immer stark genug ist. Ich fühle mich geliebt und habe mich immer geliebt gefühlt.

Dann sagte sie noch, sie habe auch eine Botschaft für ihren Tierarzt Tom. Ich hatte den Eindruck, als wolle sie etwas in ihm anstoßen, doch dass den ersten Schritt er machen müsse.

Ihre nächste Botschaft war wieder an Jennifer gerichtet: »Du hast immer dein Bestes für mich gegeben. Alles Liebe und Gott segne dich.«

Schließlich sah ich noch ein Bild mit der Zahl 16 in römischen Ziffern: XVI. Ich beschrieb Jennifer, was ich sah, konnte ihr aber keine Erklärung dazu geben.

Später klärte Jennifer mich auf, dass an dem Mittwoch zuvor Geneviève und Borvis Tom in seiner morgendlichen Meditation erschienen seien – beide überlebensgroß, Genevièves Kopf und dahinter Borvis – und ihn drängten, Geneviève sofort zu besuchen. Er sagte ihnen, dass er so etwas in seiner dreißigjährigen Praxis als Tierarzt, der Hunderte von Tieren behandelt hatte und selbst viele Hunde und Katzen hatte, noch nicht erlebt hätte. Diese Erfahrung hatte ihn ziemlich verstört, darum schob er sie nicht weg, sondern machte sich sofort auf, um nach Geneviève zu sehen. Leider verfuhr er sich auf den kurvenreichen Landstraßen hoffnungslos. Er rief viermal bei Jennifer und Peter an, doch es war ständig besetzt, weil Peter den ganzen Abend mit einem Kunden telefonierte. Dann war er bis zum Sonntag vollauf mit seiner Tierarztpraxis beschäftigt.

Zu diesem Zeitpunkt ging es mit Geneviève unleugbar dem Ende zu. Sie hatte die Kontrolle über ihren Körper schon weitgehend verloren und lag reglos da. Sie konnte nur die Augen und den Kopf noch ein wenig bewegen, doch ihr ewig wedelnder Schwanz zuckte nicht einmal mehr. Lesen Sie das Ende in Jennifers eigenen Worten:

Am Sonntagvormittag bemerkte ich, dass sie immer versuchte, den Kopf zu heben und über den Rand ihres Korbes hinaus zum Fenster und die Straße zu schauen.

Tom traf um die Mittagszeit ein. Als sein Wagen die Straße herunterkam, schaute sie mich an, und ich sah ein kurzes Leuchten in ihren Augen.

Tom und Geneviève verbrachten zwanzig Minuten miteinander. Er sagte, er habe eine innige Wärme gespürt, die in Gestalt einer langen Röhre aus Licht von ihrem Herzen zu seinem Herzen geströmt war. Er meinte, dass sie wohl noch drei oder vier Tage haben würde. Dann erbot er sich, etwas gegen ihre Austrocknung zu tun, und ich willigte ein, da ich naiverweise dachte, er würde ihr mit einer Pipette etwas Wasser einflößen. Doch als ich ihn zum Auto gehen und mit Nadeln, Schläuchen und Infusionslösungen beladen zurückkommen sah, war ich regelrecht entsetzt.

Ich sah Geneviève an, und obwohl ihre Augen schon ziemlich erloschen waren, empfing ich von ihr ein klares Nein.

Tom legte ihr die Hand auf den Kopf, und ich wollte gerade etwas sagen, da hatte Geneviève schon geknurrt und nach ihm geschnappt. Sie hatte nie nach irgendjemandem geschnappt, außer als sie noch ganz klein und unerzogen war und alles zerbissen hatte. Tom war völlig perplex, dass sie überhaupt noch so viel Kraft hatte. Er sah sofort ein: Sie wollte nicht, dass man ihr noch irgendetwas gab.

Ich erzählte ihm von Genevièves Botschaft an Pea: »Sag Tom nein!« Sie wollte ihren Übergang ohne jede Hilfe vollziehen.

Und während wir so neben ihr saßen, schickte Geneviève weiter Licht in Toms Herz.

Tom bereitete uns darauf vor, dass bei einer Urämie Gift-
stoffe auch ins Gehirn gelangen und Geneviève möglicher-
weise laut jaulend sterben würde, was mehrere Tage dauern
könne. Er fragte, ob wir dazu wirklich die Kraft hätten.

Ich dankte ihm für seine besorgte Anteilnahme, aber die
Botschaften, die Geneviève mir über Pea geschickt hatte,
gaben mir viel Trost, und so beruhigte ich ihn: »Es ist alles
in Ordnung.« Er war sehr erfreut zu hören, dass wir Pea
konsultiert hatten, und war sehr bewegt von dem, was er
als Genevièves Geschenk an ihn betrachtete.

Dann empfing ich von Geneviève den Eindruck, sie
möchte mich in ihrer Nähe haben. Also nahm ich mei-
ne Arbeit in den Wintergarten mit, damit ich bei ihr sein
konnte. Doch sobald Tom weg war, überkam Peter und
mich ein ebenso heftiges wie unerklärliches Gefühl der
Schläfrigkeit. Wir gingen hinüber ins Wohnzimmer und
schliefen beide ein. Es war höchst merkwürdig.

Ungefähr zwanzig Minuten später fuhr ich aus dem Schlaf
hoch und sah mich von einer Wolke kleiner schimmernder
Lichtkristalle umgeben. Peter wachte auf, und wir sahen
einen Lichtblitz durchs Wohnzimmer zucken. Als Nächs-
tes hörten wir ein würgendes Geräusch und eilten sofort
zu Geneviève hinüber. Ich wollte ihr sagen, wie gern ich
sie hatte, doch mehr als »Ach, Liebling« brachte ich nicht
heraus. Dennoch fühlte ich mich auffallend klar und ruhig.

Zehn Minuten lang wurde ihr Körper nun von kurzen,
heftigen Krämpfen geschüttelt. Dann hob sie den Kopf,
atmete ein und noch einmal aus, und dann war alles vor-
bei. Gnade. Vollendung.

Peter brach in hemmungsloses Schluchzen aus.

Was die Zahl 16 anging, die Pea in römischen Ziffern als

XVI geschrieben sah, so klärte sich auch das auf. Geneviève war um 16 Uhr gestorben, und wir erkannten, dass sie auf Tom gewartet hatte.

Peter sah, wie sich ihr Geist vom Körper löste und sich mit dem Geist von Borvis vereinte, dessen Licht weiterhin über unserem Garten erstrahlte. Ich legte ihr Blumen in den Korb, zündete eine Bienenwachskerze an und schritt dann noch einmal die Wege ab, die ich all die Jahre mit Geneviève gegangen war, durch die Löcher in den Hecken über die Felder hinunter ans Meer.

Ich war innerlich wie ausgehöhlt und hatte keine Tränen mehr, die ich noch hätte weinen können. Ich saß am Strand, und alles kam mir so platt vor. Ich sprach mit Geneviève und erinnerte mich laut an vieles, was wir gemeinsam gemacht hatten. Dabei fühlte ich mich, als würde ich in einen Tunnel blicken und emotional völlig unbeteiligt den Ereignissen unseres gemeinsamen Lebens beiwohnen.

Während ich nun so saß, begann eine große Möwe ihre Kreise über mir zu ziehen. Sie schraubte sich immer tiefer, bis sie nur noch drei oder vier Armlängen über meinem Kopf war. Kurz darauf flog eine krächzende Krähe so dicht an mir vorbei, dass ich ihren Flügelschlag spüren konnte. Und dann ließ sich ein Spatz neben mir auf einem Stein nieder und schaute mich an. Sie schickten mir die Botschaft: »Alles ist gut. Wir sind da.«

Als ich an jenem Abend später wieder im Wohnzimmer saß, umwehte mich Genevièves Geist. Wir bemerkten auch, dass kleine Energiewellen durch ihren Körper liefen, sodass man hätte meinen können, sie würde noch atmen. Wir hatten es nicht eilig damit, sie zu begraben. Das einzig Wichtige war, für sie unser Herz erklingen zu lassen. Die Kerze brannte die ganze Nacht durch und selbst noch am nächsten Morgen. Seltsamerweise war sie trotzdem nur halb heruntergebrannt. Und der Wintergarten, in dem Geneviève lag, war von einem wunderbaren, wenn auch sehr feinen Duft erfüllt.

Zwischen sintflutartigen Regengüssen begruben wir sie in der Südostecke unseres Gartens bei dem Erdbaum, wie sie es sich gewünscht hatte. Peter war dabei sehr aufgewühlt: Es war von seiner Seite aus eine schwierige Annäherung gewesen, doch am Ende dieses Weges stand eine Woge der Liebe, die sie beide umfasste.

In der Nacht, als wir sie begraben hatten, träumte ich von zwei vollständigen Regenbögen, die übereinanderstanden. Als ich hinsah, verschmolzen sie zu einem einzigen gigantischen strahlenden Regenbogen. Ich fragte mich, ob der Traum vielleicht bedeutete, dass nun die Energien von Geneviève und Borvis miteinander verschmolzen waren.

Die letzte Botschaft, die ich von ihr nach ihrer Beerdigung erhielt, war: »Richte deinen Blick auf die Freude, nicht auf den Verlust.«

Wochen nach ihrem Tod konnte ich immer noch ihre Präsenz im Haus und im Garten spüren. Sie hatte etwas Leichtes an sich, das so ganz anders war als die Schwere, die von ihrem verfallenden Körper ausging, in dem sie ihre letzten Monate verlebt hatte. Etwa drei Monate später – Geneviève wäre vierzehn geworden – veränderte sich die Qualität ihrer Präsenz. Ich spürte sie jetzt mehr in mir: Statt um mich herum zu sein, konzentrierte sich die Empfindung in meinem Herzen. Es fühlte sich buchstäblich an wie etwas Glühendes, Strahlendes.

Peter sah Genevièves Geist in ihrer jugendlichen Gestalt

durch den Garten tollen, und Tom rief an, um uns zu erzählen, dass er Geneviève in der Meditation als Welpen gesehen habe.

Als Pea mit Geneviève kommunizierte, bat ich Pea auch, sie zu fragen, ob wir eines Tages wieder zusammen sein würden, da ich vor dem Loch, das ihr Tod hinterlassen würde, große Angst hatte. Geneviève zeigte Pea das Bild eines Kaninchens, und dann hörte Pea sie sagen: »Ein Vogel.« Und: »Du wirst mich erkennen, sobald ich durch deine Tür komme. Du wirst mich sofort erkennen.«

Unser Garten wurde häufig von wilden Kaninchen heimgesucht, und das umso mehr, seit Geneviève sie aufgrund ihrer Gebrechlichkeit nicht länger jagen konnte. Ein paar Tage nach ihrem Übergang fiel mir ein einzelnes Kaninchen auf, das nicht mit den anderen ausbüxte, sobald ich in den Garten kam, sondern so ganz kaninchenuntypisch furchtlos sitzen blieb. Jedes Mal, wenn ich es sah, blieb ich stehen und versuchte, ihm mein Herz zu öffnen. Was nicht weiter schwierig war, da Genevièves Glut in meinem Herzen anfing zu glühen. Ich erfuhr, dass sein Name »Pears« war. Sein Fell hatte hellere Streifen von ähnlicher Farbe wie die goldene Glyzerinseife der gleichnamigen Firma.

Wie Borvis war das Kaninchen ein Lehrer und Lehrmeister. Wenn es mich kommen sah, hörte es auf zu mümmeln, setzte sich auf seine Hinterbeine, wurde vollkommen still, und dann meditierten wir zusammen. Sobald mein Geist abschweifte, schoss es davon wie ein Pfeil. Es lehrte mich, was es heißt, konzentriert zu sein, indem es verschwand, sobald ich meinen Fokus verlor.

Als ich es fragte, ob es vielleicht Geneviève sei, antwortete es schlicht: »Wir sind alle eins.«

Je weiter unsere Kommunikation gedieh, desto tiefer wurde meine Dankbarkeit und auch meine Freude – ich fühlte mich, als würde mein Herz wieder so weit werden, wie es in meiner Kindheit war.

Ein paar Monate später reiste ich in die Wüste von New Mexico, um den Film zu drehen, den ich drei Jahre lang vorbereitet hatte. Peter hat Pears nach meiner Abreise nur einige wenige Male im Garten gesehen.

Während meiner Abwesenheit stellten mich die Arbeiten an meinem Film vor einige Herausforderungen. Fertigstellungstermine rückten immer näher, restliche Fördergelder wurden nicht ausbezahlt, ein Schauspieler, auf den wir gezählt hatten, konnte sich zu keiner Zusage entschließen, unser Kameramann sprang ab, und ich begann mich zu fragen, ob ich mein Projekt jemals würde realisieren können.

Jeden Morgen machte ich in aller Frühe, ehe es zu heiß wurde, einen Spaziergang entlang einer stillgelegten Eisenbahnstrecke in die Wildnis, um mich still zur Meditation hinzusetzen, ehe der tägliche Wahnsinn mich wieder fest im Griff hatte. Als ich eines Morgens hinausging, kam von einem Baum, der ein paar Meter vor mir stand, plötzlich eine wilde Taube mit weißen Flügeln auf mich zugeflogen, setzte sich auf meine Schulter und fing an, mir ins Ohr zu gurren und mich sanft in die Schulter zu picken. Ich war völlig verblüfft und ließ mich langsam auf den Boden nieder, um sie nicht zu verscheuchen. Sobald ich saß, hüpfte sie auf meinen Arm, von da auf mein Knie und dann vor mich auf den Boden. Unsere Blicke trafen sich, sie nickte mit dem Kopf und gurrte und fing dann an, mich zu umkreisen wie bei einem Balzritual. Alles um mich herum löste sich auf: Das Einzige, was ich noch wahrnahm, war Liebe.

Tränen brannten in meinen Augen vor Verwunderung, und ich meinte, Geneviève vor mir zu haben. Mir fiel wieder ein, wie Pea von Geneviève gehört hatte, sie würde sich als Vogel zeigen. »Du wirst mich erkennen, sobald ich durch deine Tür komme. Du wirst mich sofort erkennen.« Und die Türen meines Herzens schwangen weit auf.

An den folgenden sechs Tagen besuchte mich die Taube bei jedem meiner Morgenspaziergänge. Jeder ihrer Besuche hinterließ in mir den Eindruck: »Alles ist gut.« Und ein tiefes Gefühl der Liebe. Und es war alles gut: Die Arbeiten am Film flogen nur so dahin und waren mit einem Mal von Liebe getragen.

Es ist ein heiliges Privileg, Tiere um sich zu haben, und ein noch viel größeres zu lernen, ihnen zuzuhören. Dafür bin ich Geneviève zu Dank verpflichtet – die ihr Lebtag lang meine Lehrerin war und mir dieses goldene Glühen in meinem Herzen geschenkt hat. Aber auch Pea, die schon gelernt hat, mit ihrem Herzen zu lauschen, und bereitwillig mit uns teilt, was sie hört. Und die andere ermutigt, wieder zu lernen, wie man mit dem Herzen hinhört.

Wenn die Dunkelheit hereinbricht, geht das kleine Solarlicht an, das immer noch in meinem Wintergarten steht. Es erinnert mich beständig daran, dass Genevièves Licht nie aufgehört hat zu leuchten.

Der schwarze Hund

27. Januar 2012

Morgans Übergang liegt nun sechs Monate zurück. Ich weine immer noch, weil ich seine Präsenz in meinem Leben vermisse, aber jetzt kann ich mich auch schon hin und wieder an schöne Zeiten mit ihm erinnern und lachen. Wenn er wegrannte zum Beispiel, dickschädelig, wie er war, oder wie ein Verrückter an der Leine zerrte, weil er irgendeinen Krümel Fressbares entdeckt hatte, der für das menschliche Auge schlicht unsichtbar war. Oder wie er immer sein Bettchen mit seiner Hundefreundin Roxy teilte: Sie schlief in seinem, er in ihrem.

Morgan hatte nur zwei Hundefreunde und beide waren Mädchen: Saffie war eine hübsche Golden-Retriever-Hündin, Roxy ein rotes Australian-Cattle-Dog-Mädel. Es war sehr traurig, als Roxy am 25. Januar einen Schlaganfall hatte und ins Licht ging. Saffie hatte monatelang gegen ihren Krebs gekämpft, bis man ihr im November letzten Jahres behutsam aus ihrem müden, blutenden Körper half. Sechs Monate nach Morgans Tod waren seine beiden Hundefreundinnen ihm gefolgt.

Der schwarze Hund taucht auf

Während ich noch um Morgan trauerte, mehrten sich die Zeichen von seinem Nachfolger. Mit derselben Sicherheit, wie der Tag auf die Nacht folgt und die Vögel in den Bäumen zu singen beginnen, fand mich der schwarze Hund.

Elf Monate lang hielt ich Jo davon ab, sich nach einem Hund umzusehen, weil ich emotional einfach noch nicht bereit war. Plötzlich aber – wir waren auf Reisen in Asien und Australien, wo ich Workshops hielt – verspürte ich einen starken Drang, Webseiten von Tierheimen zu durchforsten. Wie ein Magnet, der seinen Gegenpol sucht, damit sie endlich wieder eins sein können.

Nun forschte ich alle paar Tage nach dem schwarzen Hund, nach dieser Schwingung, die mir sagte: »Das ist er.« Zwar machte es bei keinem dieser Hunde »Klick«, doch Jo fand es schon toll, dass ich mich immerhin mit der Idee anfreunden konnte, einen neuen Hund in unser Leben zu lassen.

Sieben Tage nach unserer Rückkehr nach Großbritannien sagte sie: »Ich würde dir da gern einen bestimmten Hund zeigen.«

Sie öffnete eine Webseite für »Oldies«, ältere Tiere, die ein neues Zuhause suchen. Und da blickte mich ein alter, müde aussehender schwarzer Hund an, der unglaublich viele Locken zu haben schien. Ich saß ganz ruhig da und horchte in mich hinein. Nichts. Mein Herz fing nicht an zu schlagen, ich bekam kein flaues Gefühl im Magen. Nicht der leiseste Ansatz von »Wissen ohne Erklärung«. Ich wusste, dass dies nicht unser Hund war.

Aber Jo wollte unbedingt einen Hund haben. Irgendein Teil von mir sagte zu ihr: »Okay, ruf dort an. Schaden kann es ja nicht.«

Das sollte uns zum nächsten Schritt führen … und zum folgenden Schritt und … jeder brachte uns Morgans vorbestimmtem Nachfolger näher.

Diese Gefühle sind es, dieses leichte Ziehen, diese Synchronizität, auf die wir hören müssen, wenn wir nach einem Wesen suchen, von dem wir wissen, dass es irgendwo auf uns wartet. Wenn wir ein Tier in unser Leben aufnehmen wollen, ist es sinnvoll, auf unsere Intuition zu hören. Wenn wir erst einmal das Stadium des »Wie süß!« abgeschlossen und wichtige praktische Fragen geklärt haben (»Passt das Tier in unsere Familie und zu unserem Lebensstil? Habe ich überhaupt genug Zeit oder Geld, um die Bedürfnisse dieses Tiers zu erfüllen?«), sollten wir auf unsere innere Weisheit hören, das Wissen, das aus dem Herzen kommt und doch so schwer zu erklären ist.

Der nächste Tag war ein Samstag und der erste Tag eines einwöchigen Schamanen-Workshops, an dem ich teilnehmen wollte. An diesem Tag arbeiteten wir mit der Energie von Tieren. Da hatte ich auf einmal den klaren Eindruck, dass der schwarze Hund sehr nah war, konnte mir jedoch nicht erklären, wieso.

Als ich nach Hause kam, hatte Jo dieses mühsam verhohlene Lächeln im Gesicht, das immer ein sicheres Indiz dafür ist, dass sie etwas im Schilde führt. Ein bisschen wie der lausbübische Blick eines Hundes, der etwas angestellt hat. Sie fragte mich, wie mein Tag so war, hörte mir aufmerksam zu, dann rückte sie endlich mit der Wahrheit heraus.

»Ich habe im Tierheim angerufen«, sagte sie. »Aber dort

hieß es, für den schwarzen Hund würden sich mittlerweile vier Leute interessieren, obwohl ihn monatelang keiner haben wollte. Man sei sicher, dass einer der vier Interessenten ihn nehmen würde, daher wäre es sinnlos, sich auf die Warteliste setzen zu lassen.«

Erwartungsvoll sah sie mich an. Der große Dramatiker Harold Pinter hätte die Pause nicht besser platzieren können.

»Und dann fragten sie auf einmal: ›Haben Sie denn unseren Baxter schon gesehen?‹«

»Baxter?«, wollte ich wissen. »Welcher Hund soll das denn sein? Ich kann mich nicht erinnern, einen anderen schwarzen Hund gesehen zu haben.«

Und schon hielt Jo mir ihr iPad vors Gesicht. Mit dem Bild eines schwarzen Hundes darauf.

Ich setzte mich, und es dauerte höchstens ein paar Sekunden, bis ich das Flattern im Bauch spürte.

»Das ist er! Das ist der schwarze Hund!«

Doch meine Erregung erstarb schlagartig, als ich las, was unter dem Bild stand: »Erfolgreich vermittelt.« Auf der Webseite hieß es, er sei am 13. März ins Tierheim gekommen und habe am 26. Mai ein »neues Zuhause gefunden«.

»Nun, er ist tatsächlich vermittelt worden«, erklärte Jo mit einem Lächeln, »doch als ich im Tierheim anrief, lachte die Frau nur und meinte, er säße in seinem Bett unter ihrem Schreibtisch. Sie rief seine Datei auf. Er war tatsächlich vor einigen Monaten vermittelt, aber nach vier Tagen schon wieder zurückgebracht worden, weil ›sich andere Umstände ergeben hätten‹. Sie sagte, wir könnten ihn morgen ansehen.«

Jo konnte ihre Aufregung kaum bezähmen.

Langsam begriff ich, was da passiert war. Niemand im Tierheim hatte daran gedacht, auf der Webseite seinen Status zu ändern. Der Hund hing sozusagen in der Warteschleife, während wir unsere Auslandsreise machten. Niemand hatte ihn adoptieren können, weil er ja offiziell schon vermittelt war. Er hatte auch schon seinen Chip im Ohr … für uns. Er hatte auf den Moment gewartet, in dem wir ihn finden würden, in dem ich endlich bereit wäre, mein Herz für einen anderen Hund zu öffnen.

Enttäuscht sagte ich: »Ich kann morgen nicht. Ich muss doch zu dem Kurs. Kannst du nicht anrufen und sagen, wir würden am Montag kommen?«

Gesagt, getan. Am nächsten Tag im Schamanen-Workshop arbeitete ich an all meinen Fragen über den schwarzen Hund »in der Warteschleife«.

Bei einer schamanischen Reise fragte ich: »Würde eine Partnerschaft mit Baxter für meinen Dienst am Leben zum Besten aller sein?«

Das war meine wichtigste Frage. Ich konnte ihn nicht in mein Leben holen, wenn er nicht der Hund war, den Morgan unter seine Fittiche hatte nehmen wollen. Alle professionellen Tierkommunikatoren brauchen einen tierischen Gefährten, der ihnen bei der Arbeit hilft. Das muss nicht unbedingt ein Hund sein – Katzen, Pferde, Hasen und andere Tierrassen sind ebenso gute Helfer.

Die Antwort kam blitzschnell. Ich sah vor meinem geistigen Auge ein rein weißes Pferd von hinten, das vor Freude ausschlug – und mich im linken Auge traf. Das war nicht die Antwort, die ich erwartet hatte.

Nach dem Tritt hörte ich folgenden Kommentar: »Das rechte ist in Ordnung.«

Das Pferd meinte damit mein rechtes Auge. Ich schrieb die Botschaft nieder. Da wurde mir klar, was gemeint war: »Das Rechte. Ist in Ordnung.«

Ich tat das Rechte. Baxter war der richtige Hund. Es war in Ordnung, er war die richtige Wahl. Volle Zustimmung also.

Ich fragte das Pferd: »Wieso hast du mich getreten?«

Die Antwort: »Du akzeptierst halt nichts, was nicht hart und klar kommt.«

Korrekt. Ich mag es, wenn alles klar ist. Vor allem bei so wichtigen Dingen. Ich bin sicher, hätte ich ein zweites Mal gefragt, hätte ich einen noch härteren Tritt ins linke Auge erhalten.

Die Begegnung mit dem schwarzen Hund

Gleich am Montagmorgen fuhren wir los, um Baxter kennenzulernen. Man brachte uns in einen Nebenraum, wo uns ein Mitarbeiter des Tierheims des Langen und Breiten über die positiven Aspekte des Tierheims und des Hundetrainings belehrte.

Wir aber wollten mehr über Baxter wissen. Man sagte uns, man habe ihn aus einem öffentlichen Hundezwinger im südlichen Wales gerettet, wo er nach sieben Tagen die Todesspritze bekommen hätte. Bei dieser Auskunft sahen Jo und ich uns an und lächelten, was auf einen Außenstehenden sicher unpassend wirken musste. Für uns war dies jedoch die letzte Bestätigung, die wir brauchten. Auch Morgan war aus einem Hundezwinger im südlichen Wales gekommen, wo er sozusagen ebenfalls schon in der Todeszelle saß. Beide hatten wir uns gefragt, ob es noch andere Zeichen gäbe – neben meinem Bauchgefühl. Jetzt waren wir tief im Herzen sicher, dass dieser schwarze Hund der unsere war.

Dieses Zeichen war wichtig, denn als man uns Baxter brachte, stürmte er keineswegs begeistert auf uns zu, als wären wir die Freunde, auf die er sein Leben lang gewartet hätte. Er zeigte in keiner Weise, dass er wusste, wir würden ihn mitnehmen. Er war vielmehr nervös, ängstlich und hielt sich ganz dicht bei dem Tierpfleger, bei dem er sich offensichtlich sicher fühlte und den er keinen Moment aus den Augen ließ.

Man hatte uns nach draußen auf eine eingezäunte Wiese geführt, und Baxter rannte die ganze Zeit am Zaun auf und ab und schaute sich fast die Augen aus dem Kopf, weil er niemanden vom Tierheim sah. Als wir ihn auf einen kleinen »Kennenlern«-Spaziergang mitnahmen, zog er wie wild nach rechts und links, weil er alles beschnüffeln musste. Das Zusammensein mit anderen Hunden war für ihn offensichtlich Stress, er hatte viel zu wenig Auslauf bekommen und hatte schreckliche Trennungsängste. All das zeigte sich natürlich auch in seinem Erscheinungsbild: Sein Fell war stumpf und fettig, und ich hatte bei einem Hund noch nie so viele Schuppen gesehen. Er war von oben bis unten voller weißer Flocken und roch auch nicht gerade gut. Darüber hinaus war er noch schrecklich dünn – ich konnte ohne Probleme sieben Rippen zählen. Und doch war er *unser* schwarzer Hund und in unseren Augen einfach *vollkommen*.

Es hieß, wir könnten ihn gleich mitnehmen. Doch wir wollten noch ein wenig überlegen, schließlich wollten wir uns beide völlig sicher sein. Wir wären gar nicht auf die Idee gekommen, dass wir ihn gleich mitnehmen könnten. Das ging jetzt alles wirklich *sehr* schnell.

Wir gingen im Wald rund um das Tierheim spazieren, dann setzten wir uns ins Café und redeten noch einmal bei Tee und Kuchen über das Ganze. Nach wenigen Stunden hüpfte Baxter mühelos in den Kofferraum unseres Wagens, und wir fuhren mit ihm nach Hause – in sein neues, festes Zuhause.

In den nächsten Tagen überschauten wir allmählich das ganze Ausmaß von Baxters emotionalen Problemen. Er war extrem ängstlich, anhänglich und nervös – nichts, was eine große Dosis Liebe, gutes Futter, Übungen ohne Leine und eine klare Führung nicht wieder in Ordnung bringen könnten. Im Grunde musste er nur merken, dass er jetzt in Sicherheit war.

Sein Name allerdings blieb ihm nicht lange. Als ich ihn Stück für Stück besser kennenlernte, hatte ich das Gefühl, »Baxter« sei nicht der passende Name für dieses emotionale, sensible Geschöpf. Jo mochte ihn zwar, aber mir ging er nie wirklich flüssig über die Lippen. Es dauerte ein paar Wochen, bis Jo und ich uns über seinen neuen Namen einig wurden – ein Name, von dem ich sofort wusste, dass es der richtige war, als ich ihn endlich gefunden hatte. Jo wiederum brauchte ein bisschen Zeit, um zur selben Schlussfolgerung zu gelangen. Anfangs versuchte sie es mit »Brodie«, doch auch das wollte uns nicht so recht von den Lippen gehen. Seinen wahren Namen fanden wir kurz darauf: Bodhi. Bodhi bedeutet »Erleuchtung«. Für mich fühlte sich das einfach richtig an.

Innerhalb von 48 Stunden nach unserer ersten (Internet-) Begegnung mit dem schwarzen Hund war er also bei uns zu Hause gelandet. Doch in der ersten Woche heulte er jede Nacht laut. Wir trösteten ihn, und von Tag zu Tag wurde das

Heulen weniger. Bald mussten wir nur noch sagen: »Hier bist du sicher, Bodhi. Wir sind da.« Und schon beruhigte er sich. Er bekam besseres Futter, naturheilkundliche Nahrungsergänzungsmittel und eine homöopathische Behandlung, sodass sich auch sein Allgemeinzustand bald besserte und mit ihm sein Fell. Liebe, Training und klare Ansagen, was wir von ihm erwarteten, taten ein Übriges: Er verlor seine Angst und wurde immer ausgeglichener. Bald sahen wir ihn in seinem Bett liegen, alle vier Pfoten nach oben gestreckt, selig.

Ich weiß nicht, welche Lektionen ich von Bodhi lernen soll. Für den Anfang mag es genug sein, dass ich klar die Führung übernehmen muss, damit er wieder zu einem gesunden Gleichgewicht findet. Eines allerdings habe ich bereits gemerkt: Wann immer ich mit ihm kommuniziere, seine Antworten kommen blitzschnell. Kein Zögern, nichts. Ich bin sicher, dass er dies schon erlebt hat. Er will seine Rolle als Lehrer in den Workshops übernehmen, aber so geduldig wie Morgan ist er nicht. Wenn man seine Botschaft nicht gleich empfängt, bekommt man nicht immer eine zweite Chance. Lange Jahre war mir nicht klar, wie weise und stark Morgan war. Vielleicht wird dies früher oder später auch bei Bodhi der Fall sein. Im Augenblick jedenfalls genügt es mir zu wissen, dass er angekommen ist, sich sicher fühlt und dass der nächste Abschnitt der Reise begonnen hat. Und damit ein ganz neues Kapitel beginnt ...

Aber natürlich kann dieses Buch nicht enden ohne ein letztes Wort von meinem Lehrer. Hier also noch einmal Morgan mit seiner Botschaft an Sie:

*Liebe – ein Wort, eine Kraft. Ich hatte immer den Eindruck,
dass es den Menschen an Liebe fehlt – Liebe für andere, für
sich selbst. Und es stimmt: Es wird nicht genug Liebe empfunden, nicht genug Liebe geteilt. Warum? Die Beantwor-
tung dieser Frage möchte ich Ihnen überlassen.*

*Als ich Pea kennenlernte, war sie noch grün. [Er lacht.]
Grün in ihren Ansichten. In spiritueller Hinsicht hatte sie
noch so viel zu lernen, zu fühlen, zu erfahren, um ihr Leben
und das der anderen besser zu verstehen. Jetzt aber darf ich
stolz mitteilen: Sie ist nicht mehr grün hinter den Ohren.
Wie Sie lernt Pea eine neue Art zu sein und in dieser Welt
zu leben. Wie Sie macht sie Fehler, versteht mitunter nicht,
worum es geht, und tut etwas Dummes. Aber der Schlüssel ist der: Versucht zu lernen, euch zu entwickeln, in dieser Welt präsenter zu sein, sowohl auf körperlicher als auch
auf spiritueller Ebene. Auf der Welt ist nichts dualistisch,
sie ist eins, unzertrennlich verwoben.*

*Meine Rolle im Leben war es, meine Liebe in die Welt
strahlen zu lassen, ob durch Pea und ihre Arbeit oder auf
ganz direkte Weise. Das ist letztlich ganz einfach. Verstehen
Sie mich nicht falsch – ich fische hier nicht nach Kompli-
menten, wie Menschen es oft tun.*

*Solange Pea weiter lernt, dass nichts getrennt ist und
das physische Leben auf immer mit dem nichtphysischen
verbunden ist, so lange wird sie immer weiterschreiten in
ihrem Verständnis dieser Welt, ja, des ganzen Universums –
wie Sie auch.*

*Mein Ziel in diesem Buch war es, Ihnen die Augen zu
öffnen. Für diese Welt und die dahinter. Für Tiere und
Menschen. Für die Liebe und das Leben und die Bedeu-
tungslosigkeit von Verlusterfahrungen. Denn so etwas wie*

Verlust gibt es nicht. Ich weiß, dass es nicht ganz einfach ist, das zu verstehen. Aber es gibt keinen Verlust. Was so aussieht, ist nur ein Wandel der Perspektive. Die physische Form endet, das ist richtig, doch der Geist, die Seele, die reine Essenz dieser Energie, die Sie »mein bester Freund« nennen, die hat kein Ende. Sie stirbt nicht, nie. Das ist meine Wahrheit. Die ich mit Ihnen teilen möchte.

Nachwort:
Warum ein schwarzer Hund?

Anfangs widerstrebte es mir, ein schwarzes Tier in meinem Leben zu haben. Kann es sein, dass ich dem atavistischen Urglauben aufsaß, schwarze Tiere besäßen im Vergleich zu anders gefärbten einen Makel? Eines von Bodhis Geschenken ist eben, dass er mir half, mich von solchen Ideen zu lösen. Ist es nicht wunderbar, dass Morgan mich weiter lehrt, indem er mir die Verkörperung meiner Vorurteile als Nachfolger schickt?

Häufig nimmt der Mensch schwarze Tiere als dunkel, böse und teuflisch wahr. Doch warum sollte das stimmen? Warum betrachten wir Schwarz überhaupt als die böse Seite der doppelseitigen Medaille von Gut und Böse? Gibt es so etwas wie Bosheit überhaupt?

Ein weißer Hund wurde für mich zum Weckruf. Ich lernte, Verbindung aufzunehmen zu seinem inneren Licht und damit auch zu dem Licht in mir. Bodhi ist das genaue Gegenteil von Morgan, das Schwarz, das Morgans Weiß vervollständigt. Und nun lerne ich von einem schwarzen Hund. Schwarz direkt vor meiner Nase. Ich bin sicher, das hat etwas zu bedeuten.

Das chinesische Symbol von Yin und Yang zeigt uns, wie scheinbar gegensätzliche Elemente miteinander verknüpft sind. Jedes steht für sich, aber sie sind miteinander verbun-

356

den und bilden ein dynamisches System, in dem das Ganze größer ist als seine Teile. Die Natur ist voll solcher angeblicher Gegensätze: weiß und schwarz, heiß und kalt, Feuer und Wasser, hoch und tief, Leben und Tod. Im Taoismus werden solche Unterscheidungen wie die in »gut« beziehungsweise »böse« als Urteil gewertet, aber nicht als real existierender Gegensatz. Yin und Yang ist ein unteilbares Ganzes.

Himmel und Erde selbst sind miteinander verbunden und Teil eines größeren Ganzen. Das gilt auch für die Energie von Wesen in körperlicher Gestalt und geistigen Wesen. Ich glaube, dass es nur einen hauchdünnen Schleier gibt zwischen dieser Existenz und der nächsten. Es ist unser Geist, der uns davon abhält, in die jenseitige Welt vorzudringen – unser Herz weiß das.

Die Dunkelheit, die Bodhi verkörpert, erinnert mich täglich daran, dass ich mehr über die Schattenelemente meiner selbst wissen will, weil ich alle Seiten meiner Energie, Yin und Yang, entwickeln und ganz werden möchte. Ich glaube nun, dass in der Dunkelheit das hellste Licht beschlossen liegt: Die beiden leben als eins. Es gibt keinen Schatten ohne Licht.

In unseren Schatten zu blicken, unsere eigene Leere, heißt, unser Unbewusstes zu erforschen. Der Schatten ist nicht böse, er ist Teil von uns. Schwarze Tiere sind unsere sichtbare Mahnung, die Tür zur inneren Dunkelheit zu öffnen. Ich glaube, ein Grund dafür, dass Menschen ihr Herz nicht so häufig an schwarze Tiere verlieren, mag sein, dass diese für einen Teil unser selbst stehen, vor dem wir Angst haben. Doch wenn wir unseren Schatten entdecken und akzeptieren können, wer wir wirklich sind, können wir unser Bewusstsein auf eine höhere Ebene heben.

Es gibt kein böses Tier. Es gibt nur menschliche Projektionen, die dieses plötzlich in die Schublade »Böse« stecken. In manchen Ländern passiert dies zum Beispiel mit schwarzen Katzen. Lasst uns unser Herz öffnen für schwarze Tiere, denn alle Tiere, von welcher Farbe auch immer, sind gleich im verwobenen Netz des Lebens und spielen eine wichtige Rolle in der Evolution.

Jetzt also blicke ich mitten hinein in die Finsternis und erkunde ihre Mysterien. *Natürlich* ein schwarzer Hund – wer sonst wäre Morgan ein würdiger Nachfolger?

Dank

Es hat einige Jahre gedauert, bis dieses Buch entstehen konnte. Und es braucht seine Zeit, bis die Segnungen, die jeder Verlusterfahrung folgen, ganz zur Entfaltung kommen. Bücher wie diese kann man nicht mal eben schnell auf Knopfdruck produzieren. Das Buch musste sich entwickeln und heranreifen. Während ich daran schrieb, erhielt ich Hilfe und Führung durch viele liebevolle, hilfsbereite, großzügige und kluge Menschen und Tiere. Ihnen allen möchte ich von ganzem Herzen danken.

Mein besonderer Dank gilt Michelle Pilley, Amy Kiberd und Louise Hay dafür, dass sie dieses Buch mit ganzem Herzen in ihre Hände genommen haben. Und dem gesamten Team von Hay House Publishers UK, das seine umfassende, einfühlsame Expertise in dieses Projekt einfließen ließ.

Ein dankbares Schnurren gilt meiner Lektorin Lizzie Hutchins für ihren katzenzentrierten Blick, ihre Geradlinigkeit und ihr einfühlsames Verständnis der Tierkommunikation. Anerkennung sei auch den Samtpfoten gezollt, die hinter ihrer Arbeit stehen: Wimpole, Tinker und Bonetti auf seinem hohen Thron im Himmel.

Mein weiterer Dank gilt den Tierärzten, die Morgan behandelt haben: Herr Phakkey (Allopath), Herr Greenway (Akupunkteur) und – um Morgans Worte zu gebrauchen – »meinem Lieblingstierarzt« Richard Allport (Homöopathie

359

und ganzheitliche Medizin). Dir, Richard, möchte ich an dieser Stelle noch einmal besonders danken, dass du dich so für Tierkommunikation stark machst und ein Vorwort zu diesem Buch verfasst hast in einer Zeit, da viele Tierärzte Glaubwürdigkeit und Nutzen dieser so notwendigen Arbeit infrage stellen.

Danke auch an Bliss für die Abdruckgenehmigung des Textes von »Keep the Faith« aus dem Album »Flying Free« (Blissfulmusic, 1997) sowie an Hay House Inc., Carlsbad, CA, dass ich den Text der Erzengel-Orakelkarten von Doreen Virtue verwenden durfte.

Danke an Lynne Lazenby, die mir mit Rat und Tat zur Seite stand und für Morgan da war. An Jo Sayers und Roger Simonsz, die die ersten Entwürfe gelesen haben. Danke auch an Erica Town, die mir beim Durchsehen der Fahnen geholfen hat.

Danke an Caroline Mylon, Amanda Henry-May, Jonathan Warhurst und Mike Davies. Und nicht zu vergessen meine Adoptivmutter Mary für ihre grenzenlose Liebe und Unterstützung.

Danke, Linda Tucker, dass du so großzügig die Einleitung zu diesem Buch geschrieben hast. Und für dein Engagement für den Schutz der letzten weißen Löwen, das zur Gründung des Global White Lion Protection Trust geführt hat.

Danke, Jane Hargreaves, dass du dich während meiner Workshops um Morgan gekümmert hast, und für deine überaus geschätzte Unterstützung hinter den Kulissen in all diesen Jahren.

Danke, Belinda Wright und Laura Scott, dass ihr mir euer Haus zur Verfügung gestellt habt, als ich nach Morgans Übergang einen geschützten Zufluchtsort brauchte, der mir auch später diente, als ich dieses Buch zu Ende schrieb.

Danke, Lynn Smith und Sandra Houston, dass ihr nach Morgan geschaut habt, als es ihm schlecht ging und weder Jo noch ich bei ihm sein konnten. Danke, meine liebe Saffie, dass du seine Freundin warst und ihn auf lange Spaziergänge und in den Pub mitgenommen hast.

Danke, Mark O'Brien und Sue Henderson, dass Morgan so oft zu euch und eurem geliebten Hund kommen durfte, und dafür, dass ihr ihm so gute Freunde wart. Und danke dir, Roxy, dass du dein Körbchen so großzügig mit ihm geteilt hast.

Danke, Jenny Scott und Tony Simpson, für eure unglaubliche Unterstützung während der schlimmen Zeit nach Morgans Schlaganfall und während der großen Fotosession. Danke für eure großartige Freundschaft zu Morgan.

Danke, Sandra Dalmejer, dass du in all den Jahren und speziell in letzter Zeit nicht müde wurdest, mir immer wieder Mut zu machen, wenn ich ins Wanken geriet und an mir zweifelte. Und dafür, dass du dich um Morgan gekümmert hast, als er noch jung und gesund war, und auch später, als die Last der Jahre ihn drückte. Und alles Liebe für Buddy, der jetzt wieder in seiner himmlischen Heimat weilt.

Danke, Johanna Town, dass du mir immer wieder Mut gemacht hast, während ich an diesem Buch schrieb. Und dafür, dass du die Rolle der Teufelsadvokatin – deine Lieblingsrolle – übernommen hast. Danke, dass du mich davon überzeugt hast, einen Hund in unser Leben zu lassen. Nie hätten wir geahnt, wie sehr Morgan unser Leben verändern würde.

Danke an alle Herrchen und Frauchen, die so großzügig

und offen über ihre Freude, ihren Verlust, ihren Schmerz und ihre Liebe berichtet haben, um allen zu helfen, die ihre Geschichten lesen. Ihr seid ebenso mutig wie fürsorglich, und eure Geschichten sind lebende Beispiele für das Beste im Menschen.

Danke allen Tieren, ohne die es dieses Buch nicht gäbe. Danke, dass ihr mir geholfen habt, eure Geschichten in Worte zu kleiden. Mit eurer Großzügigkeit, eurer Lebenslust und eurer unermesslichen, unverbrüchlichen Liebe seid ihr mir stets eine Quelle der Inspiration und des Staunens. Euer Wissen um die Verbundenheit aller Seelen und die Gesetze des Daseins lehrt uns Bescheidenheit.

Und schließlich möchte ich allen Wesen danken, die mir, wann immer ich es brauche, Führung, Schutz, Kraft und Zuversicht schenken und mir helfen, nicht vom rechten Pfad abzuweichen. Vor allem natürlich meinem Liebling Texas, meiner schwarzen Schönheit Bodhi und dem Licht meines Lebens: Morgan.

Anhang

Wie Sie Ihrem Tier beim Aufstieg helfen

Alles Leben ist miteinander verbunden: Die Seele eines tierischen Freundes tritt aus ihrer physischen Form aus, geht aus einem Bewusstseinszustand in einen anderen über, doch seine Liebe bleibt.

Der Umgang mit dem Tod

Wie wir mit dem Tod des Tiers umgehen, macht die Erfahrung des Sterbens entweder schwieriger und schmerzlicher oder zu einem schönen Erlebnis voller Demut. Es ist eine große Ehre, für ein sterbendes Tier sorgen zu dürfen.

Hier einige Ratschläge, wie Sie Ihrem Tier bei seiner Seelenreise beistehen und Ihre eigene Trauer dadurch lindern können.

Sieben Geschenke, die die Seele unterstützen

1. Schaffen Sie eine friedvolle, ruhige Umgebung.
2. Spielen Sie sanfte Musik. Tiere mögen häufig Geräusche aus der Natur: Vogelgezwitscher, Wellenrauschen oder die sanften Klänge des Windes. Auch ruhige klassische Musik wird geschätzt.

3. Sorgen Sie dafür, dass das Tier in einem geschützten Raum an die frische Luft kann.
4. Dämpfen Sie das Licht.
5. Der Ort, an dem Sie das Tier betten, sollte ordentlich und bequem sein.
6. Achten Sie darauf, welche Gäste Sie in dieser Zeit empfangen, und sorgen Sie dafür, dass keine Fremden Zutritt erhalten.
7. Achten Sie darauf, dass das Tier seinen gewohnten Abläufen folgen kann.

Sieben Wege, nett zu sich selbst zu sein

1. Sprechen Sie mit aufgeschlossenen Menschen, die die tiefe Bindung an Ihr Tier verstehen, über Ihre Gefühle.
2. Schenken Sie Ihrem Tier Zeit zu zweit. Wenn möglich, nehmen Sie Urlaub, damit Sie vor dem Aufstieg noch ein wenig mit ihm zusammen sein können.
3. Achten Sie darauf, genug und gesund zu essen. Trinken Sie viel Wasser und vermeiden Sie es, Ihren Körper mit Schadstoffen zu belasten (Alkohol, Fast Food, Koffein et cetera).
4. Seien Sie nett zu Ihrem Körper und schrauben Sie Ihre Erwartungen herunter. Lassen Sie es beim Sport mal gut sein. Machen Sie regelmäßige Dehnübungen, aber fordern Sie sich nicht zu sehr. Gehen Sie viel spazieren.
5. Unterstützen Sie sich mit einer spirituellen Übung: Meditieren Sie regelmäßig.
6. Gönnen Sie sich eine kleine Auszeit, möglichst in der freien Natur. Das hilft, die Emotionen zu beruhigen, den Geist zu beleben und den Blickwinkel zu erweitern.
7. Sie können zur Unterstützung auch Lavendelöl, Rescue-

Remedy-Bachblüten, homöopathische Mittel oder Kristalle benutzen. Andere Methoden wie Akupunktur und Massage helfen Ihnen ebenfalls, stark zu bleiben.

Erlauben Sie Ihrem Tier loszulassen

Der gütigste Akt, den Sie für Ihr Tier jetzt vollziehen können, ist, ihm die Erlaubnis zum Aufstieg zu geben. Natürlich sind Tiere fühlende Wesen, die auf einer Stufe stehen mit uns selbst. Wenn Sie Ihrem Tier die Erlaubnis zum Abschied geben, befreien Sie es von jeglichem Druck, an Ihrer Seite zu bleiben. Das ist auch für sterbende Menschen manchmal von entscheidender Bedeutung. Sprechen Sie zum Beispiel folgende Worte:

Ich liebe und schätze dich. Ich bin bereit, dich gehen zu lassen, in deiner eigenen göttlichen Zeit. Ich gebe dir meine unbegrenzte Einwilligung zum Aufstieg. Ich habe verstanden, dass deine Liebe niemals enden wird. Möge strahlendes Licht dich erfüllen, um deinen Aufstieg zu erleichtern.

Den Aufstieg eines Tiers mit einem Ritual begehen

Tiere mögen Rituale zur Feier ihrer Seele. Und es ist nie zu spät, sie durch solch ein Ritual zu ehren, auch wenn sie schon von uns gegangen sind.

Wie Sie das Leben Ihres Tiers ehren wollen, bleibt ganz Ihnen überlassen. Da gibt es keine Regeln. Vielleicht möchten Sie ja Folgendes tun:

• ihm einen Brief schreiben, der Ihre ganze Dankbarkeit ausdrückt;
• Gedichte oder andere inspirierende Worte lesen;

- schöne Musik auflegen (Choräle, Hymnen, alles, was Trost spendet);
- Kerzen anzünden (eine weiße für den reinen Geist Ihres Tiers) und Menschen einladen (vielleicht auch nur im Geiste), die Sie beide geliebt haben, um den Aufstieg zu fördern;
- eine Umgebung voller Ruhe, Liebe und Respekt schaffen;
- Menschen und Tiere einladen, die das Tier gern mochte (wenn es Ihnen nicht klar signalisiert, wer damit gemeint ist, gehen Sie nach Ihrem Gefühl);
- einen speziellen Platz einrichten für Gegenstände, die ihm etwas bedeutet haben, ein Spielzeug zum Beispiel oder das Halsband;
- mit ihm gemeinsam Fotos ansehen, die Sie beide in glücklichen Zeiten zeigen;
- ein Foto von Ihrem Tier zu Hause aufhängen;
- Mantras rezitieren (die Silbe OM ist dafür sehr gut geeignet; »OM« ist ein heiliger Laut, der ursprünglichste Laut der Schöpfung) oder Ihrem Tier einfach etwas vorsingen;
- Weihrauch oder Räucherstäbchen verbrennen (der Rauch wird seine Seele nach Hause geleiten).

Opfergaben

Ich möchte Ihnen hier einen Segen, zwei Gebete und vier Gedichte vorstellen, die Sie laut oder leise lesen können. Sie sind sozusagen Opfergaben, die Ihnen helfen, sich für Mut und Gnade zu öffnen.

Segen

Segensspruch für ein Tier vor dem Aufstieg

Lieber Freund, du bist nun sicher und nicht mehr allein.

Ich bin in meiner Liebe an deiner Seite, jetzt und für immerdar.

Löse dich von deinem müden Körper und erlaube dir, sachte nach Hause zu gleiten,

mit meiner Liebe und meinem Segen,

bis unsere Seelen einander wiederfinden werden.

Du wirst innig geliebt.

Ich liebe dich.

Gebete

Ein Gebet für Führung während des Aufstiegs

Geliebte Freunde,

und alle Wesen in diesem und im nächsten Leben,

bitte geleitet [Name des Tiers] sachte zurück nach Hause.

An den Ort der Liebe, des Friedens und des Mitgefühls,

wo [Name des Tiers] in der göttlichen Gnade ruht oder spielt,

voll der Liebe.

Alles ist gut.

So ist es.

Ein Gebet für den Vorgang des Einschläferns

Lieber Schutzengel von [Name des Tiers],

ich vertraue darauf, dass du den richtigen Zeitpunkt für dein Geleit findest.

Bitte führe [Name des Tiers] sicher und sacht auf die andere Seite.

Ich vertraue darauf, dass du während des Loslassens von der

physischen Form [Name des Tiers] in deiner Gnade und
deiner Liebe hältst.
Ich vertraue darauf, dass dieser Geist nun gehen darf
und du ihm den Weg ins Licht weist.
Ich bekräftige hiermit, dass meine Unterstützung für das
Beste von [Name des Tiers] erfolgt.
Meine Liebe ist absolut bedingungslos, und ich bin bereit
loszulassen.
Danke für deine Gnade.
Alles ist gut.

Gedichte

Zu Ehren eines Tiers, das den Aufstieg vollzogen hat
Ich ehre die Schönheit deines Geistes,
die Essenz deiner Seele in meinem Leben.
Ich danke dir, dass du mit mir diesen Teil meines Lebens
gegangen bist,
dass du mir so großzügig deine Liebe und Weisheit geschenkt
hast,
dass du mich voller Anmut durch dein Leben und deinen
Aufstieg geführt hast.
Du bist ein Teil meines Herzens und wirst dies immer sein.
Ich liebe dich. Ich danke dir. Ich ehre dich,
geliebter Freund.
(Unbekannter Autor)

Der Geist der Katze
Und Gott fragte den Geist der Katze:
»Bist du bereit, nach Hause zu kommen?«
»O ja, durchaus«, antwortete die kostbare Seele. »Du weißt
ja: Als Katze kann ich ganz gut selbst entscheiden.«

»Kommst du dann?«, fragte Gott.

»Bald«, antwortete der schnurrbärtige Engel.

»Aber ich muss mir Zeit lassen,

denn meine Menschenfreunde sind ganz verstört.

Weißt du, sie brauchen mich einfach.«

»Aber verstehen sie denn nicht«, fragte Gott,

»dass du sie gar nicht verlässt?

Dass eure Seelen auf ewig miteinander verknüpft sein werden?

Dass nichts geschaffen wird und stirbt?

Dass alles … für immer und ewig ist?«

»Am Ende werden sie es verstehen«,

antwortete die prächtige Katze.

»Denn ich werde in ihre Herzen flüstern,

dass ich für immer bei ihnen sein werde.

Ich bin – wie alles – für immer und ewig.«

(Unbekannter Autor)

Ich bin immer noch da

Lieber Freund, trauere nicht um mich.

Ich bin ja hier, nur siehst du mich nicht.

Ich bin an deiner Seite Tag und Nacht,

ich bin in deinem Herzen, das beides durchwacht.

Mein Körper ist fort, doch ich bin so nah.

Ich bin alles, was dein Auge je sah.

Mein Geist ist frei, doch bin ich nicht fort.

Solange dein Herz mich hält am rechten Ort.

Niemals wirst du ohne mich sein,

ich bin der helle Stern, der am Himmel scheint.

Stets bin ich bei dir ganz leicht,
wie der Wind, der übers Gesicht dir streicht.

Ich bin das Leuchten des Laubes im Herbst,
der weiße Schnee, den der Stiefel einkerbt.
Ich bin die Blume, die du so sehr liebst,
das Wasser im Teich, wo die Elritze stiebt.

Ich bin des neuen Jahres erste Blüte,
der warme Wind, der im April lupft die Hüte,
Ich bin der erste Sonnenstrahl am Morgen,
das Licht, das sich der Mond muss borgen.

Wenn du denkst, niemand hat dich gern,
dann flüstere es mir ins Ohr des Herrn.
Ich wispere meine Antwort durch die Blätter am Baum,
du wirst mich fühlen in jedem schönen Traum.

Ich bin das Salz der Tränen, die du jetzt weinst,
und der Trost, der danach das Herz dir eint.
Ich tanze im hüpfenden Kinderball,
sieh dich um, mein Freund, ich bin überall.
(Unbekannter Autor)

Ich bin nicht dort!
Steh nicht an meinem Grab und weine,
ich bin nicht dort. Ich schlafe nicht.
Ich bin die tausend Winde, die da wehen.
Ich bin das Diamantenglitzern auf dem Schnee.
Ich bin das Sonnenlicht über reifem Getreide.
Ich bin der sanfte Regen im Herbst.

Wenn du erwachst in der Morgenstille,
bin ich das Rauschen der Flügel
eines Vogelschwarms, der in engen Kreisen aufsteigt.
Ich bin der sacht funkelnde Stern in der Nacht.
Steh nicht an meinem Grab und weine.
Dort bin ich nicht. Ich bin nicht tot.
(Mary Frye)

Trauer

Trauer ist eine ganz persönliche Erfahrung. Die Art, wie
jeder Einzelne trauert, hängt von vielen Dingen ab, so zum
Beispiel von unserer Fähigkeit, mit Problemen fertigzuwerden, unserem Charakter, Glauben, unseren Lebenserfahrun-
gen und natürlich von der Art des Verlustes.

Trauer ist ein Prozess. Er schließt unseren Körper ein,
sodass wir uns ausgelaugt fühlen. Er spielt sich in unserem
Emotionskörper ab, da wir eine Unzahl verschiedenster
Empfindungen durchleben, manche vertraut, manche ganz
neu. Und er betrifft unseren geistigen Körper, denn mit der
Zeit können wir daraus vielleicht so manche spirituelle Erfahrung machen, zum Beispiel wenn wir plötzlich die Gegenwart eines Wesens fühlen, das längst hinübergegangen ist.

Trauer ist Ausdruck eines innigen Wunsches, die Dinge mögen doch weiterhin so sein, wie sie waren. Doch es
ist nötig, sich auf das einzustellen, was jetzt ist. Der Verlust
eines geliebten Tiers kann so bitter sein, dass wir glauben,
ihn nicht ertragen zu können. Besser wird es, wenn wir uns
die Wahrheit vor Augen halten: Der lebendige Geist unseres
geliebten Geschöpfes hat sich von seiner physischen Form
gelöst und kehrt zu seiner Quelle zurück.

Manchmal werden wir von unseren Emotionen überwältigt, und auch das ist normal. In der Trauer gedenken wir schließlich auch des Bandes, das uns mit unserem tierischen Freund verknüpft hat. Wir sollten also keine Angst haben zu weinen. Die Trauer ist ein wichtiger Teil unserer Genesung. Es geht darum zu akzeptieren, dass unsere Tiere uns verlassen haben. Wenn wir die Trauer in uns verschließen, kann dies sowohl emotionale wie auch körperliche Schäden verursachen. Dann werden wir nicht mehr heil und sind nicht mehr imstande, uns wieder dem Leben zuzuwenden. Im Trauerprozess gibt es gute und schlechte Tage, und allmählich werden die guten Tage die schlechten überwiegen.

Arten der Trauer

Der Psychologe Dr. Raymond Moody, der sich in dem Buch *Life after Life* (deutsch *Leben nach dem Tod*) mit dem Sterbeprozess auseinandergesetzt hat, teilt Trauer in zwei wesentliche Kategorien ein:

- *Akute Trauer:* Sie stellt sich ein bei einem plötzlichen Verlust, wenn ein Tier zum Beispiel durch einen Autounfall oder aufgrund einer schweren Krankheit unvermittelt stirbt. Der Tod kommt dann schnell und unerwartet.
- *Chronische Trauer:* Sie begleitet einen, wenn klar ist, dass das Tier allmählich immer kränker wird und seinem Tod entgegengeht, wie dies bei mir und Morgan der Fall war. In diesem vorhersehbaren Verfall erleben wir als Hüter und Beschützer unserer Tiere eine Art *antizipatorischer Trauer,* die den Tod vorwegnimmt. In solchen Fällen ist es vielleicht hilfreich zu wissen, dass der Trauerprozess derselbe ist, wie er sich nach dem Tod einstellt. Ich habe mit vielen Klienten gesprochen, die mir berichteten, sie

hätten das Gefühl, »allmählich zu zerbrechen«, während ihr geliebtes Tier sich langsam dem Tode nähert. Das liegt daran, dass sie bereits den antizipatorischen Trauerprozess durchlaufen, während sie gleichzeitig noch alles für ihre Gefährten tun und dafür sorgen wollen, dass sie »einen guten Tod« haben.

Und dann gibt es da noch die *nicht anerkannte Trauer:* Trauer, die von der Gesellschaft nicht akzeptiert wird. Leider steht unsere Gesellschaft in weiten Teilen der Trauer um ein Tier ablehnend gegenüber und hält sie für unbedeutender als die Trauer um einen Menschen.

Bitte lassen Sie sich nicht von anderen vorschreiben, wie tief Ihre Liebe sein darf und welche Bedeutung Ihre Trauer hat. Ihre Gefühle sind ganz real. Ihre Trauer ist wirklich und keineswegs weniger wichtig oder weniger stark. Trauer ist ein universelles Gefühl.

Ich hoffe, dass der Tag kommen wird, an dem die Gesellschaft alle Formen der Trauer als berechtigt anerkennt, gleich, um welches Wesen wir trauern.

Das Trauermodell von *Animal Thoughts:* **R-E-C-O-V-E-R**
Recover ist der englische Ausdruck für »Genesung, Wiederherstellung«. Um folgende Punkte geht es:

- **R***est* (Ruhe): Trauer ist ein kräftezehrender Prozess, also gönnen Sie sich so viel Ruhe wie möglich.
- **E***xercise* (Bewegung): Bewegung, und sei es nur ein klein bisschen täglich, bringt die Produktion Ihrer Endorphine in Gang, die Ihre Stimmung heben.
- **C***ompassion* (Mitgefühl): Seien Sie nett zu sich selbst und belasten Sie sich nicht mit vorgefassten Erwartungen.

- **O***pen* (Offenheit): Drücken Sie Ihre Gefühle offen aus. Öffnen Sie sich für die Unterstützung von Freunden und Familie.
- **V***alue* (Wertschätzung): Lassen Sie Ihre Erinnerungen aufleben, um Ihrem geliebten Tier Wertschätzung zu erweisen.
- **E***mpower* (Kraft tanken): Geben Sie Ihrem Leben einen neuen Sinn und finden Sie neue Freude.
- **R***emember* (Erinnern): Trauer hat keine zeitliche Begrenzung. Sie hält sich an ihren eigenen Zeitplan.

Affirmationen für den Trauerprozess

Wiederholen Sie folgende Sätze mehrmals am Tag. Wandeln Sie sie nach Belieben ab, wenn Ihnen das besser hilft.
- Ich gehe mit meiner Trauer.
- Ich lerne, mich an die Veränderungen in mir und in der Außenwelt anzupassen.
- Ich bin offen für mein neues Leben.

Abschluss?

Auch wenn wir darauf hoffen mögen, einen wahren »Abschluss« der Trauer gibt es nicht. Diese Hoffnung wird sich schnell als vergeblich herausstellen. Die Trauer wird weniger, manchmal ist sie für Augenblicke sogar ganz ausgeblendet, als hätte sie sich in Luft aufgelöst. Doch jeder neue Verlust löst wieder Trauer aus. Manche Menschen fühlen sich dann, als trauerten sie um alles, was sie je im Leben verloren haben.

Daher sollten wir nicht versuchen, mit unserer Trauer zu einem »Abschluss« zu kommen – in der unrealistischen Annahme, wir könnten erst dann weitergehen. Sinnvoller ist es, mit dem Trauerprozess mitzugehen, denn dann werden Sie irgendwann spüren, dass Sie plötzlich den Verlust akzeptieren können. Das ist dann keineswegs das Ende der Trauer, denn die Traurigkeit kommt gewöhnlich in Wellen, auch wenn wir den Verlust akzeptiert haben.

Daher empfehle ich Ihnen, vorsichtig zu sein, wenn jemand Ihnen helfen will, Ihre Trauer zu einem »Abschluss« zu bringen, und Ihnen dabei – womöglich auch noch bezahlte – Unterstützung anbietet. Es ist verständlich, dass Sie gern etwas hätten, was den Schmerz lindert oder Ihre Fragen beantwortet, doch gerade was den Umgang mit unseren Toten angeht, ist diese Art der Trauerarbeit, die schnelle Lösungen verspricht, mittlerweile geradezu zum trügerischen Konsumprodukt verkommen. So funktioniert Trauer nicht.

Ein anderes Tier

»Soll ich mir gleich ein anderes Tier zulegen?« Diese Frage wird mir oft gestellt.

Es ist kein Zufall, dass viele Menschen Probleme mit neuen Tieren haben, weil sie diese allzu häufig nur als Trostpflästerchen für ihre Traurigkeit benutzen. Das neue Tier gerät mitten hinein in die Trauer um das alte. Manche Tiere reagieren darauf positiv und versuchen, den Schmerz auf sich zu nehmen, andere aber fühlen sich dadurch plötzlich in einer ungewohnten Position. Sie übernehmen die »Chefrolle«, obwohl sie das gar nicht wollten, und das kann eine Menge Probleme verursachen. Daher ist es am besten, so lange abzuwarten, bis jeder seine Trauer angemessen verarbeitet hat und bereit ist, ein einzigartiges, besonderes Wesen in sein Herz zu lassen.

Manche Menschen wiederum haben das Gefühl, sie würden durch ein neues Tier das alte quasi ersetzen. Meiner Erfahrung nach schätzen es die Tiere, die auf die andere Seite gegangen sind, sehr, wenn ihre früheren Hüter ein neues Tier in ihr Leben und Herz holen. Sie verstehen, dass »ihre« Menschen wieder die Liebe eines Tiers erfahren wollen.

Sehen Sie es doch so: Ihr Wunsch, ein neues Tier ins Haus, ins Leben und in die Familie zu bringen, ist einfach ein Tribut an Ihren geliebten Freund. Teilen Sie die Liebe in Ihrem Herzen mit einem anderen Tiergefährten, denn jede Beziehung ist einzigartig, heilig und schön auf ihre Art.

Hilfe von außen

Zögern Sie nicht, sich der Gemeinde jener anzuschließen, die um ihr Tier trauern. Weiter unten finden Sie dazu einige hilfreiche Webseiten.

Auch Tiere trauern

Tiere sehen den Tod als Bestandteil im Zyklus des Lebens. Dasselbe gilt für die Trauer. Es wäre arrogant anzunehmen, dass nur Menschen die Fähigkeit zu trauern besäßen. Ich bin sicher, Sie wussten bereits – oder wissen es jetzt, nachdem Sie dieses Buch gelesen haben –, dass auch andere Arten neben dem Menschen emotional empfinden. Dazu gehört auch die Trauer. Tiere sehen dies als natürlichen Teil des Lebens, den sie in ihrem eigenen Rhythmus verarbeiten. Und wir können ihnen dabei helfen. Folgende Zeichen deuten darauf hin, dass Ihr Tier trauert:

- Trauernde Tiere wirken traurig, deprimiert und zeigen kein Interesse am Leben oder am Alltag.

- Möglicherweise ändern sich ihre Fress- und Schlafgewohnheiten.
- Zuweilen sind sie unruhig oder »kleben« förmlich an uns.
- Manche stoßen Schreie aus, die ungewöhnlich gestresst klingen.
- Einige machen plötzlich ins Haus oder fügen sich selbst Schmerzen zu.
- Andere suchen ihren tierischen Gefährten.

So können Sie einem trauernden Tier helfen:
- Sorgen Sie dafür, dass das Tier seinen toten Gefährten sehen und sich von ihm verabschieden kann. Geben Sie ihm die Möglichkeit, an dem Körper zu riechen.
- Respektieren Sie die Zeit, die das Tier dazu braucht.
- Sorgen Sie dafür, dass der Alltag des Tiers nicht durcheinandergerät.
- Schenken Sie ihm besonders viel Zeit und Aufmerksamkeit.
- Versuchen Sie, seine Stimmung zu bessern, indem Sie mehr mit ihm machen: spielen, lange Spaziergänge (wenn das geht) oder Besuche an Orten, die es mag.
- Tiere sind großzügige Seelen. Mitunter versuchen sie, unseren Schmerz zu lindern, indem sie ihn auf sich nehmen. Wenn Sie das Tier unterstützen wollen, achten Sie darauf, dass das nicht geschieht.

Feiern Sie das Leben Ihres geliebten Tiers

Alles, was Ihnen hilft, die Erinnerung an Ihren geliebten Freund lebendig zu halten, ist eine heilsame Erfahrung. Sie könnten zum Beispiel Folgendes tun:

- Suchen Sie Fotos von ihm zusammen und legen Sie ein Album an.
- Pflanzen Sie etwas, was Sie an Ihr Tier erinnert: einen Baum, eine Blume, einen Strauch.
- Lassen Sie ein Bild von Ihrem Liebling malen – als konkrete Erinnerung.
- Verstreuen Sie seine Asche an einem Ort, der Ihnen beiden etwas bedeutet hat, möglichst dort, wo Sie jederzeit wieder hinkommen können.
- Bewahren Sie seine Asche an einem speziellen Ort auf. Schaffen Sie einen heiligen Raum, eine Art Altar.
- Begraben Sie Ihr Tier im Garten (wofür Sie eine offizielle Genehmigung brauchen) oder auf einem Tierfriedhof. Lassen Sie einen Grabstein setzen oder eine Plakette anbringen.
- Schreiben Sie auf, was in Ihrem Herzen vorgeht: ein Gedicht, eine Geschichte, ein Blog über die gemeinsame Zeit.
- Stellen Sie zu Hause Fotos von Ihrem Liebling auf.
- Gedenken Sie seiner auf einem der virtuellen Tierfriedhöfe im Web oder auf den Seiten der sozialen Medien.
- Bewahren Sie eine Locke des Fells oder eine Feder auf.
- Behalten Sie das Halsband oder sein Lieblingsspielzeug. Und entsorgen Sie nicht alle Sachen, weder Spielzeug noch Futterschüsseln, Käfige oder Toiletten. Möglicherweise brauchen Sie diese Dinge ja noch. Wenn es Ihnen damit nicht gut geht, räumen Sie sie einfach vorübergehend in den Keller.

Weitere Hinweise

Die Trauer um ein verstorbenes Tier ist für den »Besitzer« buchstäblich lebenswichtig – sie ermöglicht ein Leben danach. Da viele Tiere heutzutage vom Tierarzt eingeschläfert werden, sollten Sie wissen, dass deren Körper, falls keine anderen Anordnungen getroffen werden, in die Tierkörperverwertungsanstalt gebracht werden müssen, da sie nicht einfach so bestattet werden dürfen. Daher wenden sich immer mehr Menschen an Tierfriedhöfe und Tierkrematorien. Erfragen Sie bei Ihrem Tierarzt oder bei der Stadtverwaltung, ob es in Ihrer Gemeinde einen Tierfriedhof gibt. Wenn nicht, können Sie Ihr Tier auf dem Tierfriedhof des Krematoriums bestatten lassen. Hier einige hilfreiche Adressen:

Tierkrematorien und -friedhöfe

Tierkrematorium Cremare
(mit Zweigstellen in Düsseldorf und Hamburg)
Dort können Sie eine bundesweite Abholung verfügen lassen.

Tierkrematorium Nordrhein GmbH
An der Lackfabrik 8
46485 Wesel
Tel. 0281 2062853
www.tierkrematorium-cremare.de

Krematorium Tiertrauer München
Hier können Sie Ihr Tier selbst hinbringen, sich verabschieden oder auch der Einäscherung beiwohnen. In München und Umgebung können Sie Ihr Tier auch abholen lassen.

Krematorium Tiertrauer München
Riemer Str. 268
81829 München
Tel. 089 9455370
www.tiertrauer.de

Bei beiden Krematorien haben Sie die Wahl, wie Sie Ihr Tier bestatten lassen möchten. Es gibt auch verschiedene Urnen zur Auswahl.

Tierfriedhof Rosengarten
Bestatten lassen können Sie Ihr Tier außerdem im Tierfriedhof Rosengarten:

Tierfriedhof Rosengarten
Devern 13
49635 Badbergen
Tel. 05433 91370
www.kleintierkrematorium.de

Der Tierfriedhof Rosengarten hat Ansprechpartner in ganz Deutschland, deren Telefonnummer Sie auf der Webseite des Rosengartens finden. Man bietet dort auch Urnen und Grabschmuck an.

Internet

Im Internet gibt es verschiedene virtuelle Tierfriedhöt
dem Gedenken der Menschen an ihre verlorenen Gefäi
gewidmet sind, zum Beispiel:

www.quitschie.de
Hier können Sie Ihr Tier virtuell beerdigen und eine viι
tuelle Kerze anzünden. Sie können die Grabstelle anderer
Tiere »besuchen« und auch für sie Segenswünsche und eine
Kerze anbringen.

www.tierhimmel.org
Auch hier können Sie Ihrem Tier einen Grabstein setzen
und für Ihren Gefährten und andere Tiere virtuell eine Kerze anzünden.

Was wir für Tiere tun können

Ich lebe seit 25 Jahren vegetarisch. Dies ist meine persönliche Wahl, die ich aus ethischen Gründen getroffen
habe. Wenn es aber um die Haustiere geht, mit denen ich
mein Leben teile, so füttere ich sie mit Fleisch, denn der
Verzehr von anderen Tieren ist die Wahl, die sie getroffen haben.

Allerdings achte ich als Vegetarierin darauf, dass die Herkunft der Tiernahrung nicht weiteres Leid erzeugt. Ich kau-
fe möglichst Futter aus biologischer Freilandhaltung. Und
ich lasse alles weg, worin »Fleischnebenerzeugnisse« verarbeitet werden. Auch künstliche Zusatzstoffe, Farbstoffe,
Geschmacks- und Konservierungsmittel versuche ich zu vermeiden.

tät des für unser Tier ausge-
ten Einfluss auf seine Gesund-
at. Und natürlich hat es direkten
der Nutztiere.

; die
ten

Harmonie zwischen
Mensch und Hund

Cesar Millans erfolg-
reiches Hundetraining
setzt auf ein großes
Verständnis für das
Wesen der Vierbeiner.
Mit diesen Tipps kön-
nen Hundehalter eine
tiefe Beziehung zu
ihrem Hund aufbauen.

384 Seiten
ISBN 978-3-442-21869-1